AG SPAK M 117

Kathrin Taube

ERTÖTUNG ALLER SELBSTHEIT

Das anthroposophische Dorf als
Lebensgemeinschaft mit geistig Behinderten

Impressum

© bei der Autorin

1. Auflage 1994

Lektorat:	Dr. Sven Hanuschek, München
Umschlag:	unter Verwendung eines Bildes
Satz:	Thomas Bacher, Augsburg
Druck:	Erwin Lokay, Reinheim

Dieser Band erscheint als M 124 der Reihe
MATERIALIEN DER AG SPAK
(Arbeitsgemeinschaft sozialpolitischer Arbeitskreise; Träger: Verein zur Förderung der sozialpolitischen Arbeit e.V.)

Verlag:	AG SPAK Bücher
	Adlzreiterstr. 23
	80337 München
Vertrieb für Deutschland:	Verlagsauslieferung Dr. Glas
	Tegernseer Landstr. 161
	81539 München
sowie für:	Österreich: Herder, 1020 Wien
	Schweiz: Impressum AG, 8201 Schaffhausen

CIP-Titelaufnahme der Deutschen Bibliothek:

Taube, Kathrin:
"Ertötung aller Selbstheit" : das anthroposophische Dorf als Lebensgemeinschaft mit geistig Behinderten / Kathrin Taube. - München : AG-SPAK-Publ., 1994
  (Materialien der AG SPAK ; M 117)
  ISBN 3-923126-85-9
NE: Arbeitsgemeinschaft sozialpolitischer Arbeitskreise: Materialien der AG ...

Inhaltsverzeichnis

Wie dieses Buch entstand 9

Äußerlichkeiten 17
1. Erste Eindrücke 17
2. Tagesablauf 21
3. Essen 23
4. Rhythmus 28
5. Morgenkreis 32
6. Arbeit und Geld 35

Weltanschauliche Grundlagen der anthroposophischen Dorfgemeinschaften 43
1. Vorbemerkung 43
2. Rudolf Steiner - Lebensdaten und Werk 45
3. Absolute Erkenntnis 46
4. Der Schulungsweg 49
5. Entwicklung 50
6. Reinkarnation und Karma 52
7. Ethik und Werte 55

Betreute 57
1. Der tiefere Sinn anthroposophischer Heilpädagogik 57
2. Prinzipien und Maßnahmen der anthroposophischen Sozialtherapie 63
   2.1 Rhythmus-Prinzip 64
   2.2 Sinnliche Erdenerfahrungen 66
   2.3 Gemeinschaft 67
3. Kultur und Therapie 69
   3.1 Eurythmie 69
   3.2 Musik 73
   3.3 Kunst und Kunsttherapie 78
   3.4 Literatur 81
4. Sexualität - "Das hängt halt unten so dran." 89
5. Fremdbestimmung und Moral 98
6. Kontrapunkt: Emanzipatorische Pädagogik. Ein Exkurs 109
   6.1 "Emanzipierte Beteiligung" 109
   6.2 Pädagogisches Konzept der Lebenshilfe
       für geistig Behinderte e.V. 111
7. Wer ist glücklicher? 115

Betreuerinnen und Betreuer 119
1. Anforderungen an die MitarbeiterInnen 119
2. Qualifikation 122
3. Macht und Kommunikation 123
4. Soziale Unterstützung 128
5. Leiden, Angst und Unmündigkeit 133

Versuch einer Psychologie
der anthroposophischen Dorfgemeinschaften 153
1. Tiefenpsychologische Deutung der Anthroposophie 153
   1.1 Größenwahn als sozialpsychologisches Phänomen 153
   1.2 Narzißtische Störung 156
   1.3 Merkmale des Allmacht-Ohnmacht-Komplexes
      in der Anthroposophie 159
      1.3.1 Einleitung 159
      1.3.2 Der einzelne als Kosmos - der Kosmos als Mensch 160
      1.3.3 Egozentrismus und Beziehungslosigkeit 162
      1.3.4 Wissensverdrängung 166
      1.3.5 Verschmelzen mit dem Geist 170
      1.3.6 Entwicklung zum Höheren 173
      1.3.7 Pflicht und Gefühle 177
2. Anthroposophen als Gruppe 182
3. Anthroposophen in helfenden Berufen 185
   3.1 Einleitung 185
   3.2 Zentrale Konflikte der Helferpersönlichkeit
      mit einem Helfersyndrom 187
      3.2.1 Erscheinungsbild 187
      3.2.2 Ursache 188
      3.2.3 Das anspruchsvolle Ich-Ideal 188
      3.2.4 Angst vor Nähe 190
      3.2.5 Aggressionshemmung und indirekte Aggressionen 191
4. Resümee 195

Die Dorfgemeinschaften als
Institutionen der Behindertenhilfe 199
1. Anthroposophische Dorfgemeinschaften als totale Institutionen 200
2. Allgemeine Merkmale totaler Institutionen 201
3. Zur Freiwilligkeit des Aufenthalts 203
4. Verhältnis Insassen-Personal 204
5. Anstaltsziele 205
6. Merkmale totalitärer Herrschaft (Buchheim) 209

7. Die anthroposophische Dorfgemeinschaft als totalitäres Regime 210
8. Auswirkungen der totalitären Strukturen
   auf die statusniedrigen DorfbewohnerInnen 212
9. Integration 215

Kein gutes Haar? 223

Literaturverzeichnis 225

Für meine Freundinnen und Freunde aus den A-dorfer Zeiten - und für Jola, die's gewußt hat

Wie dieses Buch entstand

Allein in der Bundesrepublik Deutschland gibt es über 30 anthroposophische Dorfgemeinschaften, in denen geistig behinderte Kinder oder Erwachsene und Nichtbehinderte zusammen leben und arbeiten. Insgesamt sind das viele 1000 Menschen; hinzu kommen diejenigen, die aus den Dorfgemeinschaften ausgeschieden sind. Was für eine Unzahl an Erinnerungen, Eindrücken, Rollen und Standpunkten müßte man zusammentragen, um ein halbwegs objektives Bild dieser besonderen Lebensweise zu gewinnen! Der Geschäftsführer der Dorfgemeinschaft Sassen, Kurt Eisenmeier, stellt in seiner kleinen Schrift über sein eigenes Dorf zu Recht fest: "So ist es nicht leicht zu schildern, was zwischen mehr als 300 Menschen webt und lebt.(...) Nur ein sehr guter Schriftsteller könnte in einem Roman oder in vielen lebendigen Episoden davon einen Zipfel dieses 'Patchworkpelzwerkes' fassen." (S.7)

Ich schreibe keinen Roman und zähle nicht alle Episoden auf, an die ich mich erinnern kann; andererseits habe ich mich keineswegs einheitlicher Methoden der Sozialforschung bedient. Was ich berichten und erklären werde, gründet durchaus in meiner subjektiven und selektiven Wahrnehmung. Wer meinen Blickwinkel nicht einnehmen will, hat also das gute Recht, meine Ausführungen, Thesen und Analysen als irrelevant zu erachten - oder sie durch seine/ihren eigenen zu ergänzen.

Ich werde also zunächst meinen Blickwinkel etwas erläutern und meine Informationsquellen darlegen.

Anthroposophische Dorfgemeinschaften genießen, genau wie andere anthroposophische Einrichtungen (Krankenhäuser, Waldorfschulen, biologisch-dynamische Landwirtschaftsbetriebe etc.), in Mittelschichtskreisen einen guten Ruf. Man traut Anthroposophen einen menschenfreundlicheren, sanfteren und persönlicheren Umgang mit Alten, Kranken, Kindern und Behinderten zu als vergleichbaren staatlichen und kirchlichen Einrichtungen. Abkehr vom Leistungsprinzip, Naturverbundenheit und Ganzheitlichkeit, Holzspielzeug für die Kleinen, chemiefreie Vollwertkost für den Körper, Iris-Milch für die Haut, Weleda-Produkte im Krankheitsfalle und vieleckig-sanft geschwungene Gebäude und ein gewisser Rudolf Steiner, dem all dies zu verdanken ist - diese Dinge fallen dem durchschnittlichen Zeitgenossen ein, wenn das Stichwort "Anthroposophie" fällt.

Auch mein Vorwissen über die Anthroposophie ging über derartige Assoziationen nicht hinaus, als ich im Jahre 1984, direkt nach dem Abitur, durch Zufall an eine anthroposophische Dorfgemeinschaft für geistig behinderte Erwachsene geriet und beschloß, dort meinem Drang, mich im sozialen Bereich

zu engagieren, nachzugehen. Nach Absolvierung einer Probewoche verpflichtete ich mich, dort ein Jahr als Praktikantin im hauswirtschaftlichen Bereich zu arbeiten und zu leben. Ich gewann dort einen wesentlich tieferen Einblick in die Lebens- und Denkweise der Menschen, die im Namen Rudolf Steiners sozial tätig sind und stellte fest:
- Sie leben nach einer geschlossenen Weltanschauung, die keine Abweichungen und neue Gedanken zuläßt;
- ihre Sozialtherapie, die sie den gesitig Behinderten angedeihen lassen, hat nichts mit dem zu tun, was ich mir unter fortschrittlicher Geistigbehindertenpädagogik vorgestellt hatte; sie war von Verboten beherrscht;
- es wurden v.a. den nichtbehinderten MitarbeiterInnen enorme Arbeitsleistungen abverlangt;
- durch mir zunächst rätselhafte Mechanismen in der Sozialstruktur begann ich, aber nicht nur ich, psychisch und physisch vor die Hunde zu gehen;
- die Atmosphäre war steif, verklemmt und unoffen;
- das Privatleben und die einzelne Persönlichkeit in all ihrer Vielfalt stellten keinen schützenswerten Wert dar.

Im Laufe des Jahres entstand eine Vielzahl von Problemen und Konflikten, die zu entwürdigenden Gesprächsprozeduren, Zweifeln, inneren Kämpfen und schließlich zu meiner Kündigung nach knapp neun Monaten führten.
Nachdem ich mich von dem Schock dieser unerträglichen, intensiven, mir letztlich nicht verständlichen Erlebnisse einigermaßen erholt hatte, setzte der Hunger nach "weltlicher", nicht-anthroposophischer Theorie ein: Ich wollte unbedingt wissen, wie man fachlich geschult und mit pädagogischem Know-how mit geistig Behinderten umgeht, wie man Konflikte im Team austrägt und auf humane, psychisch weniger belastende Art in sozialen Einrichtungen arbeitet. Vor allem aus diesem Grund nahm ich ein Jahr später das Studium der Sozialpädagogik auf. Es begann die Zeit des Argumente-Sammelns - gegen die Anthroposophen und für eine Sozialarbeit, die von Rationalität und Menschlichkeit geprägt ist.
Mein Jahrespraktikum leistete ich in einer Wohngruppe der Lebenshilfe für geistig Behinderte e.V. in Berlin ab und nutzte, wiederum ein Jahr später, die Gelegenheit, die beiden Einrichtungen in meiner Diplomarbeit miteinander zu vergleichen und damit meine immernoch quälenden Erinnerungen an die anthroposophische Dorfgemeinschaft zu verarbeiten und den Mißständen dort fachlich auf den Grund zu gehen. Dabei erkannte ich vor allem, wie unglücklich die Verquickung einer geschlossenen Weltanschauung mit der totalen Institution sich auf die Beweglichkeit in pädagogischen und zwischenmenschlichen Fragen auswirkt.

Außerdem stellte ich auf der Suche nach einschlägiger Literatur fest, daß zwar hinsichtlich der Waldorfschulen und die Anthroposophie als Weltanschauung einige kritische Stimmen laut geworden sind, nicht aber über die Dorfgemeinschaften als soziologisches und sozialpsychologisches Phänomen - abgesehen von Peter Suchaneks Vergleich der Dorfgemeinschaften mit psychiatrischen Einrichtungen der Diakonie und denen der italienischen Psychiatriereform. Von Angela Zeller liegt eine Dissertation über anthroposophische Heilpädagogik vor, die aber die Dorfgemeinschaften als spezifische Betreuungsform nur am Rande streift. Aber offensichtlich hat bis dato noch kein/e NichtanthroposophIn die Dorfgemeinschaft von innen heraus kritisch dargestellt. Auch nach dem Abschluß meiner Diplomarbeit hatte ich das Bedürfnis, einen Beitrag dazu zu leisten, diese Lücke zu füllen, obwohl das öffentliche Interesse daran geringer sein dürfte als an einer vergleichbaren Kritik der Waldorfschulen, da der Personenkreis derer, die mit Dorfgemeinschaften als Klientel, als Angehörige, als MitarbeiterInnen oder als Förderer in Berührung kommen, relativ klein ist. Andererseits hoffe ich, auch BetreuerInnen und Fachleute, die andere Betreuungsformen mit geistig behinderten praktizieren und weiterentwickeln, für den anthroposophischen Spezialweg zu interessieren.

Im übrigen ist das anthroposophische Dorf nichts anderes als ein kleiner Staat im Staate, und ich kann den kleinen nicht verstehen, wenn ich nicht gleichzeitig auch den großen studiere und ihn ständig mit dem kleinen in Beziehung setze. Denn eigentlich passiert in den Dörfern kaum etwas, was nicht auch in irgendeiner Form in der großen Restgesellschaft vorkommt; selbst die sektiererischen, weltanschaulich-dogmatischen Elemente des Zusammenlebens lassen sich vereinzelt und gehäuft in jedem denkbaren gesellschaftlichen Bereich wiederfinden. Es wäre mir zu billig, der bereits vorhandenen Kritik der Anthroposophie und ihren Institutionen eine weitere zur Seite zu stellen und damit eine selbstzufriedene Betroffenheit unter den Nicht-Anthroposophen auszulösen. Ein kritikloser Schulterschluß mit der nichtanthroposophischen Gesellschaft liegt mir fern. Während der Recherchen und dem Verfassen dieses Buches war ich mir der Parallelen zwischen der von mir fokussierten Dorfgemeinschaft und der Gesellschaft hier und heute sehr bewußt - sonst wäre mir das Thema gar nicht wichtig genug gewesen, um mich so lange Zeit damit zu befassen -, und ich hoffe, daß die LeserInnen ebenfalls diesen Blickwinkel ein- und die Chance wahrnehmen, anhand der Zustände in anthroposophischen Dorfgemeinschaften auch über den Zustand der Restgesellschaft nachzudenken. Zunächst einmal geht es mir allerdings um die Demontage eines allzu positiven Images anthroposophischer Behindertenarbeit, das meist aus den ersten, oberflächlichen und äußerlichen Eindrücken entsteht. Anthroposophen haben viel Talent bei der ansprechenden Ausgestaltung von Wohnhäusern, Werkstätten, von Festen, Musik- und Theateraufführungen. Der Schein von Schönheit und Harmonie erstreckt sich auch auf kleinste Details des Dorflebens, aber er täuscht über die verbissene Angestrengtheit hinweg, mit der diese Leistung erbracht wird. Die wohlorganisierte Schönheit und Detailverliebtheit schüchtert Besucher ein - oder ist das ein allgemeines Phänomen, daß man auf eine äußerlich ansprechende Behinderteneinrichtung mit Erleichterung reagiert und, ohne genau nachzufragen, davon ausgeht, daß auch im alltäglichen Betrieb paradiesisch-schöne Zustände herrschen? Behindertenbetreuung ist ein Stiefkind unserer Gesellschaft, sie wirtschaftet mit einem "gerade-noch-Ausreichend" an finanziellen Mitteln, pädagogischer Kompetenz und öffentlichem Interesse: kein gutes Aushängeschild für eine der reichsten Nationen der Welt. Es ist also nicht verwunderlich, wenn skandalöse Zustände in Heimen und Anstalten selten in die Öffentlichkeit geraten, denn ihre Beseitigung würde mehr Geld und mehr Aufmerksamkeit erfordern, als die Gesellschaft zu geben bereit ist. Das gilt auch für die anthroposophischen Dorfgemeinschaften, die mit besonders viel Engagement und mit relativ niedrigen Pflegesätzen arbeiten (meine damalige Praktikumsstelle kommt mit 79.- pro Tag und Nase aus). Das latent schlechte Gewissen Behinderten gegenüber läßt sich von einem schönen Schein eher beruhigen als durch Kritik und Verbesserungsvorschläge. Davon profitieren wiederum die nichtbehinderten Mitglieder der anthroposophischen Einrichtungen, die relativ unbeobachtet und unbehelligt mit ihrer Klientel tun können, was sie für richtig halten. Vor allem die Eltern der in Dorfgemeinschaften untergebrachten Behinderten sind häufig der Meinung, daß Behindertenbetreuung in nicht-anthroposophischen Wohngruppen und Heimen und die Arbeit in den Werkstätten für Behinderte (WfB) unmenschlich und lebensfeindlich ist und daß sie ein unverzeihliches Verbrechen an ihren Kindern begingen, falls sie sich mit der Dorfgemeinschaft überwerfen und ihre Kinder von dort wegnehmen würden. Wie auch die Waldorfschulen, leben anthroposophisch geführte Institutionen so sehr von den Vorschußlorbeeren der öffentlichen Meinung, daß es einem Sakrileg gleichkäme, bei vollem Bewußtsein über die anthroposophischen Möglichkeiten der Unterbringung eine andere Institution vorzuziehen.

Motive für dieses Buch gab es also genug. Allerdings erschien mir mein Aufenthalt in der Dorfgemeinschaft, der außerdem schon neun Jahre zurückliegt, nicht als ausreichende Quelle, um über die Dorfgemeinschaften im Allgemeinen sprechen zu können. Und auch für die Beschreibung "meiner" Dorfgemeinschaft, im folgenden A-dorf genannt, empfand ich meinen eigenen Blickwinkel als ungenügend. Für die Diplomarbeit hatte ich bereits ein Interview mit einer behinderten Dorfbewohnerin, die ich damals im Wohn- und Hauswirtschaftsbereich intensiv betreut hatte, und ihrer Mutter Frau E. geführt;

außerdem war ich nach A-dorf gefahren und hatte dort mit einem Hausvater über das anthroposophische Bild von geistiger Behinderung gesprochen (H.V. August 1990) und meine ehemalige Hausmutter besucht.

Im Hinblick auf das Buch führte ich ein Interview mit Kurt Eisenmeier, dem Geschäftsführer der Dorfgemeinschaft Sassen bei Fulda (August 1992), der außerdem gerade ein kleines Buch ("Die Sozialgestalt der Lebensgemeinschaft Sassen-Richthof. Ein Versuch") veröffentlicht hatte.

Ich intensivierte die Kontakte zu meinen ehemaligen A-dorfer KollegInnen und bat sie um die Darstellung ihrer Eindrücke, die sich z.T. gerade in Alltagsdetails erheblich von meinen unterschieden, weil die Betreuungsfamilien die Spielräume zur individuellen Alltagsgestaltung, ihren Neigungen und Gewohnheiten entsprechend, durchaus nutzten. Meine Erinnerungen an das unbehagliche, angsterfüllte Grundgefühl, an die weltanschauliche und psychische Verwirrung allerdings teilten sie. Alle erzählten mir noch einzelne Episoden, die mir neu waren oder die ich selbst längst vergessen hatte und die meinen Gesamteindruck bestätigten.

Im September 1992 rief ich Frau E. an, um sie um ein weiteres Interview zu bitten. Wider Erwarten reagierte sie mißtrauisch und ablehnend, sagte, sie wolle keine Klatschgeschichten erzählen (tatsächlich war hatte sich einige Zeit zuvor in A-dorf ein handfester Skandal ereignet), außerdem fühle sie sich gar nicht kompetent und ich solle jemand anderes fragen.

Ich wandte mich also an das Ehepaar P., die sich in der Elternarbeit seit vielen Jahren engagieren. Die Interviews mit den Eltern erwiesen sich insofern als schwierig, weil sie ständig fürchteten, ihre Aussagen könnten indiskret behandelt werden. Das Ehepaar P. bat mich nach einer halben Stunde, das Tonband abzuschalten und fragte immer wieder, wie ich die Anonymität zu wahren gedächte. Ich hatte den Eindruck, daß die Eltern mich im Grunde als wandelnde Kritik an ihrer Entscheidung empfanden, das "Kind" in einer anthroposophischen Dorfgemeinschaft unterzubringen, obwohl die Kritik weniger von mir als von ihnen selber im Laufe des Gesprächs geäußert wurde.

Im Herbst 1992 erhielt ich wie gewohnt den A-dorfer Jahresbericht, der mir zu meiner großen Überraschung ein ganz neues Bild der Dorfgemeinschaft bot. Progressive Anamneseverfahren, intensive Beschäftigung mit den einzelnen behinderten BewohnerInnen, Partnerschaft und Sexualität, Umzüge und Arbeitsplatzwechsel innerhalb des Dorfes, Kompetenzerweiterung bei den Hauseltern und Supervision hatten in A-dorf Einzug gehalten. Ich wußte bereits, daß ihr neuer Geschäftsführer Sozialpädagoge und Nicht-Anthroposoph war, konnte aber kaum fassen, daß er offenbar einen derart fortschrittlichen Einfluß auf das Dorf nahm. Sollten die Hauseltern tatsächlich anthroposophischen Ballast über Bord geworfen haben? Und wie sahen die Veränderungen im einzelnen aus?

Ich setzte mich mit dem Geschäftsführer in Verbindung und bat um ein Interview. Mittlerweile hatte sich allerdings herumgesprochen, daß ich an einer kritischen Publikation über A-dorf arbeite, so daß man mir eine Aufzeichnung des Gesprächs untersagte und dem Geschäftsführer einen Hausvater zur Seite stellte, der mich von meinem Praktikum noch kannte. Es gelang mir nicht, sie von ihrem eigenen Vorteil einer Aufzeichnung zu überzeugen, denn selbstverständlich hätte ich ihnen eine Niederschrift des Interviews in die Hand gegeben, mit der sie die Richtigkeit meiner Verarbeitung des Interviews in den Text hätten überprüfen können. Ich war also auf mein Gedächtnis angewiesen (und auf das meiner Freundin, die ich zur Verstärkung mitgenommen hatte); wenn die im Text auftauchenden wörtlichen Zitate nicht ganz den tatsächlichen Wortlaut treffen, ist das auf die widrigen Umstände des Interviews zurückzuführen, die ich nicht zu verantworten habe. Aber es war mir wichtig, die positive Entwicklung A-dorfs in meine Kritik miteinzubeziehen. Das Gespräch selber (Februar 1993) verlief übrigens angenehm, obwohl zwischendurch ein weiterer Hausvater zu uns stieß, sich setzte und mich fünf Minuten lang forschend ansah, bevor er zum Glück wieder ging, denn mir begann bereits das Wort im Halse stecken zu bleiben ob der plötzlich beklemmenden Atmosphäre. Außerdem wurde immer wieder bezweifelt, ob ich in der Lage sei, ein wahrheitsgetreues Bild von A-dorf zu zeichnen, wo ich doch nur so kurz dagewesen sei; der Geschätsführer sagte sogar: "Wie alt waren Sie damals? - Ach, mit 20, 21 wußte ich ja auch *alles* und meinte über alles urteilen zu können, und erst später habe ich gemerkt, daß ich eigentlich nichts weiß." Aber wann kommt dann der Zeitpunkt, an dem man über etwas urteilen darf?

Was andere Dorfgemeinschaften betrifft, genügten mir die Gespräche mit GeschäftsführerInnen nicht. Denn sie sind es gewöhnt, ein rundes und harmonisches Bild ihrer Dörfer zu zeichnen, die Schilderung von Mißständen ist von ihnen nicht zu erwarten und ihre Verwobenheit mit dem Dorfalltag hält sich ohnehin in Grenzen; administrative und repräsentative Aufgaben, regelrechte Funktionärstätigkeiten, die zu einem großen Teil außerhalb des Dorfes stattfinden, prägen ihren Beruf, weniger der kontinuierliche Umgang mit den Behinderten in der Wohn- und Arbeitssituation. Ich gestaltete die Interviews mit Anthroposophen sehr defensiv - d.h. wir sprachen locker über irgendwelche Themen, die entfernt mit der Dorfgemeinschaft und der Anthroposophie zu tun hatten -, zum einen, weil Themen aus der unmittelbaren Praxis mir wenig ergiebig erschienen, und zum anderen, weil ich ihr anfängliches Mißtrauen zerstreuen und eine relativ nahe und freundliche Gesprächsatmosphäre schaffen wollte. Tatsächlich kam ich bei jedem einzelnen zu einem Punkt, an dem Äußerungen wie die folgenden fielen: "Das sag' ich Ihnen jetzt ganz im Vertrauen" oder "Also *ich* persönlich denke ja, aber das schreiben Sie bitte nicht" oder "Schalten Sie mal kurz das Band ab, dann sag' ich Ihnen was". Ich erwog einen Gastaufenthalt in einer weiteren Dorfgemeinschaft, um den Alltag vor Ort zu beobachten. Es bestand durchaus die Möglichkeit, daß eine Dorfgemeinschaft mich, die "Journalistin", eingeladen hätte, in der Hoffnung, daß ich anschließend eine anerkennende und anrührende Reportage über die reizende, aufopferungsvolle und harmonische Betreuungsarbeit schreibe. Aber ich wollte in keinen "Musterhaushalt", sondern in einen ganz normalen, und ich wollte erfahren, wie der ungeschminkte Alltag aussieht, wie sich ein Zivildienstleistender dort fühlt, wie man miteinander umgeht.

Eine sogenannte verdeckte teilnehmende Beobachtung schien mir in diesem Fall die geeignetere Methode zu sein. Ich schrieb einen Brief an eine große, einige Jahrzehnte alte Dorfgemeinschaft (im folgenden B-dorf genannt), in dem ich mich als verkrachte Soziologie-Studentin ausgab (mein abgeschlossenes Sozialpädagogikstudium verlieh mir nicht die für meinen Plan erforderliche Naivität), die sich sehnlich wünscht, endlich einmal etwas Sinnvolles, Handfestes und Praktisches zu tun, die von den Dorfgemeinschaften schon so viel Gutes gehört hat und sich deshalb für eine längere Mitarbeit interessiert. Daraufhin bot man mir die Möglichkeit eines Gastaufenthalts an, um den Betrieb dort kennenzulernen, damit ich mich anschließend in Ruhe entscheiden könnte. Im Juni 1992 reiste ich also für knapp fünf Tage nach B-dorf (wo ebenfalls mit geistig behinderten Erwachsenen gearbeitet wird).

Erstaunlicherweise mußte ich mich kaum verstellen. Meine unzähligen Fragen waren durchaus ehrlich gemeint und wurden geduldig und mit großer Offenheit beantwortet. Ich erhielt vom Dorfgeschehen keinen Längsschnitt wie in A-dorf, dessen Geschichte ich seit neun Jahren beobachte, sondern einen relativ breiten Querschnitt: Ich lernte die Persönlichkeiten und die Probleme der Hausmutter und des Zivildienstleistenden kennen, sie erzählten mir "Fallgeschichten" von einzelnen Behinderten, ich durfte die Werkstätten besichtigen, an der "Opferfeier" am Sonntag vormittag teilnehmen, Szenen bei Tisch beobachten; nebenbei arbeitete ich im Haushalt mit, zupfte Unkraut auf dem Feld, brachte Behinderte ins Bett. Zum Glück wurde mir unendlich viel Zeit eingeräumt, mir alles anzuschauen und mich zurückzuziehen; so hatte ich Gelegenheit, meine Eindrücke und die Gespräche sofort zu protokollieren. Am meisten fürchtete ich mich vor dem Vorstellungsgespräch beim Geschäftsführer, aber zu meiner Erleichterung wollte er gar nicht viel über mich wissen. Es ist eine sonderbare Erfahrung, sich mit einer falschen Biographie und falschen Absichten unter Menschen zu mischen; und es ist erstaunlich, mit wie wenigen Informationen über die eigene Person sich andere zufriedengeben. Es hätte viele Fragen gegeben, mit denen sie mich ausgesprochen in Verlegenheit gebracht hätten. Zum Beispiel fiel es mir schwer, mit meinen Lebenshilfe-Erfahrungen (ich hatte in der Zwischenzeit einige Monate in einem Heim der Münchener Lebenshilfe für geistig Behinderte e.V. mitgearbeitet) und meinem Wissen aus dem Sozialpädagogik-Studium hinterm Berg zu halten, ganz zu schweigen von den Erlebnissen in A-dorf. Ich denke, alles in allem war ich ihnen etwas suspekt, und wahrscheinlich ging ich ihnen mit meinen ewigen Diskussionen auch ziemlich auf die Nerven, aber meine "wahren Absichten" dürften ihnen verborgen geblieben sein.

Mein schlechtes Gewissen, letztendlich gelogen, betrogen und das entgegengebrachte Vertrauen mißbraucht zu haben, kann ich durch die strikte Wahrung der Anonymität des Dorfes und aller seiner BewohnerInnen etwas beruhigen.

Als letzte Quelle von Erfahrungsberichten seien einige Interviews und viele Gespräche genannt, die ich mit Leuten führte, die in irgendeiner Weise mit Anthroposophen in Berührung gekommen sind: Manche haben in landwirtschaftlichen Betrieben mitgearbeitet, andere haben eine Ausbildung in anthroposophischen Institutionen absolviert oder eine Dorfgemeinschaft für einen oder mehrere Tage besucht; im Laufe des Schreibens stellte ich fest, daß fast jede/r irgendwas über Begegnungen mit Anthroposophen erzählen kann.

Ich möchte an dieser Stelle allen danken, die mir mit Interviews und Gesprächen bei diesem Buch geholfen haben: den anonym Gebliebenen und den Unfreiwilligen genauso wie den anderen, insbesondere Dr. Eva Perneder. Außerdem danke ich meinen Eltern für den monatlichen Wechsel und meinen FreundInnen für die emotionale und fachliche Unterstützung, insbesondere Barbara Klarmann, Michael Reinicke, Birgit Odenwald, Marin Murr, Monika Högl und Ulrich Mendgen.

Äußerlichkeiten

1. Erste Eindrücke

Dorfgemeinschaften bekommen oft Besuch, sicherlich öfter als so manche andere Betreuungseinrichtung. Manchmal werden ganze Gruppen, bestehend aus StudentInnen, Fachleuten, BetreuerInnen anderer Einrichtungen, Eltern etc. durch die Wohnhäuser, Werkstätten, Treibhäuser, Ställe und Säle geschleust. Und mit der Dorfanlage müssen sich die Anthroposophen nicht verstecken: Die Dörfer sind in der Regel wunderschön.

Die hessische Dorfgemeinschaft Sassen beispielsweise ist eingebettet in eine sanfte Hügellandschaft. Die Wohnhäuser, die insgesamt 14 Familien beherbergen, sind locker auf das Tal verteilt und durch eine schmale Straße und ein verzweigtes System von Fußwegen miteinander verbunden. In der Mitte des Dorfes befindet sich ein kleiner Teich, in den man von einer Bank aus hineingucken kann. Ein riesiges altes Fachwerk-Bauernhaus bildet das Zentrum des Dorfes; die anderen Häuser entsprechen der vieleckigen und verspielt wirkenden anthroposphischen Architektur.

Oder B-dorf: Die etwa zehn Wohnhäuser, die Werkstätten und der Saal schmiegen sich an den Hang eines größeren Hügels, so daß man das Dorf von oben fast vollständig überblicken kann. Die Räume zwischen den relativ nah beieinander stehenden Häusern waren im Frühling - als ich das Dorf besichtigte - von Blumenbeeten geradezu überflutet. Die Fußwege schlingen sich in Kurven, treppauf, treppab durch das Dorf. Die ganze Anlage wirkt bis ins kleinste Detail durchdacht und ist hingebungsvoll gepflegt. Zugleich vermittelt sie den ersten Eindruck von der unglaublichen Arbeit, die in den Dörfern geleistet wird.

Als ich für ein Interview meine alte Praktikumsstelle A-dorf aufsuchte, begeisterte mich neben den optischen Eindrücken - denn auch dort gibt man sich viel Mühe bei der Gestaltung der Anlage - die akustische Untermalung: Kuhglocken klangen sanft von der nahegelegenen Weide durch den Sommernachmittag, begleitet von gelegentlichem Gegacker und Krähen des Federviehs, die üppigen Laubbäume rauschten im Wind, Hunde und Katzen strichen umher. Wir saßen in der schattigen Pergola bei Malzkaffee und ich dachte beschämt: Und diese Idylle willst du bekritteln.

Werfen wir einen Blick in die Wohnhäuser: Sofern sie von Anthroposophenhand erbaut sind, enthalten sie einen zentralen, weitläufigen Wohnraum, in dem ein - je nach Größe der Familie - großer Eßtisch steht; wie dieser Gemeinschaftsraum sonst eingerichtet ist, hängt vom Geschmack und Engagement der Familie, bzw. ihrer Oberhäupter ab. Die Vieleckigkeit und Vermeidung von rechten Winkeln, wie sie für die anthroposophische Architektur typisch ist, verursacht ungewöhnliche Ecken und Nischen; auch die Raumdecke ist nicht ebenmäßig, sondern wölbt sich zeltartig nach oben. Meistens gibt es in diesen Räumen in einer der Ecken - manche Wohnzimmer sind für diesen Zweck auch zweigeteilt - eine kuschelige Sitzecke mit Bänken, Sofas, Sesselchen und Stühlen, auf denen häufig Schaffelle liegen. In meiner Familie in A-dorf erwuchs aus irgendeiner Ecke ein regelrechtes Gebirge von Kachelofen, der die Gemütlichkeit des Wohnzimmers an Wintertagen noch steigerte.

Natürlich dominieren Naturholzmöbel die Einrichtung: Beliebt sind Bauernschränke, aber auch Produkte (dorfeigener) anthroposophischer Schreinereien mit ihrem eigenwilligen, jugendstilartigen Design sind anzutreffen. An den Wänden hängen Wandteppiche und Bilder, manchmal die bedeutungsschwangeren Gemälde anthroposophischer Machart, auf denen z.B. ein pastellgelber Engel oder Heiliger dunkle, grün-blaue Teufel, Drachen oder andere finsteren Mächte niederringt.

Die Küche ist ein weiterer Mittelpunkt des Hauses. Unsere in A-dorf war relativ geräumig und lief gen Speisekammer spitz zu. Gekocht wurde wahlweise auf dem Gasherd oder auf dem Holzofen. Das Kachelofengebirge des Wohnzimmers reichte auf raffinierte Weise bis zur Küche und war auch von dort aus zu befeuern. Die Küche mit ihren Holzschränken und -borden, mit ihren großen Gläsern mit Kräutertee, Marmelade, Korn etc., mit ihrem schweren Holzarbeitstisch und allen möglichen Küchengeräten stellte fast zu jeder Tages- und Nachtzeit einen Anziehungspunkt für alle Familienmitglieder dar.

Die Zimmer der behinderten Familienmitglieder sind im allgemeinen eher klein und relativ spärlich möbliert. Die Gestaltung wird mehr oder weniger von den Behinderten selber übernommen; die Zimmer der schwerer Behinderten sind allerdings von der Handschrift der anthroposophischen Hauseltern geprägt. Frau E., die Mutter einer Behinderten beschrieb ihr gelindes Erstaunen, als sie das neu eingerichtete Zimmer ihrer Tochter zum ersten Mal betrat: Das Bett stand auf sonderbar uneingerichtete Weise neben der Heizung direkt am Fenster und nicht in der Nische des Zimmers, die innenarchitektonisch für das Bett vorgesehen war. Ihre Nachfrage bei der Hausmutter ergab, daß der Wünschelrutengänger, den man nach Fertigstellung des Hauses durch die Räume geschickt hatte, in eben dieser Nische auf ungünstige Wasseradern o.ä. gestoßen war. Die Mutter fragte sich vergeblich, warum man den Wünschelrutengänger nicht früher über das Baugelände hatte gehen lassen - und ob eine Wasserader nicht der Zugluft des Fensters und der ungeschickten Gestaltung der Einrichtungsgegenstände vorzuziehen sei. Wie die Geschichte ausgegangen ist, weiß ich nicht, zumal die Tochter sich zu diesem Zeitpunkt schon dermaßen mit der Dorfgemeinschaft identifiziert hatte, daß sie die Entscheidung ihrer Hausmutter glühend verteidigte.

Es ist übrigens keine Selbstverständlichkeit, ein Zimmer für sich allein zu haben. In A-dorf zum Beispiel bewohnten mindestens zwei Drittel der Behinderten und auch einige BetreuerInnen zu zweit ein Zimmer.

Wer schläft wo? In den großen anthroposophisch konzipierten Wohnhäusern haben die Hauseltern häufig ein Stockwerk für sich, wo sie weitgehend unbehelligt mit ihren eigenen Kindern untergebracht sind.

Die Behinderten haben in A-dorf zu dritt oder zu viert einen kleinen Flur für sich - nach Geschlechtern getrennt -, der zu ihren Zimmern führt; gelegentlich wohnen auch PraktikantInnen und Zivildienstleistende in diesen Trakten. Da die Häuser dort sehr hellhörig sind, schränkt eine so enge Nachbarschaft zu den Behinderten die Freizeitgestaltung am ohnehin kurzen Feierabend zusätzlich ein.

Im Haus meiner Familie in A-dorf konnte man sich eigentlich durchaus wohlfühlen. Eigenartig war nur, daß man sich ständig darin zu verlaufen drohte. Da es am Hang lag und die Zimmer und Flure so ungewöhnlich verwinkelt waren, wußte man nie genau, in welchem Teil des Hauses man sich gerade befand: Im Erdgeschoß? Im Keller mit Blick nach Osten? Wieso tauchte jetzt gerade vor diesem Zimmerfenster die Wäschespinne im Blickfeld auf? Und das Zimmer darunter, aus dem gerade so ein Lärm ertönt - ist es das von Florian oder Martin? Und wie kommt man von hier aus am elegantesten ins Mädchenbad? Eine Bekannte von mir, die sich während einer Ausbildung in der anthroposophischen Sprachheilschule ausgiebig mit allen Facetten des Steinerschen Denkens befaßt hat, erklärte sich dieses Phänomen so: "Das ist bezeichnend für ihren Bewußtseinszustand: Verwirrung." Die anthroposophische Architektur entspricht einem Ansatz, der sich immer wieder in den Theorien Steiners findet: Die Form wird eingeübt, ohne den Inhalt zu ergründen und zu verstehen. Man betreibt z.B. Eurythmie, ohne zu wissen, was im die Bewegungen einzelnen bedeuten, aber man kriegt ein "Gefühl" dafür. Oder man sagt Gedichte und Sprüche solange auf, bis sie einem in Fleisch und Blut übergegangen sind, aber über ihren Inhalt wird nie gesprochen; Hauptsache, der wiegende Rhythmus und die Aneinanderreihung von Worten wird von den Sprechenden erfaßt (vgl.Schneider, S.274 f). Genauso lernt man, sich in den Häusern zurechtzufinden: Man läuft so lange treppauf, treppab und durch alle Räume, bis man die Wege "gelernt" hat; aber wirklich nachvollziehen, wie das Haus gebaut ist und wo man sich logischerweise befindet und welcher Raum benachbart ist, kann man die Architektur nur mit einem ausgezeichneten Orientierungsvermögen - das ich z.B. nicht habe, und die meisten der Behinderten wohl auch nicht.

Viele Dörfer haben ein altes Bauernhaus, das Stammhaus sozusagen, um das die neuen Häuser allmählich gruppiert werden. Die Bauernhäuser sind ähnlich eingerichtet wie die anderen Häuser, verfügen aber wegen der vollkommen anderen Bauweise über weniger Platz für Gemeinschaftsräume.

Dann gibt es noch Gebäude, in denen sich Werkstätten, Gärtnerei und Landwirtschaft befinden. Die Anzahl und Art der Werkstätten variiert von Dorf zu Dorf; die manuelle oder mechanische Fertigung von Gebrauchsgegenständen, bei der die Arbeitsschritte von den rohen Matrialien bis zum fertigen Endprodukt alle unter einem Dach stattfinden, ist allen Werkstätten gemeinsam. Die einzige mir bekannte Ausnahme bildet die Obstkistenfabrik am Lehenhof. In A-Dorf gab es während meiner Praktikumszeit nur Landwirtschaft, Gärtnerei, Schreinerei und Wollwerkstatt; anderswo hat man Färberei, Weberei, Töpferwerkstatt, Bäckerei, Kerzenzieherei, Peddigrohrflechterei, Puppenwerkstatt etc. eingerichtet.

Biologisch-dynamische Landwirtschaft und Gärtnerei haben oft beträchtliche Ausmaße angenommen, da sie einen wesentlichen Beitrag zur Versorgung des Dorfes leisten (in A-dorf hieß es damals, das Dorf sei, was Lebensmittel betrifft, zu 80% autark) und weitere Erträge verkaufen. Die Werkstätten sind, genau wie die Wohnhäuser, liebevoll ausstaffiert, mit Bildern und Wandteppichen oder Blumen vor den Fenstern etc.

Wiederum nach der Größe des Dorfes richtet sich die Ausstattung mit Gemeinschaftsräumen bzw. Sälen. In Sassen gibt es zwei kleine und einen großen Saal, in B-dorf einen sehr großen Saal in einem eigenen Gebäude, in A-dorf ist er etwas kleiner ausgefallen und befindetet sich im Stockwerk über der Schreinerei. Im Saal trifft man sich zu Eurythmiestunden, Orchester- und Theaterproben, Vorträgen, eigenen Aufführungen, Konzerten, Tanzabenden und zum Gottesdienst; ein solcher wird in B-dorf am Sonntag vormittag abgehalten. Allerdings handelt es sich nicht um einen konfessionellen Gottesdienst, sondern um eine sogenannte Opferfeier, wie sie die "Christengemeinschaft" zelebriert (Die Christengemeinschaft ist sozusagen der verlängerte christlich-spirituelle Arm der Anthroposophischen Gesellschaft, der weniger organisatorisch als inhaltlich an die Anthroposophie gebunden ist.). Der Saal in B-dorf ähnelt ein wenig einem Zirkuszelt mit seiner nicht rechtwinkeligen Grundfläche und seinem enormen kuppelartigen Dach.

Viele Dörfer verfügen über einen eigenen Laden, der Lebensmittel und/oder Kunstgewerbliches aus eigener Produktion vertreibt. In Sassen besuchte ich sogar einen Dorfkrug: Die paar Gäste, die offenbar der nachmittäglichen Arbeit entronnen waren, führten lebhafte Gespräche bei Kaffee und Gebäck, was mich sofort für dieses Etablissement einnahm. In A-dorf gab es damals keinen öffentlichen Raum für zwanglose Begegnungen, allerdings wäre auch keine Zeit gewesen, ihn zu nützen.

Ein Gebäude darf an dieser Stelle nicht unerwähnt bleiben, obwohl ich es nur von A-dorf kenne und es keinerlei repräsentative, produktive oder intendierte gemeinschaftsfördernde Funktion hatte: eine klapperige Hütte, mehr eine Baracke, schnell hingebaut, als im Zuge der Erweiterung des Dorfes Wohnraum für das Personal knapp wurde. In den drei kleinen Zimmern der Hütte hausten Zivildienstleistende; scherzhaft hinzugefügt: sofern es ihnen abends gelungen war, den unbeleuchteten, meist vermatschten Weg ("highway" genannt) am Stall entlang zu finden und zu durchwaten. Die "Hütte" geriet bei unseren Hauseltern schnell in den Ruf, Ort unmoralischer, subversiver, ja konspirativer Vorgänge zu sein. Tatsächlich war die "Hütte" als spätabendlicher Treffpunkt ungeheuer wichtig und wertvoll für uns, d.h. für eine Gruppe von ca. zehn jugendlichen MitarbeiterInnen, die wir alle nur für die begrenzte Zeit eines Praktikums, einer Lehre oder des Zivildienstes in A-dorf mitarbeiteten und das dringende Bedürfnis hatten, uns über die Ereignisse des Tages auszutauschen, Probleme und Konflikte mit Dorf, Weltanschauung und Hauseltern zu erklären bzw. zu lösen und die Welt - wenigstens ansatzweise - wieder vom Kopf auf die Füße zu stellen...

2. Tagesablauf

Jeder und jede erfüllt in einer Dorfgemeinschaft bestimmte Aufgaben, die individuell, je nach Familie und Dorf variieren; die tägliche Arbeitszeit hängt außerdem von der Jahreszeit ab. So hatten wir in A-dorf während der Erntezeit besonders viel zu tun: tausende von Pflaumen und Tomaten mußten eingemacht werden, in großem Stil widmete man sich der Herstellung von Apfelsaft, die Kartoffelernte leistete das ganze Dorf in einer Gemeinschaftsaktion. Die Fülle der Arbeit erforderte gelegentlich sogar abendlich-nächtliche Arbeitsschichten. Im Januar, Februar hingegen schob man eine relativ ruhige Kugel, die allerdings selten in freie Zeit ausartete, weil das mit dem Arbeitsethos nicht zu vereinbaren war. Aber dazu später.

Mein Werktag in A-dorf sah etwa folgendermaßen aus:

6 Uhr: Aufstehen für die BetreuerInnen, wobei die Landwirte und - in anderen Einrichtungen - die BäckerInnen wesentlich früher auf den Beinen sein müssen.

6 Uhr 30: Die Behinderten wecken. Da sich meine drei Betreuten ohne wesentliche Hilfe meinerseits waschen und anziehen konnten, war es meine Aufgabe, das Frühstück vorzubereiten.

7 Uhr: Frühstück und anschließendes Abspülen. In Dorfgemeinschaften sind Geschirrspülmaschinen unüblich, was eigentlich auch kein Verlust ist, da das

Abspülen mit der halben Hausbelegschaft meistens eine durchaus feuchtfröhliche Angelegenheit war, zumal sich die Hauseltern nicht daran zu beteiligen pflegten.
7 Uhr 50: Für die BetreuerInnen eine 20-minütige Rudolf-Steiner-Lesung (nicht verpflichtend), anschließend kurze Arbeitsbesprechung, die Behinderten sollten inzwischen ihre Zimmer aufräumen.
8 Uhr 30: Morgenkreis, d.h. Versammlung der ganzen Dorfgemeinschaft. Anschließend: Arbeitszeit in den Werkstätten und Haushalten.
12 Uhr: Mittagessen, Küche aufräumen und Abspülen.
bis 14 Uhr: Mittagspause.
bis 18 Uhr: Arbeitszeit.
18 Uhr: Abendbrot.
19 Uhr 30 bis 20 Uhr 30: Für die Behinderten "Abendgestaltung" (in meiner Familie war sie verpflichtend, andere Hauseltern räumten den Behinderten das Recht ein, sich selbst für oder gegen die Teilnahme zu entscheiden), gestaltet von einzelnen BetreuerInnen: Sternenkunde, Pflanzenkunde, Theaterspielen, Musizieren u.a. Am Freitag war Familienabend, d.h. die Familie übernahm die Gestaltung des Programms selber.
20 Uhr 30: Die Behinderten wurden ins Bett gebracht, bzw. dazu angehalten, was gut und gerne bis 21 Uhr 30 dauerte.
Die BetreuerInnen hatten abends häufig Konferenzen oder Vorträge bzw. Lesungen bestimmter Werke von Steiner; die Teilnahme an letzteren war freiwillig. Ansonsten standen für die BetreuerInnen abends manchmal Theaterproben und Festvorbereitungen an.

Die Wochenenden begannen am Samstag mittag. Jeweils die Hälfte des Betreuungsteams hatte bis Sonntag abend frei, die andere Hälfte übernahm den Wochenenddienst entsprechend nur zu zweit oder zu dritt. Am Samstag nachmittag wurde gebadet, getrödelt und Malzkaffee getrunken, am Abend fand eine kleine religiöse Zeremonie statt (Stiller Abend, in B-dorf Bibelabend genannt). Sonntags wurde ausgiebig und etwas später als sonst gefrühstückt, der Rest des Vormittags war oft für das ganze Dorf verplant mit Märchenvorlesen oder Sonderproben für anstehende Theateraufführungen. Am Nachmittag ging man en famille spazieren, nahm größere Kaffeemahlzeiten zu sich oder unternahm kleine Ausflüge in die Umgebung. Wenn das Wetter nicht mitspielte, ergaben sich zumindest für die Behinderten kleine Freiräume, die sie mit lesen, Briefe schreiben, gegenseitigen Besuchen im Dorf, plaudern und musizieren nützten. Meine Hausmutter sagte einmal nach einem solchen Tag: "Eigentlich ist am Wochenende ja nicht viel zu tun, aber ich bin am Sonntag abend so erschöpft, daß ich nur noch heulen möchte." - Auch die Sonntage verliefen in A-dorf eben alles andere als entspannt, nur daß man auch noch selbst über die

Gestaltung des Programms nachdenken mußte.

Abends versammelte sich das ganze Dorf zum Vergnügungsabend: Entweder wurde zum Volkstanz aufgespielt oder es gab einen Singabend, gelegentlich besuchte man gemeinsam ein Konzert in einem nahegelegenen Städtchen. Filmvorführungen wurden zwar des öfteren erwogen, scheiterten aber im Vorfeld an der sebstgesetzten Auflage, keine Gewalt- und Sexszenen zu zeigen bzw. auch nur im entferntesten darauf anzuspielen, um die Behinderten nicht zur Nachahmung anzuregen.

In B-dorf wurde das Alltagsprogramm - zumindest in meiner Gastfamilie - großzügiger gehandhabt. Zum Beispiel hatte jede/r Behinderte einen halben Tag frei, an dem er/sie nicht arbeiten mußte und weitgehend in Ruhe gelassen wurde. Die Hausmutter brachte einem ihrer Betreuten an seinem freien Vormittag ein liebevoll hergerichtetes Frühstück ans Bett. Wer abends nicht zur Abendgestaltung gehen mochte, blieb zuhause oder traf sich mit FreundInnen. Vor unserem Haus versammelte sich fast jeden Abend eine beträchtliche Anzahl von Leuten, man spielte Fußball, was an Waldorfschulen übrigens verpönt ist (Beckmannshagen, S.40), liebkoste die Katzen und unterhielt sich - eine solche Lässigkeit habe ich in A-dorf nie erlebt. Den MitarbeiterInnen steht immerhin ein freier Tag pro Woche zu. Trotzdem gilt in der übrigen Zeit auch für sie: präsent sein. Richtig frei haben sie nur, wenn sie sich räumlich vom Dorf entfernen.

Am Tagesablauf wird sichtbar, daß die Behinderten fast ununterbrochen verplant sind, und daß das Privatleben für alle Beteiligten eine absolut untergeordnete Rolle spielt, bzw. auf Kosten der Schlafenszeit geht.

3. Essen

"Wenn mehrere Menschen unter einem Dach zusammenleben, wird das gemeinsame Essen zu einer Arena gesellschaftlichen Lebens," schreibt Nils Christie, der lange in verschiedenen norwegischen anthroposophischen Dorfgemeinschaften mitgearbeitet hat (S.14). Damit hat er nicht unrecht, denn der Ablauf der Mahlzeiten spiegelt sowohl die Atmosphäre als auch die Sozialstruktur und Gruppendynamik in einer Dorffamilie wider.

Den Familien stehen sogenannte Hauseltern vor, die in der Regel Ehepaare mit eigenen Kindern sind und sich auf Dauer in der Dorfgemeinschaft niedergelassen haben. Es gibt aber auch zusammengewürfelte Paare, die keine intime Beziehung miteinander leben. In B-dorf war ich sogar im Haus einer "alleinerziehenden" Hausmutter untergebracht, aber dieser Zustand war ausdrücklich als Übergangslösung gedacht.

Die Hauseltern werden von meist jungen MitarbeiterInnen unterstützt (Zivildienstleistende, PraktikantInnen, Lehrlinge aus den Werkstätten und aus der Landwirtschaft oder Gärtnerei), deren Aufenthalt meist von vorneherein begrenzt ist. Die Zahl der Behinderten, die in der Familie betreut werden, hängt von der Größe des Hauses und, in Maßen, von der Kraft und Energie der Hauseltern ab. Im Idealfall sollte die Familie zwölf Mitglieder haben. Wenn in meiner A-dorfer Familie auch die jugendlichen Kinder meiner Hauseltern mitaßen, quetschten sich immerhin 18 Personen um den großen Eßtisch (das kam allerdings nicht sehr oft vor, weil die Kinder meistens ihre eigenen Wege gingen). In der Gärtnerfamilie hingegen ging es direkt "familiär" im modernen Sinne der Kleinfamilie zu, da das Haus nur vier Behinderten Platz bot.

Es wurde grundsätzlich gemeinsam mit dem Essen begonnen. Vorher wurde gebetet, zu jeder Tageszeit ein anderes Gebet, aber alle stammten aus anthroposophischer Feder. Ich kann mich nur noch an das Mittagsgebet erinnern; es lautete:

"Erde, die uns dies gebracht,
Sonne, die es reif gemacht,
liebe Sonne, liebe Erde,
euer nie vergessen werde."

(Ich habe mir diesen Spruch wahrscheinlich deshalb gemerkt, weil es der einzige der in A-dorf aufgesagten Sprüche war, den ich problemlos inhaltlich nachvollziehen konnte - siehe Kapitel "Gemeinschaftsrituale".)

Nach dem Gebet faßten sich alle bei den Händen, wobei man die linke Hand nach oben drehte und die rechte Hand nach unten; so wurde "Geben und Nehmen" symbolisiert. Dabei wünschte man sich im Chor "gesegnete Mahlzeit!" Anschließend teilten die Hauseltern oder die MitarbeiterInnen das Essen aus, und wenn jede/r etwas auf dem Teller hatte, begann man zu essen. Diese Vorbereitungen dauerten mitunter ziemlich lange, weil man häufig auf einzelne warten mußte, und ich sah manche von der Hauswirtschaftsgruppe fabrizierte Köstlichkeit bedauernd lau werden.

Protokoll B-dorf: "Mittagessen klassisch: Vor lauter Warten, Beten und Konflikten wurde das Essen kalt. K. sprach irgendwas Unbotmäßiges an (ich komme auf den Konflikt später noch zu sprechen!) und wurde scharf angeredet, das sei kein Tischgespräch. Als sie nicht lockerließ, warf die Hausmutter sie raus. K. zog sich heulend mit ihrem Teller ins Wohnzimmer zurück. Niemand griff ein. Undenkbar bei der Lebenshilfe..." (Zumindest in den Gruppen, die ich durch eigene Mitarbeit kenne.)

Was bei Tisch gesprochen wird, hängt natürlich immer von der Zusammensetzung der Essenden ab. In unserer Familie in A-dorf dominierten oft die Behinderten das Tischgespräch, indem sie von der Arbeit, den Begegnungen mit anderen Dorfbewohnern, von Zuhause, den Eltern und den Ferien erzählten. Die Hauseltern neigten dazu, die Eloquenz zu dämpfen, denn es sollte jede Art von Aufregung vermieden werden.

Zurechtweisungen hinsichtlich des Eßverhaltens der Behinderten nahmen einen breiten Raum ein. Essen hat für sie meiner Ansicht nach eine stark kompensatorische Komponente. Die Körperlichkeit war vielen Verboten oder zumindest Kanalisierungen unterworfen; orale Befriedigung von Körperwünschen durch Essen aber war erlaubt, bzw. nicht zu verhindern, und nahm leicht unmäßige Formen an. Die BetreuerInnen mußten diesen "Hunger" im zweifachen Sinne aber bremsen, damit die Behinderten nicht zu dick wurden und man keinen Ärger mit den Eltern bekam (natürlich auch aus gesundheitlichen Gründen). Die Folge war eine ständiges Klima der Ermahnung und der Kontrolle. Das war auch in B-dorf so. Die dortige Hausmutter kommentierte in vorwurfsvollem Ton das Eßverhalten einer Schwerbehinderten, die mit uns am Tisch saß: "Sie stopft nur in sich rein, schmeckt gar nichts, kann nie genug kriegen." Weiter Protokoll B-dorf: "G. wird eigentlich nur angeschrien, zum einen, weil er fast taub ist, v.a. aber, weil er "Grenzen" braucht, wie es die Hausmutter formulierte. Wenn man ihm seinen Willen ließe, könne niemand anderes sonst hier wohnen. Als er sich heute einen halben Löffel zuviel Nudeln nahm, puffte ihn ein Mitarbeiter in die Seite, entriß ihm die Nudeln und fauchte ihn böse an."

Was vor allem das Frühstück und das Abendbrot prägte, war das Herumreichen von Brot, Butter, Käse etc. - an sich kein Problem: In einer Wohngruppe der Lebenshilfe in Berlin, in der ich gearbeitet habe, gab es auch einen großen Tisch, und wenn jemand etwas brauchte, sagte sie es eben; wenn es laut und lebhaft zuging, mußte sie es vielleicht mehrmals sagen, bis sich jemand ihrer erbarmte. Eine ganz pragmatische Angelegenheit! In anthroposophischen Dörfern, die ich kennengelernt habe, kursiert das Schlagwort "Bedürfnisse anderer erspüren", d.h. daß die Aufmerksamkeit eher auf die Bedürfnisse der anderen gerichtet werden soll als auf die eigenen. Bei Tisch wartet man also eher ein Weilchen, bis jemand den Notstand registriert und Abhilfe schafft. Die meisten sitzen folglich ziemlich angespannt bei Tisch, denn der Unaufmerksamkeit anderen gegenüber bezichtigt zu werden, ist sehr peinlich, schwingt doch gleich der Vorwurf darin, egoistisch und zerstreut zu sein - und nicht "wach" (ein sehr häufig benutzter Ausdruck in A-dorf) und selbstlos. Am schlimmsten war es, wenn meine Hausmutter oder Hausvater von der anderen Seite der Tafel sich demonstrativ fast über den Tisch warf, um einem Behinderten Tee einzuschenken, der direkt neben mir saß. Diese Art von

Streß zwischen ständigen Rundblicken und Schuldgefühlen lähmte die Tischgespräche natürlich zusätzlich.
Die schwerbehinderte Frau in B-dorf, von der eben schon die Rede war, hatte "das ständige Erspüren fremder Essensbedürfnisse total internalisiert, offeriert einem Butter, Brot und Marmelade ungefragt und penetrant." (Protokoll B-dorf) Penetrant deshalb, weil sie in ihrer offensichtlichen Panik, sich wieder Schelte zuzuziehen, gar nicht darauf achtete, ob überhaupt Bedarf für ihre Dienstleistung bestand. Die Situation machte mich vollkommen konfus, weil ich ihre Ängstlichkeit und Unterwürfigkeit von mir selber so gut kannte aus den A-dorfer Zeiten, ebenso die lauernden Blicke der Hausmutter und die um Bestätigung und Anerkennung bettelnden Blicke der Behinderten - nur daß ich jetzt als Besucherin in B-dorf auf der anderen Seite stand. Und angesichts dieser Szene des Psychoterrors war es wiederum unmöglich, sich während des Essens zu unterhalten...

Zum Glück war die Atmosphäre beim Essen nicht in jedem Haushalt so verkrampft: Zwei meiner ehemaligen KollegInnen aus A-dorf berichteten von hochinteressanten Tischgesprächen in ihrer Familie - ihr Hausvater war allerdings auch der führende intellektuelle Kopf des Dorfes -, die nach dem Essen häufig noch bei einer Tasse Kaffee(!) fortgesetzt wurden.

Die Mahlzeit wurde beendet, wenn alle fertig waren; dann reichte man sich wieder die Hände und rief: "Wir danken!"

"Die Geisteswissenschaft (die in der Anthroposohie auf übersinnlicher Erkenntnis beruht, d.Verf.) wird bis auf die einzelnen Nahrungs- und Genußmittel alles anzugeben wissen, was hier in Betracht kommt, wenn sie zum Aufbau einer Erziehungswissenschaft aufgerufen wird." (Steiner, zit. nach Beckmannshagen, S.40) Das ist bekanntlich in Form der Waldorfschulen und der heilpädagogischen Institutionen geschehen.

Wir versuchten in A-dorf, uns mit dem Speiseplan an die Vorschläge Rudolf Steiners zu halten. Zum Beispiel hatte er jedem Wochentag eine Getreideart zugeordnet (Sonntag war Weizen-Tag, Montag Reis-Tag etc.), die möglichst am entsprechenden Tag verspeist werden sollte. Außerdem sollte man sich nicht von exotischen Früchten ernähren, sondern von dem, was die heimische Fauna und Flora hergibt. Paradoxerweise fiel Reis nicht unter diese Regel, dafür aber Kartoffeln. Diese wurden zwar in A-dorf angebaut (und sie schmeckten phantastisch), aber relativ selten gegessen, und zwar deswegen, weil sie angeblich müde und träge machen. ("Seht ihr denn nicht, was der Kartoffelgenuß in Europa für Zustände herbeigeführt hat?" (Steiner, zit. nach Beckmannshagen, S.39 f))

Man aß gesund, d.h. ballaststoffreich, meist vegetarisch - donnerstags war Fleischtag, sowohl in A- als auch in B-dorf - und reichlich. Der Speiseplan richtete sich stark nach den Jahreszeiten, da wir das Gemüse frisch aus der eigenen Gärtnerei bezogen. Ich habe den Jahresrhythmus, der sich dergestalt auf's Essen auswirkte, als einleuchtend und wohltuend empfunden, auch als im Winter allmählich das eingekellerte Gemüse rar wurde. Daraufhin ging es verstärkt ans Eingemachte, die Früchte unserer Schufterei während der Erntezeit. Und irgendwann brachte der Gärtner ohnehin das erste Frühgemüse. Allein das Frühstück war ausgesprochen frugal (und denkbar preisgünstig). Es bestand aus einem Getreidebrei und Kräutertee.

Das Getreide - meistens das Getreide, das Steiner dem jeweiligen Wochentag zugeordnet hatte - wurde am Vorabend geschrotet und in Wasser eingeweicht, morgens wurde es dann mit etwas Salz ca. 20 Minuten lang gekocht. Wir servierten den Brei mit einem Schlag Dickmilch und ein paar Apfelscheibchen oder einem Klecks Marmelade. Der Geschmack dieses Frühstücks war derart gewöhnungsbedürftig, daß Neulingen in Sachen Brei eine mehrwöchige Schonfrist eingeräumt wurde, in der sie Butterbrote essen durften. Zumindest in meiner Familie wurde aber dauerhafte Breiverweigerung nicht geduldet. Wer nach dem Brei noch Hunger hatte, schmierte sich ein Käsebrot.

Der Kräutertee, der morgens übrig blieb, kam mittags mit Wasser verdünnt wieder auf den Tisch. Abends gab es wieder frischen Kräutertee. Über einige Lebens- und Genußmittel war eine Art Bannspruch gelegt: Kaffee, schwarzer Tee, Alkohol, Zucker, weißes Mehl, Süßigkeiten, Pfeffer, Knoblauch. Mit manchen Lebensmitteln wurde ziemlich gegeizt, vor allem mit denen, die nicht im Dorf hergestellt wurden und deshalb verhältnismäßig viel kosteten (z.B. Eier und Gewürze), aber auch die dorfeigenen Milchprodukte unterlagen einer Rationierung; zur Landwirtschaftsfamilie zu gehen und ihr ein Extrastück Käse abzutrotzen, gehörte nicht gerade zu den Lieblingsaufgaben in unserer Familie, da wir ohnehin aus irgendwelchen Gründen mit den durchschnittlichen Ausgaben pro Verpflegungstag an der Spitze des Dorfes lagen und deshalb ständig Gefahr liefen, als verschwenderisch und genußsüchtig verschrien zu werden.

Eisenmeiser stellt in seiner Schrift über die Sozialgestalt der Lebensgemeinschaft Sassen-Richthof die unterschiedliche Kostspieligkeit der Haushaltsführung als Ausdruck individuell verschiedener Bedürfnislagen und hauswirtschaftlicher Fähigkeiten dar, die großzügig toleriert werden und daher auch öffentlicher Kenntnisnahme ausgesetzt sein könnten (S.20 f), aber in A-dorf benützte man diese Offenheit eher dazu, den unterschwelligen Konkurrenzkampf der Familien mit handfesten Daten anzureichern.

In B-dorf stellte ich mit Erleichterung fest, daß man dort mit den Lebensmitteln wesentlich weniger dogmatisch verfuhr. Allerdings haben hier wie dort die Behinderten wenig Einfluß auf die Art des Essens, weil die Küche in der Regel stark von der jeweiligen Hausmutter dominiert wird. Das ist insofern verständlich, als es für die Hausmütter ja auch die einzige Küche ist, in der sie sich austoben konnten. Andere BetreuerInnen, z.B. in der Lebenshilfe, können die Küche durchaus den Kochkünsten und kulinarischen Vorlieben der Behinderten überlassen, da normalerweise kein Anlaß dazu besteht, sich mit der Küche im Heim emotional zu verbinden. Allerdings stellt sich darüber hinaus die Frage, ob es pädagogisch sinnvoll und fair ist, die Behinderten verantwortungs- und gestaltungsmäßig von der Küche fernzuhalten.

4. Rhythmus

Im Kapitel "Tagesablauf" ist eine starke Strukturierung der Zeit sichtbar geworden. Das hat sich nicht zufällig oder aus pragmatischen Gesichtspunkten ergeben, sondern ist ein tiefer gründendes Prinzip der Waldorfpädagogik und der anthroposophischen Behindertenarbeit: "Sie (gemeint sind die geistig Behinderten, K.T.) selber brauchen ein rhythmisch gegliedertes Leben, den Lebensrhythmus. Der muß von uns vorgegeben sein, daß sie da in ein gegliedertes Erdenleben hineinkommen. Das betrifft die Zeitabläufe, aber auch die Arbeitsabläufe. Einfach, daß sie in eine stark geformte, gestaltete Umwelt wahrnehmen können, daß sie da drinnen sind. Das schafft Erdenkräfte, wenn man im Erdenrhythmus arbeitet und lebt." (H.V. im Interview)

Der Rhythmus besteht aus immer gleichbleibenden und täglich, wöchentlich oder im Jahrelauf wechselnden Elementen. So ist der Tagesablauf des Werktags mit seinen Arbeitsaufgaben und pünktlich eingehaltenen Terminen jeden Tag gleich. Auch den Getreidebrei gab es garantiert jeden Morgen, nur mußte man sich z.B. mit dem besonders herben Roggenbrei nur donnerstags auseinandersetzen. Die im Morgenkreis aufgesagten Sprüche und gesungenen Lieder wiederholten sich auch nach Wochentagen, Wochen oder Monaten: So blieb der Morgenkreis formal immer gleich, aber seine Inhalte wechselten und kehrten doch fast zuverlässig spätestens nach einem Jahr wieder. Besondere Bedeutung haben die christlichen Feste Weihnachten, Karwoche und Ostern, Johanni und - als anthroposophisches Special - Michaeli im frühen Herbst. Man begeht diese Termine mit Festen und Theateraufführungen, zu denen die Eltern eingeladen werden. Anthroposophische Autoren heben die besonders einschneidende Bedeutung der Feste für alle Beteiligten hervor (vgl. Christie, S.67 und S.70 ff). Der Entschluß allein, Festtage aufwendig zu begehen, garantiert viel Mühe und Organisationsaufwand, aber nicht unbedingt ein gelungenes Fest und gute Stimmung. Da man die Eltern und die Nachbarschaft einlädt, kann ein Fest auch leicht zum Instrument der Selbstdarstellung werden - und je mehr Probleme und Zwistigkeiten sich innerhalb des Dorfes angestaut haben, desto eher werden zu solchen Gelegenheiten Krampf und Show eine Rolle spielen. Auch die individuellen Feste werden gefeiert: Taufen, Hochzeiten, Silberhochzeiten etc. Die Geburtstage sind im Dorf natürlich ein relativ häufig zu feiernde Feste und unterlagen in A-dorf - der Einfachheit und der Gerechtigkeit wegen - einem relativ starren Feier-Ritual: Das Geburtstagskind wurde im Morgenkreis offiziell beglückwünscht, durfte sich ein Lied und ein Lieblingsessen wünschen, zwei Gäste aus anderen Haushalten einladen, und nachmittags fand eine Kaffeetafel mit der ganzen Familie statt, die dann von der Arbeitszeit befreit war.

Regelmäßigkeit im Tages- und Wochenablauf gibt Halt und Sicherheit, die das Leben erleichtern und Raum schaffen für Dinge, die über die tägliche Routine hinausgehen. Das gilt für behinderte Menschen genau so wie für Nichtbehinderte. Im allgemeinen läßt sich beobachten, daß mit zunehmendem Grad der Behinderung auch die Bedeutung von sicheren Eckpfeilern im Tagesablauf steigt. Die Welt wird umso begreifbarer, je verläßlicher und begrenzter sie ist. Manche schwerer Behinderte schaffen sich selbst regelrechte Rituale, sei es, mit welcher Reihenfolge sie abends ihre Kleider ausziehen, sei es, wo sie bei Tisch und neben wem sie sitzen, sei es der regelmäßige Besuchstermin bei den Eltern oder die Art, einen Betreuer zu begrüßen. Weniger schwer Behinderte können dagegen mit Freiräumen durchaus etwas anfangen. Sie haben, wie die meisten Menschen, ihre Hobbies, Interessen und Vorlieben und sind auch fähig, ihre Zeit selbst einzuteilen. Die oben zitierten Anmerkungen des A-dorfer Hausvaters zeigen aber, daß in der vorgegebenen Struktur des Tages und in ihrer Begründung dazu alle Behinderten über einen Kamm geschoren werden.

Ob eine typisch anthroposophische Strukturierung des Tages für den/die einzelne/n sinnvoll und angenehm ist, hängt darüber hinaus vom Inhalt der rhythmischen Elemente ab. Die Anthroposophen entscheiden für das ganze Dorf, was den Tag füllt und was den einen vom anderen unterscheidet. Eigene Ideen und Vorstellungen, dem Tag über die täglichen Pflichten und die vorgegebenen Eigentümlichkeiten hinaus eine individuelle Unverwechselbarkeit zu verleihen, sind zeitlich und inhaltlich äußerst begrenzt. Das heißt, daß auch Entscheidungsfähigkeit für oder gegen eine Tätigkeit weder gebraucht noch erwünscht noch gefördert werden. Die Entfaltung von Individualität, die sich auch und gerade in Geschmack, Gewohnheit, Vorlieben und neu erworbenen Fähigkeiten ausdrückt, beschränkt sich weitgehend auf den vorgegebenen Tagesablauf - und eigene Bedürfnisse, Hobbies oder einfach Zeit zum Trödeln und Träumen haben wenig Platz. Die Anthroposophen wissen eben in äußerst umfassender Weise, was für die Behinderten gut ist - und das, was sie für gut halten, ist durchaus dazu angetan, den ganzen Tag auszufüllen.

Ein weiterer Gesichtspunkt ist die hohe Kontrollierbarkeit, die so ein beladenes und regelmäßiges Tagesprogramm ermöglicht. Verbote - an denen es in manchen Einrichtungen nicht mangelt - zu umgehen, haben die Behinderten kaum Gelegenheit. Der Alltag deckt die unerfüllten Bedürfnisse heimlich zu, man kommt schon aus Zeitmangel kaum zur Besinnung. "Wahrscheinlich gibt es keine unauffälligere Form der Machtausübung als die, über die Zeit anderer zu verfügen." (Laermann, S.96)

Ein wesentlicher Bestandteil des Rhythmusprinzips sind die Gemeinschaftsrituale und die religiösen Zeremonien. Abgesehen von den Sprüchen und Gebeten bei Tisch fand in A-dorf jeden Tag außer Sonntag der Morgenkreis statt, zu dem sich das ganze Dorf versammelte. Am Abendkreis beteiligten sich normalerweise nur die Behinderten und die Betreuungsperson, die die Abendgestaltung geleitet hatte. B-dorf und Sassen sind zu groß und zu weitläufig, um tägliche Versammlungen zu diesem Zwecke einzuberufen; Morgen- und Abendkreis finden, wenn überhaupt, in der Hausgemeinschaft statt, und zur dorfweiten gemeinsamen Besinnung trifft man sich nur am Sonntag vormittag im großen Saal zur sogenannten Opferfeier. Besondere Bedeutung hat in A-dorf, B-dorf und sogar in den norwegischen Dorfgemeinschaften (vgl. Christie, S.64 ff) der Samstag abend, Stiller Abend oder Bibelabend genannt.

Der A-dorfer Stille Abend begann bereits beim Abendessen. Bei Kerzenlicht wurde eine Stelle aus dem Testament vorgelesen (fast unnötig anzumerken, daß eine eigene anthroposophische Bibelfassung vorliegt), die Tochter des Hauses zupfte auf der Leier und dann wurde das Abendbrot schweigend eingenommen. "Es gibt nur Fladen und roten Gewürztee dazu. Es ist das einfachste Essen der Woche und doch das köstlichste und festlichste. Wann sonst wären alle mit trockenem Brot zufrieden? Andächtig wird gekaut und geschwiegen." (Meine A-dorfer Hausmutter im Rundbrief 1987) So war es in der Tat gedacht. In meiner Erinnerung stellt sich die Situation etwas anders dar. Viele Behinderte waren eher hungrig als andächtig, und der Zivildienstleistende und ich wußten aus eigener leidvoller Erfahrung, daß in A-dorf sowieso zu viel geschwiegen wurde, besonders, was die essentiellen Probleme betraf, so daß wir die "andächtige" Atmosphäre als aufgesetzt und verlogen empfanden. Außerdem war man einen Großteil der Zeit damit beschäftigt, sich gegenseitig mit Brot und Tee zu versorgen, bzw. die anderen augenzwinkernd und unauffällig gestikulierend auf den eigenen Notstand aufmerksam zu machen: eigentlich ein schönes und lustiges Spiel, die Stille-Abend-Pantomime. Nicht selten löste sich dann auch die feierlich-getragene Stimmung in haltlose Heiterkeit auf, sobald das Essen beendet war.

Anschließend traf sich das ganze Dorf im Saal, möglichst schweigend, und stellte sich im Kreis auf. "In der Mitte steht ein kleiner runder Tisch mit Blumen und Kerzen. Wenn die Kerzen angezündet sind, erklingt Musik zur

Einstimmung. Dann sprechen wir gemeinsam den Prolog des Johannes-Evangeliums. Nach einer meditativen Pause wird nochmals, wie schon im Familienkreis, die Stelle aus dem neuen Testament vorgelesen. Ein Lied folgt, und das Vaterunser wird gemeinsam gebetet. Nach der Musik zum Ausklang reichen sich alle im Kreis die Hände, um sich eine gute Nacht zu wünschen. Still sollte jetzt ins Bett gegangen werden, doch nicht jeder kann seine innere Freude für sich behalten, und wer könnte das nicht verstehen?" (Meine Hausmutter im Rundbrief)

Ich habe meine Hausmutter vor allem deshalb in ihrem Wortlaut vom Stillen Abend berichten lassen, weil ich selber zu seinem Ablauf fast nichts sagen kann. Am ersten Tag, den ich in A-dorf verbrachte, wurde ich sogleich mit dem Stillen Abend konfrontiert. Das rituell anmutende Murmeln des Johannes-Prologs, die dumpf-eintönigen Lieder, die gezierten Gesten wirkten befremdend, niemand lächelte, kein Blickkontakt fand statt - es war spürbar, wie eine Art gemeinsames Abheben in spirituelle Sphären forciert werden sollte, bei dem individuelle Empfindungen und der eigene Willen keine Rolle mehr spielten. Ich begriff damals nicht, was eigentlich geschah, wurde aber intuitiv von einem solchen Grauen erfaßt, daß ich nur noch einzelne Wörter in mein Tagebuch stotterte: "Kitsch...salbungsvoll...Pathos...mittelalterlich... erinnern mich an die Nazis: Die Gemeinschaft ist alles, du bist nichts."

Ich bat daraufhin meine Hauseltern, auf meine Teilnahme am zweiten Teil des Stillen Abends und an den Tischgebeten in Zukunft zu verzichten und appellierte an ihre religiöse Toleranz, die sie zunächst auch aufbrachten. Allerdings hatten sie wahrscheinlich erwartet, daß ich mich dem "guten Geist" der Dorfgemeinschaft doch irgendwann öffnen würde, denn meine Hausmutter bezeichnete mich später als "unreif" in religiösen Fragen und zieh mich als "hoffnungslos dem Materialismus verhaftet".

So kam es jedenfalls, daß ich nur einen einzigen Stillen Abend vollständig miterlebt habe. Der Bibelabend in B-dorf unterscheidet sich von dem in A-dorf insofern, als über den gelesenen Testamentauszug gesprochen wird.

In B-dorf fand am Sonntag morgen die sogenannte Opferfeier statt. Da man über keinen Pfarrer bzw. Priester verfügt, wurde die Opferfeier von drei Betreuern in feierlichen schwarzen Anzügen vollzogen. Protokoll B-dorf: "Am Anfang stand ein Hausvater an der Tür und ließ die Leute herein, wobei er die Tür hinter jedem eintretenden Einzelnen oder Grüppchen wieder schloß. Es waren zum überwiegenden Teil behinderte Dorfbewohner in dem halbverdunkelten, nur mit Kerzen beleuchteten Saal anwesend. Der schweigende Aufmarsch der vornübergebeugten, z.T. alten und gebrechlichen Behinderten, der RollstuhlfahrerInnen und Spastiker mit ihrem fast hüpfenden Gang war weiß Gott eindrucksvoll.

Die drei Herren in schwarz standen meist mit dem Rücken zur "Gemeinde" am Altar und lasen mit salbungsvoller Stimme lange Texte, die sich meist um Christus drehten. Das Wort "Gott" fiel, wie zu erwarten war, nicht. Anschließend gingen zwei der drei Herren durch die Reihen der Opferfeier-BesucherInnen, legten segnend jedem/jeder einzeln zwei Finger an die Stirn und sagten: "Der Geist Christi lebe in dir", worauf der/die Gesegnete antwortete: "Christi Geist darf ich empfangen." Dann wurde ein ziemlich schönes mehrstimmiges Lied gesungen und zum Schluß ertönten noch einige Takte von den Leiern."

Verglichen mit den Gottesdiensten der konfessionellen Kirche fällt auf, daß eine Erläuterung der gelesenen Texte nicht stattfand. Wieder zeigt sich die anthroposophische Neigung, die Form stärker zu gewichten als den Inhalt (s.o.). Mit der Herstellung einer bestimmten Atmosphäre gibt man sich alle Mühe, aber das individuelle Verständnis und die intellektuelle Verarbeitung - so weit sie den einzelnen möglich ist - bleiben auf der Strecke.

5. Morgenkreis

Der Morgenkreis war ein Gemeinschaftsritual, das in A-dorf nahezu täglich stattfand und dem man sich nicht entziehen konnte. Die ganze Dorfgemeinschaft stellte sich im Saal im Kreis auf, wobei eine gewisse aufrechte Haltung erwünscht ist; tadelnde Blicke erfolgten von den Hauseltern, wenn sich jemand schläfrig gegen die Wand lehnte. Es werden verschiedene Sprüche aufgesagt, z.T. sind es richtige Spruchzyklen. So gibt es die "Wahrspruchworte" und den "Seelenkalender" Rudolf Steiners, und die "Baumsprüche": Jedem Wochentag ist ein Baum, ein Planet und ein Metall zugeordnet, auf die sich der Spruch dann bezieht. Die Baumsprüche können die meisten Dorfbewohner auswendig, weil sie sie schon so oft gehört haben, und deshalb spricht man sie gemeinsam. Der Montags-Spruch lautet: "Es spricht der silberne Mond zur Maienzeit durch den blühenden Kirschbaum, deren Blüten im Sommer zu Früchten reifen: Oh Mensch (Hier folgte eine kurze Sprechpause), verwandle gleich der Pflanze das Untere in das Obere, werde reif und ernte Lebensfrüchte."
Der Mittwochs-Spruch: "Es spricht der quecksilbrige Merkur durch das lebendige Wachstum der Ulme und deren beflügelte Samen:
Oh Mensch, bewege dich, sei regsam, lebendig und schnell, finde in allen Lebenslagen die Aufrichtekraft zur Höhe."

Die Sprüche selbst sind eigentlich gar nicht so übel, sie sprechen die sinnlichen und moralischen Empfindungen des Lesers an, ein wenig suggestiv durch das pathetische "Oh Mensch"; der Aufforderungscharakter ist unüberhörbar und duldet keinen Widerspruch. Die Formulierungen wirken etwas gespreizt, und die genial-absurde Wortschöpfung "Aufrichtekraft" reizt eigentlich zum Lachen, aber das ist es eben: Die Sprüche werden wahnsinnig ernst genommen. Dieser Ernst kommt auch durch die Art des Sprechens zum Ausdruck: Die Anthroposophen in A-dorf sagen den Spruch nicht mit normaler Sprechstimme auf, sondern straffen die Schultern, drücken die Brust tendenziell raus, heben den Kopf ("fühle die Verantwortung für die Not deiner Zeit") und richten den Blick in die Ferne, die Stimme pendelt sich auf einer gleichbleibenden Tonhöhe ein, das "r" wird mit der Zunge gerollt, so, wie sie es beim anthroposophischen Sprachgestalter gelernt haben. Die oft rauhen, dunklen und stotternden Stimmen der Behinderten runden das dumpf-ernste Ritual ab.

Wenn ich an diese Atmosphäre zurückdenke, wünsche ich den Anthroposophen immer ein wenig Leichtigkeit und Humor; daß sie ihre Dorfgemeinschaft nicht ständig in den Kosmos, die Unendlichkeit und das Weltganze einordnen, schwer und abgehoben zugleich...

Die Sprüche aus dem "Seelenkalender" mögen das verdeutlichen:

> *"Ins Innere des Menschenwesens*
> *ergießt der Reichtum Sinne sich,*
> *es findet sich der Weltengeist,*
> *im Spiegelbild des Menschenauges,*
> *das seine Kraft aus ihm*
> *sich neu erschaffen muß."*

oder:

> *"Natur, dein mütterliches Sein,*
> *ich trage es in meinem Willenswesen,*
> *und meines Willens Feuermacht,*
> *sie stählet meines Geistes Triebe,*
> *daß sie gebären Selbstgefühl*
> *zu tragen mich in mir."*

oder:

> *"Es spricht zum Weltenall,*
> *sich selbst vergessend*
> *und seines Urstands eingedenk,*
> *des Menschen wachsend Ich:*
> *In dir, befreiend mich*
> *aus meiner Eigenheiten Fessel,*
> *ergründe ich mein echtes Wesen."*

Das sind nur drei von 52 Sprüchen, die den Anthroposophen klingend und schwingend durchs Jahr begleiten. Der tänzelnde Rhythmus, von dem man beim Lesen und v.a. beim Hören leicht erfaßt wird (und der einen vielleicht ein bißchen abheben läßt) tritt in den Hintergrund, wenn man die großen und übergroßen Begriffe, mit denen Steiner und seine AnhängerInnen täglich umgehen, mit dem Verstand nachvollzieht. Es ist ja nicht so, daß all diese Wörter einen zwar machtvollen, aber letztlich sinnlosen Sprachfluß ergeben. Das zeigt am ehesten der letzte der hier zitierten Sprüche.

Auffällig an den Sprüchen ist nicht nur der fehlende Bezug zur Realität, sondern auch die Einsamkeit der kleinen menschlichen Seele, die mit so übermächtigen Gewalten wie dem Weltenall, Feuermächten, Willenswesen, des Geistes Triebe (was auch immer damit gemeint sein soll), Weltenhöhen etc. konfrontiert ist. Ich stelle mir Steiner vor, den beziehungslosen, asketischen, fanatischen Egozentriker, der frei durch den Kosmos fällt, umwirbelt von seinen selbstgeschaffenen Mächten, Lichtgestalten, Engeln, Teufeln und anderen Wesenheiten, auf der Suche nach der Weltformel, nach der Idee, die alle sich bekämpfenden Mächte und alles Materielle, das ihn noch belastet, in eschatologisch-ewige Lichtfluten auflöst. An dieser Stelle möchte ich, wie es auch schon Kayser und Wagemann getan haben, auf die eindrucksvollen Ausführungen des Psychiaters Wolfgang Treher verweisen, der an Steiners "Akasha-Chronik" massiv schizophrene Züge diagnostiziert hat.

Aber zurück zum Morgenkreis. Nach dem ersten, in der beschriebenen Anspannung aufgesagten Spruch steht man bequem, jemand verkündet die Ergebnisse der Morgenbesprechung: Was heute in welcher Werkstatt oder auf dem Feld zu tun ist, wer zu Besuch kommt; Neulinge werden vorgestellt; Geburtstagskinder werden geehrt (Händefassen: "Wir gratulie-ren!") und dürfen sich ein Lied wünschen. Gesungen wird sowieso jeden Morgen, und zwar die ganze Woche hindurch - wie ich dem A-dorfer Rundbrief entnehme, jetzt sogar zwei Wochen lang - dasselbe Lied. Manchmal waren es lustige, fast fetzige Lieder, meistens jedoch entstammten sie dem anthroposophischen Liedgut, das sich durch schwierige, wenig rhythmische Melodien, sehr christliche Texte und zahllose Strophen auszeichnet.

Mehrere Monate lang hatte ich die Ehre, im Morgenkreis aus dem anthroposophischen Taschenkalender die Geburts- und Todesdaten wichtiger Persönlichkeiten vorzutragen und ihr Werk oder besondere Leistung kurz zu erläutern. Die Hauselterngruppe ("Interne Konferenz") hatte mir aus vorwiegend pädagogischen Gründen diese Aufgabe übertragen (vermutlich wollte man mich wieder in die Gemeinschaft einbinden, von der ich mich durch meinen passiven Widerstand gegen sämtliche Gebete und Sprüche zu distanzieren drohte), eine Aufgabe also, die mich intellektuell ein wenig forderte und mich zugleich überdeutlich in die anthroposophischen Schranken wies, denn *ihrem* Urteil über wichtige und erwähnenswerte Persönlichkeiten hatte ich mich zu beugen. Unter diesen Persönlichkeiten befanden sich z.b. anthroposophische Dichter, deren schauerlich epigonale Dichtkunst den Konversationslexika, die ich nach weiteren Informationen durchstöberte, keine Zeile oder nur ein paar Schmähungen wert war. Auf der anderen Seite fielen wesentliche Vertreter zeitgenössischer Literatur, Kunst, Musik und Politik - von SchauspielerInnen und Feministinnen ganz zu schweigen - anthroposophischer Ignoranz und Borniertheit zum Opfer. Bemerkenswerterweise haben die A-dorfer inzwischen ihren Horizont etwas geweitet. Im Rundbrief findet sich der Hinweis, daß sie den Kalender aus dem Verlag Urachhaus durch die Bände "Große Frauen der Welt" und "Große Frauen des 20. Jahrhunderts" ergänzen.

Ich mißbrauchte mein Amt nur wenige Male, indem ich die Helden der anthroposophischen Lyrik mit etwas Ironie bedachte oder dem versammelten Morgenkreis den Geburtstag eines Popstars unterjubelte, sehr zur Freude einiger behinderter Dorfbewohnerinnen übrigens. Den Hauseltern gefiel das nicht, und irgendwann entzogen sie mir das Amt.

Wenn nicht gerade astronomische Erläuterungen zum Stand der Sterne erteilt wurden, was nur zeitweise der Fall war, beschloß man den Morgenkreis mit nochmaligem Händefassen und dem frohen Ruf: "Wir wünschen uns einen guten Tag!"

Einen großen Vorteil hatte der Morgenkreis: Man konnte hingebungsvoll mit seinem/seiner Liebsten Händchen halten. Diese Gelegenheit wurde von den Behinderten, denen Liebschaften und Schmusen damals verboten waren, und manchen jungen MitarbeiterInnen, deren Sexualkontakte man zähneknirschend duldete, weidlich genutzt. Als zwei Behinderte, die sich schon seit Jahren innig zugetan waren, das Händchenhalten nach dem Morgenkreis auf dem Weg zur Arbeit fortsetzten, pfiff sie der Landwirt an: "A.! Hörst du nicht, wenn ich mit dir rede! (...) Wie würde das denn aussehen, wenn jeder hier eng umschlungen herumlaufen würde?" (Ich wußte damals zwar noch nicht, daß ich mal über die Dorfgemeinschaften schreiben würde, habe aber in Gefühlszuständen besonderer Wut, Empörung oder Erstaunen den ein oder anderen Ausspruch der Hauseltern notiert).

Ja - wie würde das aussehen?

6. Arbeit und Geld

In B-dorf hatte ich einen Vormittag lang Gelegenheit, die Werkstätten zu besichtigen. Als ich mich der Bäckerei näherte, wurde mir schon durchs Fenster zugewunken, "Komm rein!" erscholl es durch den Flur. In der Backstube fand ich neben riesigen Teigrührmaschinen, dampfenden Öfen und weitläufigen Arbeitsflächen drei Behinderte vor, die selbständig Teig abwogen und Brote formten. Ihre KollegInnen und BetreuerInnen machten gerade Frühstückspause. Nachdem sie sich eingehend über meine persönlichen Daten (Name, Alter, Wohnort) und den Grund meines Besuchs in B-dorf informiert hatten, zeigten sie mir voller Stolz die Räumlichkeiten und beschrieben mir die einzelnen Arbeitsschritte. "Wir stellen hier 20 Sorten Brot her und beliefern das Dorf und die ganze Gegend. - Magst du ein Stück Kuchen? Wir haben heute einen Extra-Kuchen gebacken, weil die Leute in der Weberei heute einen Geburtstag feiern. Der ist gut, gell?" (Er *war* gut!)

In den Werkstätten werden fast nur solche Produkte hergestellt, die man im täglichen Leben, also auch im Dorf, braucht: Möbel und Obstschalen kommen aus der Schreinerei, Taschen, Wandteppiche, Schals etc. aus den Textilwerkstätten (Spinnerei, Färberei, Weberei), Brot aus der Backstube, Keramik aus der Töpferei, Gemüse und Obst aus dem Garten, Getreide, Kartoffeln, Milch und Molkereiprodukte, Eier und Fleisch aus der Landwirtschaft. Was das Dorf nicht zur Selbstversorgung benötigt, wird verkauft: In Sassen können dadurch 10 % Eigenmittel zum Pflegesatz zugesteuert werden (Eisenmeier, S.39 f). Für die Lebensmittel gibt es meistens feste Abnehmer, während die kunstgewerblichen Gegenstände auf Bazaren, die im Dorf oder in befreundeten Waldorfschulen stattfinden, im dorfeigenen Laden oder in Geschäften der Umgebung feilgeboten werden.

Die Werkstattarbeit in Dorfgemeinschaften zeichnet sich also durch Nützlichkeit und Lebensnähe der Produkte aus - und durch Überschaubarkeit der Arbeitsschritte. Die Behinderten wissen, woher das Holz, die Wolle und die Lebensmittel stammen - manche Behinderten wissen sogar, welche Kuh kürzlich geschlachtet wurde und feiern herzliches Wiedersehen mit ihr beim Mittagessen - , welche Arbeitsschritte an dem Material vollzogen werden und was nach der Fertigstellung mit dem Produkt geschieht.

In der Regel sieht man den Produkten nicht an, daß sie von Behinderten hergestellt werden. Das entspricht der ausdrücklichen Absicht der BetreuerInnen; folgerichtig wird jede/r Behinderte in Arbeitsbereichen eingesetzt, die er/sie gut bewältigen kann. Schwierige und arbeitsorganisatorische Aufgaben übernehmen die WerkstattleiterInnen und ihre nichtbehinderten HelferInnen. In der Weberei beispielsweise zupfen die Schwerbehinderten die Wolle und drehen die Walzen, die den Schmutz aus der Wolle filtern und Unebenheiten und Knötchen beseitigen. Behinderte mit größeren technischen Fertigkeiten und Interessen werden an Spinnrädern und kleineren Webrahmen und an großen mechanischen Webstühlen angelernt. Diese Arbeitsaufteilung ist zum einen effektiv, zum anderen birgt sie die Gefahr, ausschließlich bereits vorhandene

Fähigkeiten zu fördern und andere Talente und Interessen brachliegen zu lassen. In A-dorf arbeitete ich mit einer Behinderten im Haushalt zusammen, die sich sehnlichst wünschte, in der Schreinerei tätig zu sein. Da sie aber im Haushalt gute Arbeit leistete, zögerte meine Hausmutter lange, ihrem Drängen nachzugeben. Schließlich erbarmte man sich ihrer, und sie durfte halbtags in die Schreinerei. In ihrem Falle spielte sicher auch eine Rolle, daß sie die erste und einzige weibliche Behinderte in der Schreinerei gewesen wäre (und schließlich auch war).

Die Arbeitsplätze werden zwar nicht gezielt geschlechtsrollenspezifisch verteilt, aber man nützt gerne vorhandene, sozialisationsbedingte Fähigkeiten im Haushalt bzw. im technischen Bereich. Ein Mann, der im Reproduktionsbereich beschäftigt ist, bildet eine Ausnahme.

Ich sprach Herrn Eisenmeier im Interview auf Tendenzen zur klassischen Rollenverteilung an:
K.T.: "Ist das geschlechtspezifisch aufgeteilt, so daß die Hausmütter eher im Haushalt und die Hausväter eher außer Haus arbeiten?"
Eisenmeier: "Naja...wir haben einen Hausvater (der im Haus arbeitet), also ja und nein. Ich würde mich auch in die Küche stellen. Wäre gar kein Problem für mich, aber ich würde sagen, ich bin so doof und so ungeschickt, da käm' nichts raus, ich würde mich in den Spaghetti so verheddern, daß ich sie kaum auf den Tisch bringen würde. Das sind auch Fragen der Begabung, es ist eine eindeutige Sache, daß Frauen dafür besonders begabt sind."
Dieser mit Bubencharme getarnten männlichen Hilflosigkeit ist wahrscheinlich schon manche Hausfrau erlegen, ohne zu berücksichtigen, daß Männer, in außerhäuslichen Betätigungen weit weniger hilflos, sich möglicherweise interessanter und prestigeträchtiger zu verwirklichen wissen als es ihr im Haushalt je gelingen wird, was auf Herrn Eisenmeier in seiner Funktion als Geschäftsführer und Repräsentant der Dorfgemeinschaft vermutlich in klassischer Weise zutrifft. Keine halbe Minute später nämlich stellte sich heraus, daß Herrn Eisenmeier die Zubereitung von Spaghetti keineswegs so fremd ist, wie er behauptet:
"Als wir vor 40 Jahren geheiratet haben, nee, früher, haben wir beide studiert, (...) und da haben wir abwechselnd gekocht, sie drei Tage Spaghetti mit Tomatensoße, und ich hab dann drei Tage Tomatensauce mit Spaghetti gekocht, und Sonntag sind wir essengegangen. Zum Italiener! (...) Danach war ich beruflich sehr stark eingespannt, und da konnt ich's mir nicht leisten! Meine Frau hätte auch ihren Beruf ergreifen können, aber das wollte sie nicht. Ist heute noch so, wenn sie eine Überweisung zu schreiben hat, dann schiebt sie mir das zu."

K.T.: "So entstehen dann eben die Rollen, je mehr man das macht, was man kann."
Eisenmeier: "Aber ich hab sie nicht dazu erzogen, bitte! Und die Eltern auch nicht."
Den Interviewauszügen ist die geringe Refexionsbereitschaft über dieses Thema anzumerken. Aber anthroposophisch gesehen ist das auch gar nicht so wichtig, welchem Geschlecht man angehört und welche Aufgaben es einem vorschreibt.
Eisenmeier: "Wissen Sie, wo das Problem liegt. Das liegt in dem Wort und dem Gedanken 'geschlechtsspezifisch'. Das ist ausgedacht, konstruiert. Im Grunde genommen müßte jeder Mensch das machen, was er kann. Wir haben hier einen Mann, dem ist die Frau abgezwitschert, und der sitzt jetzt alleine da und macht den Haushalt. Kocht! Macht das prima. (...) Sehr interessantes Gebiet, aber es entstehen halt viele solche Probleme bei uns, in der Welt heute, weil wir das alles rein materialistisch sehen. Und wir sehen das eben nicht so. (...) Wenn Sie mit meiner Frau darüber sprechen wollten, würde sie sagen, das ist lächerlich, albern. Denn es gibt ganz bestimmte Punkte, wo wir eben geschlechtsneutral sind. Aber die heutige Welt vergißt diese Punkte, wo man geschlechtsneutral ist. Das haben sie verloren, diese Möglichkeit, da bläht sich das andere natürlich zum Problem auf. Aber in unserer geistigen Betätigung, in dem was wir religiös, künstlerisch, wissenschaftlich tun, gibt's keine Geschlechter, gibt's nicht mal sekundäre Geschlechtsmerkmale. Verstehen Sie, und das ist eigentlich das, was den Menschen zum Menschen macht. *Das andere hängt halt unten so dran* (Hervorhebung von mir). Damit müssen wir natürlich auch fertig werden, ist auch eine Aufgabe, aber das ist eigentlich nicht das Primäre für den Menschen."
Die letzten Sätze sind auch für das Kapitel Sexualität wichtig.

An das Geschlecht waren auch in A-dorf im Prinzip keine besonderen Rechte oder Vormachtstellungen gebunden, aber da Gleichberechtigung und Rollenverteilung nicht reflektiert wurden, schlichen sich typische, gesellschaftlich weitverbreitete männliche Privilegien und weibliches Leiden von selber ein. Gerade in der Rollenverteilung bei den Hauseltern macht es auf lange Sicht im Alltag einen großen Unterschied aus, ob man zur Arbeit das Haus verläßt und im Werkstatt- oder Verwaltungsbereich immer wieder neue und prestigeträchtige Projekte in Angriff nimmt, oder ob man wieder ins Haus zurückkehrt und reine Reproduktionsarbeit für die anderen leistet: Betten schütteln, Bäder putzen, Wäsche waschen und Essen kochen. Und all das muß tagein, tagaus, immer wieder getan werden. Die Hausmütter können sich selten dem Gefühl hingeben, für heute sei alles erledigt, denn sie haben ja nicht nur den Haushalt zu leiten, sondern auch die Seele und der Mittelpunkt der Familie zu sein: Da sind die eigenen Kinder zu bemuttern, die Beziehung zum Ehemann zu pflegen, die jungen MitarbeiterInnen bei der Stange zu halten, den Behinderten eine heimelige Atmosphäre zu bieten, zwischenmenschliche Probleme - wie auch immer - zu lösen, Kranke zu pflegen und die Familie als harmonische Einheit zusammenzuhalten. Sie müssen sich emotional weit mehr als ihre Männer verausgaben, da sie für die Familie, den zentralen Ort der Dorfgemeinschaft, den Großteil der Verantwortung tragen. Meiner Beobachtung nach ging den meisten Hausmüttern gesundheitlich und psychisch schlechter als ihren Männern, man hörte sie viel klagen und sie sahen abgearbeitet aus und älter, als sie waren.

Man versucht in manchen Dorfgemeinschaften, den hauswirtschaftlichen Bereich durch die ausdrückliche Gleichstellung zur Werkstattarbeit aufzuwerten: "Haus ist für uns Werkstatt. Die Hausarbeit wird anerkannt als Teil der Werkstatt." (Eisenmeier im Interview) In den norwegischen Einrichtungen wird diese Auffassung noch unterstrichen, indem die HauswirtschaftlerInnen nicht im eigenen, sondern in einem benachbarten Haus kochen und putzen (Christie, S.50).

Anthroposophische Dorfgemeinschaften verstehen sich als Modelle der Sozialordnung, die Steiner 1919 in der "Sozialen Dreigliederung" entwarf. Was die Arbeit in diesem Zusammenhang betrifft, weigern sich die Dorfgemeinschaften, für Geld zu arbeiten, d.h. Arbeit nach Leistung zu entlohnen. Vielmehr streben sie einen Zustand an, in dem jede ihren Fähigkeiten und Neigungen entsprechend Arbeit leistet und sich unabhängig davon ihre individuellen Bedürfnissen erfüllen kann. "Jede Person soll sich in der gesellschaftlichen Arbeit in einer ihr gemäßen Weise ausleben können." (Huber, S.153) und: "Weil die Arbeit (...) keine Ware ist und keine Ware sein soll und deshalb die Arbeit nicht bezahlt werden kann, soll jeder bekommen, was er braucht und was die Gemeinschaft ihm rechtens zubilligt. In radikalisierter Form führt dies zum Konzept des 'Sozialgehalts' und läuft darauf hinaus, Lohn und Leistung zu entkoppeln." (Huber, S.154)

"Wenn jedem einzelnen ein Minimum zur Verfügung stünde - was in den Ländern der westlichen Welt durchaus keine unrealistische Möglichkeit ist -, könnten wesentlich mehr Menschen wie Kinder, wie Künstler (...) schöpferisch tätig sein. 'Unnütze' Arbeiten hätten wieder ein Anrecht, und wir wären einen Schritt weiter auf dem richtigen Weg zurück zu einer Welt der unbegrenzten Möglichkeiten für das Wirken." (Christie, S.55)

Statt für Geld zu arbeiten, soll jede für die andere, für die Gemeinschaft arbeiten: "Nur so kann eine gesunde soziale Ordnung entstehen." (Christie, S.54)

Eisenmeier formuliert: "Solange immer wieder und wieder üben, bis die Arbeit nur noch vollzogen wird für den Mitmenschen - aus Liebe zu ihm! Arbeit und Liebe sind nicht voneinander zu trennen, ohne sozialen Schmerz, Unheil, Unfrieden zu erzeugen. Beide können nicht bezahlt werden." (S.37) Da Steiner keine Methoden aufgezeigt hat, wie seine soziale Dreigliederung zu verwirklichen ist (vgl. besonders die scharfe Kritik an der sozialen Dreigliederung bei Prange, S.157 ff), und da von den Anthroposophen, die sich durchaus friedlich mit den kapitalistischen Produktionsverhältnissen arrangieren, auch keine wesentlichen Schritte zu radikaler Gesellschaftsveränderung zu erwarten sind, erprobt man wenigstens im überschaubaren Rahmen mancher Dorfgemeinschaften Steiners Eingebungen zum Thema Arbeit und Geld.

In den norwegischen Dorfgemeinschaften wird das gemeinsam verdiente Geld (das sind die staatlichen Gelder für die Behindertenbetreuung und der Erlös der verkauften Produkte) in einen Topf geworfen. Die Hausgemeinschaften übernehmen die Verantwortung für Unterkunft und Verpflegung aller DorbewohnerInnen. Von dem übriggebliebenen Geld kann sich jeder und jede nehmen, was er/sie braucht, je nach individueller Bedürfnislage. Christie stellt klar, daß es durchaus unterschiedlich anspruchsvolle Menschen gibt und daß niemandem Vorschriften gemacht werden sollen über Art und Quantität seiner Bedürfnisse. Andererseits lehnt Christie manche Formen von Konsum ab. Obwohl aus seinen Beschreibungen nicht klar hervorgeht, welche Art des Konsums er meint, erinnert seine Kritik an den Begriff "kompensatorische Bedürfnisbefriedigung": Um sich für die Langeweile und die mangelnde Solidarität am Arbeitsplatz, das Zerbröckeln sozialer Bezugssysteme, Sinnverluste in einer unendlichen Kette immergleicher Alltage zu entschädigen, neigt der moderne Mensch dazu, sich mit unsinnigen, der Mode und damit äußerster Vergänglichkeit unterworfenen Konsumartikeln zu trösten, deren Unverzichtbarkeit ihm die Werbung mit ebenso realitätsfernen wie dämlichen Illusionen über ein geglücktes Leben suggeriert.

Möglicherweise appelliert Christie aber nur an "Beschränkung" (S.58) gewisser Bedürfnisse, weil das anthroposophische Menschenbild eine generelle Bescheidenheit in ihrem Moralkodex verankert hat, die eher auf asketische Ideale als auf Kultur- und Gesellschaftskritik abzielt.

Jedenfalls ist das Resultat dieser Umgangsweise mit Geld nicht etwa, daß sich jede/r schamlos aus dem Topf bedient, sondern daß dauernd Geld übrigbleibt, weil die Menschen so bescheiden sind.

"Die Beschränkung im Konsum wird im Dorf so ernsthaft betrieben, daß dadurch im täglichen Leben Entbehrungen entstehen. Der Idealfall wäre, daß man sich gegenseitig beobachtet und beispielsweise gute Freunde ermutigt, ausgediente Gebrauchsgegenstände gegen neue einzutauschen. Aber nicht alles fällt auf, und die meisten sind scheu in diesen Dingen." (Christie, S.58) Wie diese Scheu entstanden sein könnte, beschreibt Christie nicht. Möglicherweise sind doch Neid und Mißgunst mit im Spiel; und bevor man das Gerede der Nachbarn provoziert, ist es vielleicht sicherer und einfacher, Askese und Selbstlosigkeit zu demonstrieren, zumal man dadurch bei Bedarf andere unter Druck setzen kann.

Ein solches Ideal zu verwirklichen, setzt einen hohen Grad an Wissen um die eigenen Bedürfnisse, an Toleranz und an Vertrauen voraus; wenn diese Voraussetzung nicht bei allen Beteiligten gegeben ist, wird das gemeinsame Wirtschaften wahrscheinlich eher als übergestülptes Zwangssystem empfunden, das nicht etwa das Problem der bedürfnisgerechten Entlohnung vereinfacht, sondern neue Probleme schafft. Ich bin überzeugt, daß das Prinzip "Alles Geld in einen Topf" einer Dorfgemeinschaft wie A-dorf stimmungsmäßig den Rest gegeben hätte.

In Norwegen sind die Behinderten übrigens von dieser Regelung ausgenommen: Sie verfügen alle über eigene Konten. In Sassen verfährt man umgekehrt. Die BetreuerInnen haben 13 Jahre lang gemeinsam gewirtschaftet und sind dann zu einem Gehälter-System übergegangen ("Verschieden Umstände haben dazu geführt, daß das aufgegeben wurde."; Eisenmeier, S.41), dafür haben die Behinderten ein gemeinsames Konto, auf das sie ihre Taschengelder einzahlen, die ihnen das Sozialamt in Höhe von mindestens 110.- zugesteht. Auch hier darf sich jede und jeder soviel nehmen, wie er oder sie braucht, und auch hier werden die Möglichkeiten nicht ausgeschöpft (Eisenmeier, S.41). Wer nicht mitmachen will, wird allerdings nicht gezwungen: Er oder sie bekommt den Betrag, der ihm oder ihr laut BSHG zusteht, anstandslos ausgehändigt.

Weltanschauliche Grundlagen der anthroposophischen Dorfgemeinschaften

1. **Vorbemerkung**

Manche, die mit Anthroposophie in einer einschlägigen Ausbildung oder in einer anthroposophischen Einrichtung in Berührung gekommen sind, geraten bald in ein weltanschauliches Dilemma. Steiner ist in aller Munde, wird pausenlos zitiert, hat immer das letzte Wort - und sonst? Alles, was ich vorher gelesen und gehört hatte: über Psychoanalyse, moderne Erziehung, Politik, Filme und Bücher, von Heine bis Böll, all meine Gedanken und Erkenntnisse, Gefühle und Meinungen, schienen auf einmal nichts mehr wert zu sein. Obwohl ich weltanschaulich durchaus nicht festgelegt war und mich in meiner Neugier von allen möglichen Ideen und Theorien angezogen fühlte, konnte ich mit Steiner, dem alles beherrschenden Hausphilosophen in A-dorf, nichts anfangen.

Wenn mir meine Hausmutter mit leuchtenden Augen von Wesenheiten erzählte, die hinter jedem scheinbar leblosen Gegenstand und Lebewesen existieren sollten, oder mich davor warnte, meinen Schutzengel durch das schöne Gesellschaftsspiel "Mörderblinzeln" zu sehr zu strapazieren, beeindruckte mich das Ausmaß anthroposophischer Einbildungskraft wesentlich mehr als ihr Inhalt. Ich verstand auch nicht, warum eine andere Hausmutter die Notwendigkeit, ihr Karma zu ertragen, betonte, wenn sie müde und überarbeitet und lustlos war, anstatt einen Tag freizumachen, bzw. ihren Frust zu ergründen und gegen seine Ursachen anzugehen. Die Lehre von den vielen Inkarnationen interessierte mich wesentlich weniger als die Frage, wie man in *diesem* Leben zurechtkommt; denn da ich nicht *weiß*, ob ich wiedergeboren werde, halte ich es für müßig, darüber zu spekulieren oder womöglich mein ganzes Leben auf diese vage Aussicht auszurichten. Die Vernachlässigung der körperlichen Bedürfnisse leuchtete mir ebenfalls nicht ein, Askese erschien mir lebensfeindlich. Die Gebete an irgendwas (Gott wird ja nie direkt angesprochen) und die pathetischen Sprüche aus Steiners Feder fand ich einfach nur grauenvoll.

Das, was ich bei den Steiner-Lesungen aufschnappte, war abstrus formuliert; es wimmelte von Begriffen, die ich nicht kannte und nicht in mein - zugegebenermaßen - bruchstückhaftes Welt- und Menschenbild einordnen konnte. Meine Welt und die Steinerwelt hatten sich nichts zu sagen. Ich konnte Steiner weder ausstehen noch widerlegen. Andererseits erschütterte schon die Tatsache, daß seine Lehren ein ganzes Dorf konstituierten und derart stark prägten, mein eigenes Weltbild mehr und mehr.

In den Ferien suchte ich nach kritischer Literatur, denn ich fragte mich mit wachsender Verzweiflung, ob Steiner nicht vielleicht doch wirklich hellsehen konnte und er deshalb mit seinen Theorien richtig lag. Aber warum nahm die Welt außerhalb von A-dorf ihn dann nicht zur Kenntnis? Wieso konnten meine Familie, meine FreundInnen unbelastet von Wiedergeburt, Schicksalsglauben und Wesenheiten hinter Tisch, Stuhl und Hauskatze leben, arbeiten, denken und einigermaßen vernünftig und liebevoll miteinander umgehen? Wer hatte denn nun "recht"?

Eine Bekannte von mir geriet während einer anthroposophischen Ausbildung in eine ähnliche weltanschauliche Zwangslage und begann deshalb anschließend Philosophie zu studieren, um Steiners suspekte Übermacht in sich zu relativieren.

Erst nach meinem Aufenthalt in A-dorf stieß ich auf die Steiner-Kritiker, nach denen ich mich gesehnt hatte. Besonders im Laufe der achtziger Jahre sind etliche Stimmen gegen die Anthroposophen lautgeworden. Ihre Kritik entzündet sich vor allem an der Waldorfpädagogik (deren Popularität in erster Linie Leute herausfordert, die schlechte Erfahrungen mit ihr gemacht haben oder die sie vom fachlichen Standpunkt aus beurteilen) und an den christlichen Komponenten der anthroposophischen Weltanschauung (die die Theologen auf den Plan rufen). Sie alle haben die anthroposophische Praxis beobachtet, Steiner gelesen, seine Überzeugungen dargestellt, dem Denksystem immanente Widersprüche aufgezeigt. Sie haben Steiners wissenschaftlichen Anspruch in Frage gestellt und seine psychologischen und pädagogischen Prinzipien an modernen wissenschaftlichen Erkenntnissen gemessen und die anthroposophischen Defizite angeprangert. Die meisten von ihnen lassen es an Gründlichkeit, scharfen Urteilen und Spott nicht fehlen und haben mir enorm dabei geholfen, mich von der Anthroposophie abzugrenzen - aber auch zu verstehen, warum vieles in A-dorf so und nicht anders abgelaufen ist.

Ich werde zunächst ein paar wesentliche Charakteristika der Anthroposophie zusammenfassen, weil ohne ihre Kenntnis manche Details der Betreuungsarbeit und des Zusammenlebens in den Dorfgemeinschaften völlig unverständlich bleiben. Auch die Werte und Normen, nach denen man sich dort richtet, lassen sich zum Teil aus der Anthroposophie oder zumindest aus Steiners zeitgeschichtlichem Hintergrund ableiten. Außerdem kann das anthroposophische Welt- und Menschenbild typische psychologische Auswirkungen auf einzelne und auf Gruppen ausüben, und nicht zuletzt gibt der weltanschauliche Hintergrund Hinweise auf die totalitäre Struktur der Dörfer.

Die Analysen, die bereits geleistet wurden, greife ich nur dann auf, wenn sie sich mit meiner eigenen überschneiden. Ich möchte der interessierten LeserIn allerdings dringend empfehlen, die Bücher von Beckmannshagen, Prange, Meyer-Bendrat, Rudolph, Treher, Wagemann und Schneider selbst zu lesen, um sich ein vollständigeres Bild über das anthroposophische Denken, seine Geschichte und Auswirkungen für heute zu verschaffen. Auch Steiner im Original zu lesen, lohnt sich bis zu einem gewissen Grade, obwohl es durchaus mühsam ist: Sein Gesamtwerk ist riesig, unübersichtlich und monoman, seine Formulierungen suggestiv und sein Stil abenteuerlich bis zermürbend, ganz abgesehen von Begriffsvermengungen und immanenten Widersprüchen, die sein Werk durchziehen und den Leser verwirren.

2. Rudolf Steiner - Lebensdaten und Werk

Rudolf Steiner stammt aus Österreich-Ungarn und wurde 1861 in Kraljevic an der Grenze zu Kraotien geboren. Sein Vater war Leiter der Bahnstationen in verschiedenen österreichisch-ungarischen Kleinstädten.

Nach dem Studium der Naturwissenschaften in Wien gab er für Josef Kürschner Goethes naturwissenschaftliche Schriften heraus, war einige Jahre als Hauslehrer tätig und promovierte 1890 zum Dr.phil..In Berlin gab er von 1897 bis 1900 das "Magazin für Litteratur" heraus, lehrte von 1899 bis 1904 an der Arbeiterbildungsschule und wurde schließlich 1902 Mitglied der Theosophischen Gesellschaft. Dort entfaltete er eine umfangreiche Tätigkeit, löste sich aber 1913 wieder von den Theosophen, um die Anthroposophische Gesellschaft zu begründen.

Seine wichtigsten philosophischen und okkulten Werke sind:
- Die Philosophie der Freiheit (1894)
- Theosophie (1904)
- Wie erlangt man Erkenntnisse der höheren Welten? (1905)
- Aus der Akasha-Chronik (1908)
- Die Stufen höherer Erkenntnis (1908)
- Die Geheimwissenschaft im Umriß (1910)
- Die geistige Führung des Menschen und der Menschheit (1911)
- Von Seelenrätseln (1917) (Beckmannshagen, S.58)

Hinzu kommen mehrere tausend Vorträge, die detaillierte Mitteilungen aus der "geistigen Welt" enthalten.

Mit folgenden wissenschaftlichen und kulturellen Bereichen setzte sich Steiner unter dem Vorzeichen der Anthroposophie auseinander:
Architektur, Bildhauerei, Malerei, Medizin, Landwirtschaft, Schulpädagogik, Heilpädagogik, Wirtschaft, Politik und Theologie.

Auch über diese Themen gibt es zahlreiche Bücher und Vorträge aus Steiners Feder. Das Zentrum der Anthroposophischen Gesellschaft ist die "Freie Hochschule für Geisteswissenschaft", das sogenannte Goetheanum in Dornach/ Schweiz. Steiner war zweimal verheiratet und hatte keine Kinder. Als er 1925 starb, hinterließ er ein Gesamtwerk von 360 Bänden, dem seine SchülerInnen noch ein Vielfaches hinzugefügt haben.

3. Absolute Erkenntnis

Am Anfang eines Denkgebäudes steht Erkenntnis: Wie gelangt ein Denker, eine Denkerin zu seinen, ihren Theorien, wie beweist er/sie sie, wie werden sie für andere nachvollziehbar und überprüfbar? Herkömmliche WissenschaftlerInnen müssen an sinnlich erfahrbaren Phänomenen ansetzen, indem sie beobachten, befragen; ihre empirischen Daten werden - orientiert an der Forschungsfrage - hochgerechnet, kategorisiert, verallgemeinert, gedeutet und in Theorien gefaßt. Die Methoden und Ergebnisse sind oft unterschiedlich, und innerhalb der Wisenschaft werden Paradigmen erstellt und verworfen. Kritische Rationalisten erklären keine Theorie für wahr und absolut, denn sie kann immer noch irgendwann aus dem Bereich des noch-nicht-Gewußten heraus kritisiert und umgestoßen werden, wenn sich aufgrund neuerer Erkenntnisse wieder eine Wissenslücke schließt: Sie üben Selbstbescheidung durch Annäherung an die Wahrheit, durch Diskurs und Diskussion.

Steiner hat sich mit seiner späteren Erkenntnistheorie (etwa ab 1902) über diese Art kritischer Wissenschaft hinweggesetzt. Er hob den Blick vom Boden sinnlich wahrnehmbarer Tatsachen und richtete ihn auf eine andere Welt der Anschauung, die er als höhere Welten bezeichnete und die nur in ihm existierten. Dabei schaltete er gewissermaßen eine andere Art von Verstand ein, der zugleich den "an die Sinnenwelt gebundenen Verstand" (...) überflüssig machte. Das hatte für ihn folgende Vorteile:

1. Er konnte auf die Mühsal empirischer Forschung verzichten (vgl. z.B. Schneider, S.85 ff).
2. Er konnte subjektive Eindrücke und Überzeugungen als absolute, endgültige Erkenntnisse ausgeben (vgl. Schneider, S.83).
3. Um sich nicht dem Vorwurf arroganter Besserwisserei oder einfach der Lächerlichkeit auszusetzen, erklärte er seine Erkenntnisse als wissenschaftlich nachvollziehbar; allerdings unter der Voraussetzung, daß sich der Neugierige einer speziellen Geheimschulung unterzieht, um die

notwendigen Wahrnehmungsorgane auszubilden, die erst den Blick in die höheren Welten ermöglichen. Diese Art der Forschung nannte er auch "Geisteswissenschaft".
4. Damit schafft Steiner sich lästige Kritiker vom Hals, denn wer den Schulungsweg nicht geht, darf sich kein Urteil über den Wahrheitsgehalt seiner Erkenntnisse erlauben. Wer sich aber auf die Schulung einläßt, läuft Gefahr, durch die manipulativen Methoden (vgl. Scneider, S.94) seiner kritischen Distanz verlustig zu gehen. (Siehe Kapitel Schulungsweg)

Mit dem Postulat übersinnlicher und absoluter Erkenntnis, die alle empirische Forschung überflüssig macht, wird die anthroposophische Geisteswissenschaft - bevor man überhaupt irgendetwas über ihre Inhalte weiß - zur Glaubensfrage (Schneider, S.273): Soll man glauben, daß Herr Steiner hellsehen konnte? Und wenn ja, soll man glauben, was er gesehen hat, war er auch redlich in seiner Berichterstattung?

Welche Rolle spielt die Art der anthroposophischen Erkenntnisgewinnung für den Laien, der mit einzelnen Sachgebieten und/oder Einrichtungen anthroposophischer Prägung in Berührung kommt? Der Laie kennt in der Regel weder die spezielle Erkenntnismethode noch die detaillierten Glaubensinhalte und kann trotzdem die Praxis wahrnehmen und beurteilen. Spätestens dann, wenn er angesichts der eigentümliche Details - in bester Absicht - Verbesserungsvorschläge und Kritik äußert, wird er merken, daß alle Charakteristika auf einen zentralen Punkt zurückführen, mitten in Steiners Herz, bzw. Hirn, und dieser Ausgangspunkt ist den Anthroposophen heilig. Man kann also nicht den Betrieb einer Waldorfschule anschauen und zu einem Lehrer sagen: "Den Epochenunterricht finde ich gut, daß es keine Noten gibt, auch, aber laßt doch dieses Gehopse, wie heißt es, Eurythmie, das macht den Kindern doch sowieso keinen Spaß. Wie wär's stattdessen mit mehr Sport, oder, ganz alternativ, mit Körperarbeit, autogenem Training, Bauchtanz? Ihr seid doch eine Privatschule, ihr könnt das doch selber bestimmen!"

Man kann mit einer Sekte keine Diskussion über Schulreform führen, und das gleiche gilt für die Behindertenbetreuung: Denn die Elemente des Zusammenlebens, des Menschenbildes, der Weltanschauung, die religiösen und kulturellen Aktivitäten sind in der Anthroposophie Rudolf Steiners verankert, diese wiederum entstammt der Schau in höhere Welten, ist absolut, umfassend und abgeschlossen. Eine Weiterentwicklung der Theorien findet nicht statt ("Es dürfte sich um die einzige Disziplin mit wissenschaftlichem Anspruch handeln, die schon bei ihrer Geburt am Ende war."; Prange, S.31), ein kritischer Diskurs ist nicht vorgesehen, nicht theoretisch und auch nicht praktisch.

Um im Umgang mit Anthroposophen (LehrerInnen, BetreuerInnen) nicht zu verzweifeln, ist es wichtig, ihren Anspruch auf das Wahrheitsmonopol zu kennen, und erhellend, sich die Begründung dieses Anspruchs zu vergegenwärtigen. Jedenfalls wäre es ein Fehler, sich durch ihre Arroganz persönlich kränken zu lassen oder die eigenen Argumente und Werte zugunsten anthroposophischer Geisterschau zu bezweifeln. Tatsächlich tendieren viele Eltern und nichtanthroposophische MitarbeiterInnen zu diesen Reaktionsweisen (vgl. Beckmannshagen, S.35 ff) und lassen sich verunsichern, anstatt Konsequenzen aus den immergleichen Un-diskussionen zu ziehen.

Nun ist es aber keineswegs so, daß Steiner alle seine Theorien - wie auch immer - aus sich selbst geschöpft hätte. Vielmehr weiß man, daß er viel gelesen hat; es liegt die Vermutung nahe, daß er sich von einer großen Zahl geistiger Väter hat beeinflussen lassen. Die Zahlenmystik - die Zahl sieben und drei spielen eine große Rolle - geht auf die Babylonier und die Pythagoräer zurück (Suchanek, S.95). Glaubenselemente der Rosenkreuzer - deren spezielle Interpretation von Inkarnation, Tod und Auferstehung Christi - finden sich ebenso wie buddhistische Elemente - Reinkarnation - in der Anthroposophie wieder (Suchanek, S.96). Ein weiterer wichtiger Einfluß ist Spinoza und mit ihm der deutsche Idealismus, besonders Johann Gottlieb Fichte (Suchanek, S.96, Meyer-Bendrat, S.179), von denen Steiner pantheistische Ideen übernahm. Goethes phänomenologische Naturbetrachtung von der Einheit von Geist und Materie (Meyer-Bendrat, S.179) hat Steiner offenbar so inspiriert, daß er einen regelrechten Kult um Goethe etablierte - wobei er die Notwendigkeit der Weiterentwicklung der Goetheschen Weltanschauung betonte (Beckmannshagen, S.54). Weiter sind Haeckels Naturphilosophie (Meyer-Bendrat, S.179) und Nietzsche in seiner Eigenschaft als "Kämpfer gegen seine Zeit" (Suchanek, S.96) von Bedeutung für Steiner. Prange weist Steiner nach, daß sein Waldorfschulmodell weitgehende Parallelen zu den schulreformerischen Ideen Herbarts (1776 - 1841) aufweist. Auch die Eurythmie ist keine anthroposophische Erfindung (...).

Steiners Kritiker werfen ihm Eklektizismus und Synkretismus vor: "Er will gleichsam alles, was jemals gedacht und ihm bekannt geworden ist, zu einer umfassenden Weltschau vereinigen und scheut dabei vor der Vermischung sehr heterogener Elemente keineswegs zurück." (Suchanek, S.95)

4. Der Schulungsweg

Steiner gliedert den Vorgang des Erkennens in vier Stufen: Auf der Stufe der Sensation nimmt man einen Gegenstand sinnlich wahr. Um diesen Vorgang kommt normalerweise niemand herum, der sich wissenschaftlich mit einem Forschungsobjekt befaßt. Läßt man sich auf Steiners "Geheimschulung" ein, dann löst man sich von der unmittelbaren sinnlichen Wahrnehmung und betrachtet in der Imagination, der zweiten Stufe, Bilder des Gegenstands, d.h. "geistige Tatsachen und Wesenheiten" (Steiner, zit. nach Schneider, S.81). Auf der dritten Stufe, der Inspiration, dringt man in das "geistige Innere" (aaO,S.82) der Wesenheiten vor, d.h. man verläßt die Bilder und denkt nur noch in Begriffen. Durch Intuition, der vierten Stufe, läßt man schließlich auch die Begrifflichkeit hinter sich und vereinigt sich mit dem Innern des Geistwesens. Imagination, Inspiration und Intuition finden ohne Weltbezug statt, bei der Intuition bleibt nur noch das Ich als Orientierungspunkt der Welt übrig, da Anschauung, Begriff und dadurch auch das Denken weggefallen sind (vgl. Schneider, S.83). Das intuitive Ich Rudolf Steiners tritt an die Stelle der reinen Erkenntnis - damit sind Subjektivität und Spekulation Tür und Tor geöffnet.

Jeder und jede kann die im Verborgenen liegenden Wahrnehmungsorgane ausbilden, um die drei dem Laien fehlenden Erkenntnisarten nach und nach mitvollziehen zu können. Erst wenn das geschehen ist, herrscht Gleichheit zwischen Steiner und dem Rest der denkenden Menschheit (allerdings meint diese Gleichheit nicht Gleichberechtigung verschiedener Standpunkte, sondern Gleichheit hinsichtlich der Erkenntnis, die absolut ist und notwendig für alle gilt).

Bis dahin muß sich der Schüler den Anweisungen seines Meisters demütig, verehrungsvoll und kritiklos unterwerfen (Schneider, S.91 f). Er wird unterwiesen in Übungen zur Konzentration, Meditation und Kontemplation; gleichzeitig hält der Meister ihn zur Vervollkommnung seines Charakters und zu sittlicher Reifung an (Schneider, S.89). Der Meister begnügt sich also nicht damit, den Geist seines Schülers lehrend zu beeinflussen, sondern will die ganze Persönlichkeit des Schülers in Beschlag nehmen: wie er lebt, wie es um seine geistige und seelische Gesundheit bestellt ist, ob er konsequent mit Vorsätzen verfährt, wie er mit seinen Mitmenschen zurechtkommt (vgl. Schneider, S.90). Das Wichtigste aber ist: "Er soll das Leben unablässig in dem Sinne auffassen, wie es die Bedingungen fordern." (Steiner, zit. nach Schneider, S.90) - d.h.die Geheimschulung schließt eine andere Form des Weltbezugs aus. Der Schüler liefert sich dem Denksystem der Geheimschulung aus, ohne daß sein eigener Standort in der Welt gefragt wäre. Ein klassisches Abhängigkeitsverhältnis also, ein totaler Zugriff auf das Denken, Fühlen und Handeln des Schülers, eine

Verletzung seiner Integrität. Seine Weiterentwicklung ist völlig fremdbestimmt. Von der vielbeschworenen "Freiheit im Geistesleben" - sie ist ein Element der "sozialen Dreigliederung", der Sozialtheorie Steiners - kann also überhaupt keine Rede sein. Vielmehr erinnert eine solche Schulung an die Praxis einschlägiger Sekten, die unter dem Schlagwort Gehirnwäsche bekannt geworden ist. Schneider: "Einen solchen Ansatz darf man wohl mit Recht als auch auf der subjektiven Seite des Erwerbs von Wahrheiten als apersonal und einer kafkaesken Wahnsinnswelt zugehörig bezeichnen." Schneider, S.92)

5. Entwicklung

Ein zentraler Gedanke der Anthroposophie ist die ständige Entwicklung des Kosmos und der Menschheit, vorangetrieben durch die "Ideenwelt", die sich hinter jeder materiellen Erscheinung verbirgt. Der Mensch stellt demnach das Bindeglied zwischen der materiellen und der geistigen Welt dar, wobei das Materielle nur eine vorübergehende physische Hülle ist, die in einem späteren Stadium der Weltenentwicklung überwunden sein wird.

Sieben verschiedene planetarische Bewußtseinsstufen macht das menschliche "Ich-Wesen" durch, in denen es sich vom Menschen mit "dumpfem Bewußtsein" über verschiedene "Wurzelrassen" zum heutigen, halbwegs zivilisierten Menschen entwickelt hat. Auf dem nächsten Planeten wird der Mensch bereits keinen Leib mehr haben, weil er dann die Engelsstufe erreicht haben wird. So kann er sich weiterentwickeln bis zum Serafim (vgl. Badewien, S.38 ff).

Was die Welt "im Innersten zusammenhält", ist nach Steiner die Idee, der Geist: aus ihm hat sich zu irgendeinem Zeitpunkt der Weltenentwicklung die Materie herausentwickelt. Ziel der kosmischen Entwicklung ist, daß sich das Materielle wieder im Geist auflöst, und zwar unter aktiver Mitarbeit des Menschen. Jener muß das Materielle, das Verhaftetsein im "Sinnlichen" und "Selbstischen" durch Meditation, Selbstbeherrschung und Einsicht in die höheren geistigen Welten überwinden. Der "leibfrei" denkende Mensch kann die Ideen, die hinter jedem Gegenstand und Lebewesen stehen, wahrnehmen. Die Ideen bilden eine Schar von "Gestaltungskräften" und "Geistwesen", von denen manche den Menschen bei seiner Höherentwicklung unterstützen; andere versuchen ihm das Handwerk zu legen (vgl. Meyer-Bendrat, S.181). So "wird in der liebevollen Hinwendung zu den Engelskräften, die ja die personifizierten Tugenden des Menschen sind, durch die Anthroposophie der Kampf mit den bösen Gegenkräften aufgenommen." (Meyer-Bendrat, S.181).

Bemerkenswert sind in diesem Zusammenhang die Kräfte, die gewissermaßen von außen auf die Gegebenheiten und die Befindlichkeiten des Menschen einwirken. Es sind immer die Ideen, d.h. die Kräfte, die die Materie beeinflussen, und nicht die Dinge und Lebewesen, die aus eigenen Impulsen aufeinander reagieren oder aus sich selbst heraus wirken und handeln (vgl.Prange, S.64).

In seiner kurzen Schrift "Credo - der Einzelne und das All" hat Steiner bereits um 1888 deutlich gemacht, worauf es seiner Ansicht nach im Leben ankommt: "Die Ideenwelt ist der Urquell und das Prinzip allen Seins. In ihr ist unendliche Harmonie und selige Ruhe. Das Sein, das sie in ihrem Licht nicht beleuchtete, wäre ein totes, wesenloses, das keinen Teil hätte an dem Leben des Weltganzen. Nur, was sein Dasein von der *Idee* herleitet, das bedeutet etwas am Schöpfungsbaume des Universums. Die Idee ist der in sich klare, *in* sich selbst und *mit* sich selbst genügende Geist. Das einzelne muß den Geist in sich haben, sonst fällt es ab von jenem Baume und war umsonst da." (Steiner, S.75)

Steiner führt aus, daß der Mensch von sich aus eine tiefe Sehnsucht nach der Ideenwelt hegt; deshalb will er den Geist in sich aufleben lassen und die Materie überwinden. Folgende Dinge verdunkeln das Licht des Geistes: Sinnlichkeit, Trieb, Leidenschaft - das will nur das "egoistische Individuum" (Steiner, S.76). Der kleine, einzelne Wille muß zugunsten der universalen Idee abgetötet werden (vgl. S.75 f).

"Handelt man als einzelner, dann schließt man sich aus der geschlossenen Kette des Weltwirkens aus, man sondert sich ab. Handelt man im Geiste, dann lebt man sich hinein in das allgemeine Weltwirken.

Ertötung aller Selbstheit, das ist die Grundlage für das höhere Leben. (...) Wir sind in dem Maße *unsterblich*, in welchem Maße wir in uns die Selbstheit ersterben lassen." (Steiner,S.76)

Vier Möglichkeiten hat der Mensch, wie er sich nicht-egoistisch, dem Geiste gemäß, hingebungsvoll betätigen kann:
- in der Erkenntnis, als "Hingabe an das Universum der Gedanken" (Steiner, S.77)
- in der Kunst
- in der Religion "im Gemüte"
- in der Liebe "an eine Persönlichkeit im Geiste" (Steiner, S.77)

"Liebe ist die schönste Form selbstloser Hingabe. (...) Fromme, wahrhaft geistige Liebe veredelt unser Sein bis in die innerste Faser." (Steiner, S.77) Fort mit dem "verabscheuungswürdigen Egoismus" und der "achtungslosen Leidenschaft" (Steiner, S.77)! Der Lohn für all das Streben des Menschen: "Seine Vereinigung mit dem Geiste!" (Steiner, S.77)

Wichtig an diesem Text Steiners ist, daß das Primat des Geistes, und die Überwindung der Materie, der Sinnlichkeit, des Egoismus bis zum heutigen Tag den anthroposophischen Alltag entscheidend prägen. Diese Denkweise gibt beispielsweise einer sozialen Institution das Recht, von jedem/jeder einzelnen das Zurückstellen eigener Bedürfnisse zu erwarten - und zwar nicht aus pragmatischen Gründen, sondern aus kosmischen.

6. Reinkarnation und Karma

Es könnte den Menschen einer Epoche relativ egal sein, ob laut Steiner eine Verschmelzung mit dem "Geist" angesagt ist oder nicht, wenn die anthroposophische Kosmologie nicht die Unsterblichkeit der menschlichen Geistseele und deren Reinkarnation in sterblichen physischen Hüllen voraussetzen würde. Damit die Menschen nicht bei jeder Geburt entwicklungsmäßig wieder ganz von vorne anfangen müssen, knüpfen sie an ihren geistigen und moralischen Status quo des letzten Lebens an. Diesen Vorgang nennt Steiner "Karma". Der Begriff ist dem Wortschatz des Buddhismus entlehnt und meint laut Fremdwörterduden: "Das die Form der Wiedergeburten bestimmende Handeln, bzw. das durch ein früheres Handeln bedingte gegenwärtige Schicksal."

Steiner formuliert es so: "Eine Wesenheit, die einmal tätig war, steht in der Folge eben nicht mehr isoliert da; sie hat ihr Selbst in ihre Taten gelegt. Und alles, was sie wird, ist fortan verknüpft mit dem, was aus den Taten wird. Diese Verknüpfung einer Wesenheit mit den Ergebnissen ihrer Taten ist das die ganze Welt beherrschende Gesetz vom Karma. Die Schicksal gewordene Tätigkeit ist Karma." (Steiner, S.83)

So gehören also die Taten und Erfahrungen früherer Verkörperungen eng zum Menschen dazu, und er lebt in der Umgebung, die er sich durch diese Taten selbst geschaffen hat. Umgekehrt empfiehlt es sich auch, für das nächste Leben vorzusorgen.

Wie geht diese Angelegenheit nun vor sich? Was nach dem Tode übrigbleibt vom Menschen, "ist der durch alles irdische Lernen, Mühen und Arbeiten errungene Zuwachs, den unser Ich-Wesen als Entwicklungsertrag des Menschenlebens in die geistige Welt mitbringt. Er darf vor allem in gewonnener Vertiefung des Gemüts und seiner Fähigkeit zu Interesse, Hingabe und Mitleid sowie in der Erkraftung des Willens zur Charakterfestigkeit, Selbstbeherrschung und Selbstlosigkeit gesehen werden. Hier ruhen im Keime neue schöpferische Fähigkeiten." (Bühler, S.9) Die Geistseele erfährt, nachdem sie ihre leibliche Hülle abgestreift hat, in den jenseitigen Welten eine Läuterung, deren Notwendigkeit sich aus dem Umstand ergibt, daß die Geistseele während ihres irdischen Daseins eine Beziehung zur physischen Umwelt entwickelt hat. Das heißt, sie stand unter dem Einfluß von Begierden, Trieben und Leidenschaften, die das Handeln des Menschen und seinen Charakter beeinflußt haben. Steiner geht übrigens davon aus, daß die Begierden den Menschen in dem Maße beherrschen, als er ihnen nachgibt; je mehr er ihnen nachgibt, desto verlangender werden sie in ihm. (Warum klingt bei ihm alles, was mit "Trieb" und "Begierde" zusammenhängt, nur so dramatisch? Ist ihm nicht der Gedanke gekommen, daß es elementare menschliche Bedürfnisse gibt, die kein Zeichen für Sodom und Gomorrha sind, sondern *befriedigt* werden können - und sollten?)

Die Summe aller ausgelebten Triebe und Leidenschaften nennt Steiner den "Körper des Verlangens" (Kama rupa) (Steiner, S.91). Nach dem Tode muß sich der Geist von ihm befreien. "Man sieht leicht ein, daß dieser Zustand umso länger dauern muß, je mehr sich der Mensch mit dem sinnlichen Leben verbunden gefühlt hat." (Steiner, S.92)

Der zweite Teil des "Gedächtnisrestes" (Steiner, S.92) besteht aus der Summe der Erfahrungen und Fähigkeiten, die der Mensch aus seinen Erlebnissen gezogen hat, was wiederum von dem Maße der damit verbundenen geistigen Verarbeitung derselben abhängt. Wenn die Geistseele nun den Aufenthalt im "Orte des Verlangens" erfolgreich, d.h. wunschlos, abgeschlossen hat, begibt sie sich samt der Frucht ihrer menschlichen Erfahrungen zum "Ort der Wonne" (Devachan), wo sich ihre Erlebnisse der früheren Leben in Anlagen und Fähigkeiten für die Zukunft verwandeln. "Es erhellt sich von selbst, daß dieser Zustand im allgemeinen umso länger dauen wird, eine je größere Anwartschaft beim Tode auf die Aneignung neuer Fähigkeiten vorhanden ist." (Steiner, S.93 f)

So verwandelt sich der unsterbliche Menschengeist im Laufe der Zeiten von einem primitiven, allein von seinen Begierden beherrschten Triebwesen zu einem hochzivilisierten Menschen, der Moral und Gesetz verinnerlicht hat (vgl. Steiner, S.95). Daß diese Entwicklung bisher nicht ganz so kontinuierlich abgelaufen ist, zeigt ein Blick in die Weltgeschichte.

Nun kann man bei inadäquatem Umgang mit seinem Karma auch fürchterliche Rückschläge erleiden, die sich in besonders schwierigen Lebensumständen oder körperlichen Krankheiten bemerkbar machen (vgl. Schneider, S.240). In solchen Fällen ist der Mensch noch dringender aufgefordert, sich mit seinem Schicksal reifend auseinanderzusetzen.

Wolfgang Schneider ist der Bedeutung und den Konsequenzen einer karmischen Lebensauffassung á la Steiner auf den Grund gegangen (S.229 ff); einige Aspekte möchte ich an dieser Stelle kurz zusammenfassen, andere fließen in die später folgende "Tiefenpsychologische Deutung der Anthroposophie" ein.

Freiheit
Der Mensch wird als vorbestimmte geistige Person in eine für ihn vorbereitete, fertige Welt geboren. Er findet sein Schicksal, sich selbst und seinen Lebensplan vor. Seine Handlungsfreiheit wird also nicht nur durch Naturnotwendigkeiten eingeschränkt, sondern auch durch diese Vorgegebenheit der Welt und seiner selbst.
   Ebenfalls vorgegeben ist der einzige, für alle Menschen gültige und unumstößliche Lebenszweck, nämlich das Erklimmen der planetarischen Bewußtseinsstufen, die Durchgeistigung des Materiellen und die zukünftige Vereinigung mit dem Geist. Den Anthroposophen ist dieses Daseinsziel bewußt, den Noch-nicht-Anthroposophen noch nicht. Alle anderen, vom Menschen selbst bestimmte Zwecke spielen eine dem Hauptzweck untergeordnete Rolle. Der Mensch ist in einen Sinn des Lebens und des Handelns, auf den er keinen Einfluß hat, von Geburt an hineinverzweckt. Steiner läßt dem Menschen nur noch die "Freiheit", eigentlich die Möglichkeit, das Gesetz des Karmas wirksam werden zu lassen, das Gesetz selber aber steht fest. Bestenfalls kann er es mit Steiners Hilfe erkennen.
   Der freie Wille ist für Steiner folglich kein Thema: "Das Wort 'freier Wille' ist schon falsch; denn man muß sagen: Frei wird der Mensch erst durch seine sich immer steigernde Erkenntnis und dadurch, daß er immer höher steigt und immer mehr hineinwächst in die geistige Welt." (Steiner, zit. nach Schneider, S.242) Gefragt ist also nur der Wille zur absoluten Erkenntnis und zu karmakonformem Verhalten. Wer seinen Willen anderweitig aktiviert, kann das zwar tun (Freiheit), muß aber die negativen Konsequenzen in Form eines problematischen Karmas selber tragen. Die Freiheit des Menschen und die Möglichkeit, seine Zwecke selbst zu bestimmen, sind bei Steiner stark eingeschränkt.

Kosmischer Geist-Leib-Dualismus
Der Körper ist durch Karma determiniert und sterblich, während der Geist allein die Geschichte bestimmt. Am Aussehen, Körperbau, an der Körperhaltung, an Krankheiten und Behinderungen kann der Anthroposoph das Karma erkennen. Der Körper dient dem Geist in etwa derselben Weise, wie der Geist sich nach dem Karma richten muß: Die Funktionalisierung des Körpers für die hehre Durchgeistigung wird bei Eurythmie-Aufführungen besonders deutlich.

Karma bedeutet Sicherheit: "...eine Art moralische Gesamtrechnung, ein kosmisches Nullsummenspiel.(...) Man sieht auch, welch beruhigender Effekt von der Karmalehre ausgeht (...) man kann darauf vertrauen, daß eine jenseitige Gerechtigkeit alles in Ordnung bringt." (Prange, S.22) Bühler spricht vom

Karma als "höhere unbestechliche Gerechtigkeit." (S.23) Niemand muß mit seinem/ihrem Schicksal hadern, andere beneiden etc. Es lohnt sich nicht! Das Karmagesetz trägt ja Sorge dafür, daß insgesamt niemand zu kurz kommt - vorausgesetzt, man hält sich an dieses Gesetz.

7. Ethik und Werte

Steiner ging in seiner vor-anthroposophischen Phase von einem ethischen Individualismus aus, der sich auf Aspekte der "Freiheit von etwas" beschränkte: Freiheit von Autoritäten, Instanzen, Gewohnheiten, inneren Trieben, ethischen Normen, Prinzipien, Maximen und Geboten (vgl. Schneider, S.205). Es gibt daher auch von Steiner keinen expliziten Wertekatalog oder Moralkodex. Seinem Konzept des ethischen Individualismus haftet sogar das Flair anarchistischer Freiheit an, auf das links-alternative Außenstehende mitunter hereinfallen, zumal "frei" und "Freiheit" die am häufigsten verwendeten Wörter zur Kennzeichnung anthroposophischer Institutionen darstellen.
Die eigentlich sehr strengen Wertvorstellungen ergeben sich aber aus dem Geist-Leib-Dualismus und dem Karma-Gesetz. Denn bevor der Mensch den folgenden Satz Steiners frohen Herzens leben kann, muß er seine körpernahen, von Trieb und Leidenschaft bestimmten, also "niedere" Persönlichkeitsanteile überwunden haben und sich als rein geistiges, ideelles Wesen begreifen: "Was man das *Gute* nennt, *ist* nicht das, was der Mensch *soll*, sondern das, was er *will*, wenn er die volle, wahre Menschennatur zum Ausdruck bringt." (zit. nach Schneider, S.213) Schneider kommentiert: "Seine Ethik" erweist sich "als analytisch wahr, hat aber gerade deswegen keinen ethischen Erkenntniswert für Wesen, die nicht nur rein geistige sind." (S.213)
Steiner ist offenbar von der Möglichkeit des Menschen, sich durch Vergeistigung eine unendliche Existenz im Kosmos sichern zu können, so begeistert, daß seine Aufforderung, Triebe, emotionale und physische *Bedürfnisse* niederzuringen, eher beiläufig erfolgt. Eine körperfeindliche, asketische Lebensweise versteht sich einfach von selber, wenn er von der Freiheit von Trieben spricht, so daß sich Gesetze und Normen von einer diesseitigen Autorität erübrigen.
Ideale mit einer starken Betonung der Pflicht, des Selbstzwangs, des Gehorsams, der Disziplin finden sich auch in der bürgerlichen Weltanschauung und Ideologie des ausgehenden 19. Jahrhunderts (vgl. Suchanek, S.97), das den zeitlichen und gesellschaftlichen Rahmen für Steiners Wirken abgibt.

Betreute

1. Der tiefere Sinn anthroposophischer Heilpädagogik

Nachdem Steiner gegen Ende seines Lebens schon eine gewisse Berühmtheit für sein Expertentum auf "noch so entlegenen Gebieten des menschlichen Geistes" (Treher, S.46) erworben hatte, wandten sich 1924 einige junge Menschen mit der Bitte an ihn, seiner speziellen Geisteswissenschaft nun auch wesentliche Leitlinien für die Arbeit mit geistig Behinderten zu entlocken. Dazu fand Steiner sich gerne bereit. Er hielt zwölf Vorträge, die als "Heilpädagogischer Kursus" veröffentlicht wurden und die bis heute die theoretische Grundlage bilden für anthroposophische Geistigbehindertenarbeit, insbesondere in Einrichtungen für Kinder.

Den "Heilpädagogischen Kursus" kann der interessierte Laie nicht so ohne weiteres lesen, da umfassende Kenntnisse über die anthroposophische Menschenkunde, Entwicklungslehre und Medizin vorausgesetzt werden. A.Zeller hat sich in ihrer Dissertation "Anthroposophische Heilpädagogik" der Mühe unterzogen, Steiners Heilpädagogik kritisch mit der heilpädagogischen Praxis der Gegenwart zu vergleichen. In A-dorf hingegen hielten sich entsprechende Bemühungen in Grenzen. Der "Heilpädagogische Kursus" wurde zwar immer wieder gemeinsam gelesen, aber seine Erkenntnisse flossen in den Betreuungsalltag nicht spürbar ein.

Ich will es daher bei einigen allgemeinen Bemerkungen über Diagnostik und Wirkungsweisen anthroposophischer Heilpädagogik bewenden lassen. Den tieferen Sinn geistiger Behinderung erklärte mir ein A-dorfer Hausvater (H.V.), der hier ausführlich zu Wort kommen soll.

Behinderung ist laut Arnim ein "unvollkommener, einseitiger, mit Schwierigkeiten verbundener Inkarnationsvorgang" (v. Arnim, S.5). Denn das geistige Ich-Wesen schlüpft gleichsam in einen Körper hinein (Inkarnation), wobei vielfach Störungen auftreten können. Bei einer geistigen Behinderung ist nicht etwa der "Geist" krank, sondern "man ist so gestört in seiner Physis, daß das Geistige des Menschen nicht ganz hineinkann - und das tritt dann in Erscheinung als eine sogenannte geistige Behinderung." (H.V.) Die Individualität sei intakt und nur physisch beeinträchtigt.

Die Heilpädagogik, auch "Seelenpflege" genannt, hat nun die Aufgabe, die verschüttgegangenen seelisch-geistigen Kräfte des Kindes (seine Individualität) zutage zu fördern, um ihnen die "Lebenserlebnisse" zu ermöglichen, nach denen die Seele "sucht und verlangt." (v. Arnim, S.6) Der Leib soll gestärkt und gebildet werden, damit sich die Ausdrucksfähigkeit des Kindes in der Sprache, Bewegung und Denken erhöhen kann (vgl. v. Arnim, S.6).

Um das individuelle Vorgehen beim Kind planen zu können, reicht nach v. Arnim eine diagnostisch-medizinische Beurteilung nicht aus; man müsse auch das Besondere des Inkarnationsvorganges wahrnehmen, indem man die verschiedenen Behinderungselemente und ihre Verbindung untereinander erkennt. Hierbei seien Steiners "geisteswissenschaftliche" Erkenntnisse sehr hilfreich: "Die Entwicklung der Gestaltbildung, der Bewegung, der Sprache, der Denkvollzüge, des Sinneslebens, des Schlafes drücken in ihrer jeweiligen Vereinseitigung das Besondere der Inkarnationsstörung eines bestimmten Kindes aus." (v. Arnim, S.7)

Es ist für den "erkennenden Blick" auf den Behinderten allerdings nicht erforderlich, selber über hellsichtige Fähigkeiten zu verfügen. Steiner: "Sind die Dinge erst erforscht, dann kann jeder, der mit unbefangenem Sinn an sie herangeht, sie mit dem gewöhnlichen, gesunden Menschenverstand einsehen." (Zit. nach Windeck, S.47) Die Heilpädagogik Steiners ist also auch auf direktem Wege aus den höheren Welten zu uns gelangt, sie ist nicht nur okkultistisch wahr, sondern auch diesseits einleuchtend und logisch und muß nur noch angewendet werden.

Wie kommt es nun, daß manche Menschen solche Inkarnationsstörungen haben und behindert zur Welt kommen? Oder daß andere nach der Geburt oder infolge eines Unfalls geistig behindert sind? - Behinderungen haben nach anthroposophischer Überzeugung mit dem Karma zu tun. Karma ist, wie gesagt, das Produkt der vergangenen Inkarnationen und den dabei gemachten Erfahrungen (H.V. bezeichnete dieses Produkt als geistiges Konzentrat und verwendete auch das Bild des Rucksacks) und legt den Menschen insofern fest; gleichzeitig führt es ihn in Situationen, in denen er sich entwickeln und neue Erfahrungen sammeln kann.

Der geistig Behinderte hat möglicherweise in seiner letzten Inkarnation viel Schuld auf sich geladen (H.V.: "Er hat seinen Rucksack schwer gemacht."), so daß er sich in diesem Leben nicht richtig inkarnieren konnte. Das gibt ihm aber die Möglichkeit, für das nächste Leben "enorme Fähigkeiten" (H.V.) anzusammeln. Es folgt ein Auszug aus dem Interview mit dem Hausvater:

K.T.: "Womit kann man sich diese Fähigkeiten erwerben, gerade als geistig Behinderter?"
H.V.: "Daß er so unschuldig geblieben ist."
K.T.: "Was heißt das?"
H.V.: "Daß er keine Schuld auf sich geladen hat."
K.T.: "Wie kann man das?"

H.V.: "Das macht man ja täglich. Indem man schlechte Gedanken hat anderen Menschen gegenüber, zum Beispiel."
K.T.: "Aber dann ist doch ein schuldloses Leben gar nicht möglich?"
H.V.: "Bei Behinderten schon. Weil sie zum Teil so eine starke Bewußtlosigkeit haben. Sie können ja überhaupt nicht richtig böse sein wie jeder andere Mensch.(...)Der kann ja richtig böse sein, jemand, normalerweise, und es gibt eben Menschen, die können das gar nicht, die umarmen nur. Also, wenn man das mal versucht anzuschauen, wie lebt man so, da fügt man ja anderen Menschen ganz schön viel Leid zu. Das wäre ja zu schön, wenn man im Sozialen nur Freude bereitet. Da kennt wohl jeder aus seinem Leben genügend Situationen, wo die anderen zutiefst betroffen sind oder sich verletzt fühlen, oder einfach wo die belastet sind durch mein Leben. Und das sind alles solche Dinge, die meinen Rucksack schwer machen fürs nächste Leben. (...) Das muß gar nicht in diese Dimensionen hineingehen. Alleine schon, wenn ich mir was vornehme und ich tu's dann nicht, also wenn ich jetzt einen Vorsatz hab' und sag, Mensch, ich hör jetzt auf, Zigaretten zu rauchen, und rauch dann doch am nächsten Tag wieder Zigaretten. (...) Das sind alles Dinge, die meinen Rucksack schwer machen.

Und wenn jetzt ein behinderter Mensch das überhaupt nie so denken kann, einfach von seiner Behinderung her, dieses Bewußtsein jetzt haben kann in so einer Situation, der läßt seinen Rucksack leer.

Der lebt irgendwas aus, was ihn da hineingeführt hat, aber er lädt sich nichts Neues auf. Er benutzt dieses Leben unter Umständen - das ist jetzt ein bißchen spekulativ -, um seinen Rucksack leerzuladen, und es kommt nichts Neues hinzu, jetzt extrem gesprochen, und der hat dann vielleicht eine ganz besondere Inkarnation vor sich im nächsten Leben, diese Möglichkeiten bestehen, und das ist etwas, was uns Kraft gibt, so ein Menschenschicksal jetzt nicht mit einer tiefen Tragik zu betrachten. Was soll denn das überhaupt, was hat dem sein Leben für einen Sinn? Das kann einen wunderbaren Sinn haben, das kann eine hervorragende Persönlichkeit gewesen sein oder eine werden."

Zunächst einmal fällt auf, daß das Bild, das der Hausvater von geistig Behinderten zeichnet, von Klischees geprägt ist. Es stimmt nicht, daß Behinderte nur "umarmen" und für alles dankbar sind. Die Vermutung liegt nahe, daß in A-dorf eine gewisse Sozialisation zur Dankbarkeit stattfindet, aber grundsätzlich sind Behinderte von Natur aus genausowenig dankbar wie alle anderen Menschen; wie jede/r andere haben sie existentielle Bedürfnisse, deren Erfüllung eine Selbstverständlichkeit sein sollte.

Von einer Bewußtlosigkeit und Unschuld zu sprechen, halte ich ebenfalls für problematisch. Es mag vielleicht auf Schwerstbehinderte zutreffen, nicht aber auf die meisten mittelschwer bis leicht Behinderten in A-dorf. Wenn man sich auf die Kategorien wie Schuld und Unschuld im Zusammenhang mit inkonsequentem Rauchverhalten u.ä. überhaupt einlassen will, sei hiermit festgestellt, daß auch geistig Behinderte in der Lage sind, Vorsätze zu fassen und sie wieder fallen zu lassen, Entscheidungen zu treffen und anderen bewußt zu schaden - und sich somit auch mit Schuld und schweren Rucksäcken zu belasten, so es denn sein muß.

Anthroposophen rütteln und schütteln an jeder Erscheinungsform des Lebens solange herum, bis sie einen Sinn in ihr erkennen - nicht irgendeinen Sinn natürlich, sondern einen, der sich logisch in ihr Denksystem fügt und es dadurch aufs neue bestätigt. Was geistig Behinderte betrifft, begeben sie sich damit auf ein gefährliches Terrain. Denn Anthroposophen schweben nicht im luftleeren Raum, sondern sind eingebettet in eine hochtechnisierte und leistungsorientierte Gesellschaft. Und eine Gesellschaft, die sich in erster Linie kapitalistischer Gewinnmaximierung verpflichtet fühlt, neigt dazu, den geistig Behinderten als wandelnden, weil kostenintensiven, Widerspruch zu ihren obersten Werten (Leistungsfähigkeit, Intelligenz, Unternehmergeist, Gesundheit, Jugendlichkeit, Schönheit etc.) anzusehen und daher immer wieder seine Existenzberechtigung in Zweifel zu ziehen. Scheinheilig versetzt sie sich in seine Lage und argumentiert: Der vegetiert doch nur vor sich hin. Der hat nichts vom Leben. Sein Leben hat doch keinen Sinn. (Vorausgesetzt wird natürlich, daß ein Leben zwischen Leistungs- und Konsumstreß die ultima ratio an Sinnhaftigkeit darstellt!) Humangenetische Frühwarnsysteme, die sich gesellschaftlicher Akzeptanz erfreuen und deren flächendeckende und verpflichtende Nutzung viele forcieren, stellen nur einen von vielen Angriffen auf die geistig behinderte Existenz dar. Wer nach einem speziellen Sinn für geistige Behinderung sucht, vollzieht den Schulterschluß mit den behindertenfeindlichen Kräften der Gesellschaft, auch wenn er selber den zauberhaftesten Sinn in der geistigen Behinderung zu erkennen meint. "Vielleicht ist das einer der Gründe, weshalb es euch gibt," schreibt die gerührte Journalistin Margrit Irgang über geistig Behinderte im anthroposophischen Föhrenbühl, "Ihr helft der Welt, sich zu verstehen." Was auch immer sie damit meint - meines Erachtens ist es unsagbar anmaßend und diskriminierend, für eine bestimmte Menschengruppe auf die Sinnsuche zu gehen, schimmert doch allzudeutlich das Motiv für diese Suche durch: So abstoßend und unnütz wie ihr seid, müssen wir doch um Himmels willen eine Funktion, und sei es auch nur eine metaphysische, für euch finden, sonst ist der Betreuungs-, Verpflegungs- und Bildungsaufwand ja überhaupt nicht mehr zu rechtfertigen. Eines muß den Sinnsuchern klar sein: Ihre freundlichen Funde werden sich argumentativ immer erbärmlich gegen die harte Logik einer Leistungs- und Konsumgesellschaft ausnehmen. Die Tatsache, daß geistig Behinderte nur unwesentlich zum Bruttosozialprodukt beitragen, ist eben nicht wegzudiskutieren. Und die geheimnisvollen Ahnungen, von denen so mancher sensible "Fühli" beim Erstkontakt mit den so ganz "offenen und unverstellten" Behinderten befallen wird (erwähnte Journalistin erhielt in der Süddeuschen Zeitung zwei ganze Seiten, um sich über ihre Empfindungen zu verbreiten), interessieren weder die staatlichen Kostenträger noch die geistig Behinderten selber. Wer sich auf die Diskussion über die Brauchbarkeit - zu welchen Zwecken auch immer!- geistig Behinderter einläßt, läutet die sichere Niederlage für Behinderte ein; nur kann sich der tapfere Behindertenfreund moralisch auf der richtigen Seite fühlen, was bekanntlich das Selbstwertgefühl hebt.

"Behinderung ist eine natürliche Variation des Menschseins." schreibt Bank-Mikkelsen (Zit. nach Thimm u.a., S.6), und dieser Begriff von Menschsein meint mehr als Nützlichkeit für andere; er meint Leben an sich: daß ein Mensch, gleich welcher Begabung, Bedürfnisse hat, die ihm andere erfüllen und die er sich selbst erfüllt, daß er Gefühle und Erlebnisse hat, die er ausdrücken und mitteilen möchte - auf welchem Niveau auch immer. Die Bildbarkeit behinderter und nichtbehinderter Menschen dient zuallererst ihnen selber, denn sie ermöglicht ihnen Lebenserfahrungen, Kommunikation und die Verwirklichung von Wünschen und Ideen auf genau der individuell angemessenen Ebene, auf der jemand leben kann und will. Die Frage nach dem gesellschaftlichen Nutzen von Bildung und Begabung sollte weit unter diesem kurz umrissenen Verständnis von Lebensqualität rangieren.

Man kann geistig Behinderte nicht an das Leistungssystem anpassen, aber die behindertenfeindliche Attitude unserer Gesellschaft gibt einmal mehr Anlaß, über eine Anpassung des Leistungssystems an das Menschsein - in all seinen Variationen - nachzudenken.

Den Erläuterungen des A-dorfer Hausvaters folgend, geht es den Anthroposophen weder um die Eingliederung geistig Behinderter in das Leistungssystem noch um das Konzept des allgemeinen Rechts auf Lebensqualität als Selbstzweck; ersteres ist ihnen zu primitiv, zweiteres zu banal. Vielmehr haben sie jeden Menschen in ihr höheres kosmisches Sinnsystem eingespannt. So ist auch der Satz aus der Konzeption von A-dorf zu verstehen: "Die Wahlfamilie erhält ihren besonderen Charakter durch die Partnerschaft aller Mitglieder; Betreute und Betreuer beggnen sich auf der gleichen Ebene des *Menschseins.*" Kosmisch gesehen sitzen alle im gleichen Boot, aber was die einzelnen derzeit im Dorf befindlichen Existenzen betrifft, gibt es freilich Unterschiede. Denn die einen arbeiten bewußt an ihrem Karma und haben sich zu bewähren, während sich die anderen in der Warteschleife befinden. Quasi aus dem Karma-Verkehr gezogen, leben sie eine Inkarnation lang nur in

schwarzen Zahlen, um die roten aus dem letzten Leben auszugleichen. Welch eine milde Idee der Vorsehung; und für diese Rehabilitierungsmaßnahme hat sie das Gewand der geistigen Behinderung geschneidert!
Was die BetreuerInnen von den Betreuten unterscheidet, ist das anthroposophische Bewußtsein, und das ist der Grund, aus dem die "Ebene des Menschseins" im Betreuungsalltag sehr bald nicht mehr die gleiche ist. Denn die einen *wissen* und die anderen nicht - und die Wissenden wissen vor allem en detail, was den "Bewußtlosen" guttut, damit sie in der nächsten Inkarnation wieder bewußt an ihrer geistig-seelischen Vervollkommnung weiterarbeiten können. Das heißt, und H.V. hat es selber deutlich gesagt: Der Behinderte ist keine Persönlichkeit, sondern er war mal eine oder wird mal eine. Im Moment stellt er eigentlich nichts dar, und das wird in dieser Inkarnation auch so bleiben. All die Zuwendung, die Verhaltensregeln, Verbote, die anthroposophischen Therapien, die pädagogischen Prinzipien - all dies meint nicht den individuellen Menschen mit geistiger Behinderung, sondern zielt ab auf seine nachtodliche Zukunft. Frau E., deren Tochter seit vielen Jahren als Betreute in A-dorf lebt, erzählte mir von einer Diskussion mit einem der Hauseltern, die sich um die spezifisch anthroposophische Motivation zur Behindertenarbeit drehte, und brachte ihre Meinung wie folgt auf den Punkt (wobei sie sichtlich um Worte rang):
"Da bin ich auch mal mit jemand aneinandergeraten, wo ich gesagt habe, (...) also wenn ihr deshalb das Kind liebt, weil die...Nicht, weil sie eben *ist*, wie sie *ist* und so *isses*, sondern nur um zehn Ecken, *das* finde ich ja unmöglich!"

So weit die Theorie. Was läßt sich für die Praxis, für den Umgang mit den Betreuten, daraus ablesen?
- Die Behinderten werden überformt vom Besserwissen der BetreuerInnen: Eine Unzahl von Maßnahmen wird an ihnen vollzogen, und zwar nicht, damit es ihnen besser geht, sich ihr Wohlbefinden steigert und damit sie etwas dazulernen, was ihnen Spaß macht und ihre Autonomie und Selbstbestimmung fördert - und auch nicht, damit sie in der Rationalität der Einrichtung besser funktionieren (beide Möglichkeiten entsprechen den wichtigsten Intentionen herkömmlicher heilpädagogischer Therapieangebote), sondern weil diese Maßnahmen als "heilsam" angesehen werden im Hinblick auf die kosmische Seelenentwicklung. Diese Art der "Reifung" ist das Ziel der anthroposophischen Heilpädagogik und Sozialtherapie. Daß die Behinderten selber über dieses Ziel aufgeklärt werden, halte ich für unwahrscheinlich. Fest steht aber, daß sie die Art der Behandlung, die Gemeinschaftsregeln und zahlreichen Verzichte akzeptieren müssen, um im Dorf mitleben zu dürfen. BetreuerInnen und Betreute sind eben *keine* gleichberechtigten Subjekte, die sich partnerschaftlich und respektvoll "auf der gleichen Ebene des Menschseins

begegnen", sondern letztere bleiben Objekte permanenter Förderung, Beruhigung, Anregung und Therapie.
- Die Theorie fordert von den BetreuerInnen eine bemerkenswerte Emotionslosigkeit und Distanz gegenüber den Behinderten. Das ganze Betreuungsgeschehen dreht sich um die karmische Entwicklung der Behinderten und die optimale geistig-moralische Reifung. Für Späße, spontane Reaktionen und freundschaftlich-herzliche Beziehungen zu den Behinderten ist eigentlich kein Platz; es hängt im Einzelfall von den Betreuungspersönlichkeiten ab, ob der Umgang mit den Behinderten streng orthodox und distanziert ist oder eher locker und spontan. Ich habe beides erlebt: In A-dorf wurde ich gelegentlich ermahnt, den Behinderten gegenüber einen gewissen Abstand zu bewahren und die vertraulichen Gespräche, die Blödeleien und die herzhaften Umarmungen in Grenzen zu halten; in B-dorf war, zumindest in meiner Gastfamilie, die Stimmung lebhafter und zwangloser.

2. Prinzipien und Maßnahmen der anthroposophischen Sozialtherapie

Die Absicht der Sozialtherapie besteht nun darin, die weitgehend bewußtlose, leere Geistseele des Behinderten mit "heilsamen Kräften" und "gutem Geist" anzufüllen und sie im Gegenzug vor schlechten und bösen Kräften und Einflüssen zu schützen, um das Karma in optimale Bahnen zu lenken. Viele der sozialtherapeutischen Maßnahmen einerseits und die zahlreichen Verbote andererseits erscheinen auf den ersten Blick willkürlich und zusammenhanglos, aber sie sind in der Tat logisch aufeinander aufgebaute Elemente des Steinerschen Systems. Ob sie die anthroposophischen Zielvorstellungen erfüllen, läßt sich vermutlich erst nach ein paar weiteren Inkarnationen feststellen, wofür ein Zeitraum von einigen tausend Jahren veranschlagt werden muß. Mit Sicherheit allerdings werden die emanzipativen Ziele der fortschrittlichen Behindertenhilfe (wie sie z.B. die Lebenshilfe verfolgt) nicht erreicht, was später eine Gegenüberstellung zeigen wird. Das soll der anthroposophischen Behindertenarbeit auch gar nicht angelastet werden; die beteiligten Eltern, Fachleute und, so weit möglich, auch die Behinderten selber sollten allerdings wissen, mit welchen pädagogischen Zielen und Mitteln sie rechnen müssen, wenn sie die Verantwortung für das Gedeihen der geistig Behinderten in anthroposophische Hände übergeben, und sie sollten in der Lage sein, eine bewußte Entscheidung zu treffen.

2.1. Rhythmus-Prinzip

Die allgemeinste Form permanenter therapeutischer Einwirkung ist das bereits beschriebene Rhythmusprinzip. Es gibt eine Reihe von Gründen, die für einen abwechslungsreichen und doch verläßlichen Tagesablauf sprechen, und aus denen auch die meisten Kindergärten, Grundschulen und Heime einen solchen praktizieren: Ein geordneter zeitlicher Ablauf schafft Sicherheit, Geborgenheit und eine Routine, die Freiräume für neue Erfahrungen ermöglicht. Das Kind erwirbt nicht nur Zeitgefühl, sondern lernt auch im rhythmischen Wiederholen und Üben lebenspraktische, intellektuelle und künstlerische Fähigkeiten. Außerdem entspricht das Abwechseln von Ruhe und Bewegung, Eigenaktivität und Rezeption, die ausgewogene Entwicklung sozialer und individueller, künstlerischer, motorischer und intellektueller Kompetenz den täglichen durchschnittlichen Ressourcen an Aufnahme- und Konzentrationsfähigkeit des Kindes. Insofern bietet sich ein geplanter Tagesablauf mit rhythmischen Wiederholungen an.

Für Anthroposophen hat der Begriff "Rhythmus" allerdings eine viel weitgehendere Bedeutung. Der Rhythmus ist eine der von Steiner erforschten Gesetzmäßigkeiten, die alle Dimensionen des Seins durchpulst: Die Sterne bewegen sich rhythmisch, so wie die Jahreszeiten und der ökologische Kreislauf, und so schwankt auch menschliches Empfinden und Verhalten. Der A-dorfer Jahresbericht von 1989 beschreibt den äußeren und inneren Übergang vom Sommer zum Herbst, in dem die rhythmischen Prozesse, denen der Mensch unterworfen ist, sichtbar werden:

"Der Sommer liegt jetzt hinter uns. Der Herbst hält Einzug, und bald werden wir das Erntedankfest feiern können. In dieser Zeit geben die Pflanzen ihre Samen und Früchte frei, und ihre Säfte und Kräfte ziehen sich in ihre Wurzeln zurück.

Wir Menschen waren den Sommer über der äußeren Sinnenfreude und dem Sonnenschein hingegeben. Jetzt werden die Tage spürbar kürzer und kühler, und wir ziehen uns wieder in die innere Besinnlichkeit zurück. Jetzt können wir aufwachen für das, was wir draußen erlebt haben und uns dessen bewußt werden, was wir da an sinnlichen Eindrücken geschenkt bekommen haben. Erst dadurch wird es ganz unser Besitz. In dieser Stimmung ist den Menschenseelen die Möglichkeit gegeben, in der Hinwendung an den mächtigen Erzengel Michael über sich selbst hinauszuwachsen." Weh denen, die nahe am Äquator wohnen!

Auch der Mensch als Einheit von Geist, Seele und Körper wird von inneren Rhythmen bestimmt, die zwischen seinen "antipathischen" (d.h. abstrahierenden Fähigkeiten, Denken, Kopf) Impulsen und sympathischen (Kreativität, Phantasie)

Impulsen hin- und herschwingend vermitteln und damit ein bewegliches Gleichgewicht herstellen. Analog repräsentiert der Körper die Antipathie durch das Nerven-Sinnes-System, die Sympathie durch das Stoffwechsel- und Gliedmaßensystem; dem verbindenden Rhythmus entspricht das Herz-Kreislauf-System (vgl. Zeller, S.26 f). Dieser rhythmisch-pendelnde Ausgleich im Menschen kann durch den ordnenden Tages- und Jahresrhythmus unterstützt, bzw. forciert werden, denn gerade geistig Behinderte zeichnen sich nach anthroposophischer Auffassung durch gestörte körperliche Funktionen aus, die die Individualität vereinseitigen. Der dezidierte Tagesrhythmus soll heilend auf das seelische und körperliche Befinden einwirken und das Verhalten positiv beeinflussen. Ausgeglichenheit und innere Harmonie gelten als positiv.

Das Rhythmusprinzip entfaltet seine Wirkung erst auf lange Sicht, aber dann wird ihm jeder (scheinbare) Erfolg zugeschrieben. Ein A-dorfer Hausvater erzählte mir während des Interviews im Februar 1993, einer seiner Betreuten habe ihn und seine KollegInnen vor vielen Jahren zwei bis drei mal die Woche mit gewalttätigen Angriffen traktiert, während derlei Attacken jetzt nur noch zwei bis drei mal im Jahr erfolgten. K. sei ruhiger und ausgeglichener geworden, und das sei in erster Linie dem ordnenden, kraft- und vertrauensspendenden Tagesrhythmus zu verdanken. Hat man je nach den Ursachen dieser gewalttätigen Kontaktaufnahme bzw. Abgrenzungsversuchen, als die man die Wutausbrüche u.a. interpretieren könnte, geforscht? Kommen nicht auch andere therapeutische Maßnahmen bei einer Verhaltensänderung zum Tragen? Was hat die Verhaltensänderung überhaupt zu bedeuten: Geht es K. jetzt wirklich besser oder drückt sich seine Aggression, seine Unzufriedenheit nun auf einer anderen Ebene aus? Hat er womöglich seine Versuche ganz aufgegeben, sich mit seiner Not bemerkbar zu machen, ist er abgestumpft, glattgeschliffen von der Eintönigkeit des Tagesablaufs und den moralischen Appellen?

Nein: Der Tagesrhythmus *muß* gut sein, wo doch alles schwingt und klingt. Da die Sonne um die Erde kreist, da auf Regen Sonnenschein folgt, da man ein- und ausatmet, wirkt auch der Tagesrhythmus heilend.

Auf mich - hin- und hergerissen zwischen postpubertären Krisen und dem latenten Psychoterror in A-dorf - übte der Tagesrhythmus übrigens keine heilsame Wirkung aus, was auch mit meiner Abneigung gegen die spezifisch anthroposophischen Elemente des Tagesablaufs zu tun hatte. Wieviele angenehme und anregende Erlebnisse wurden ausgespart, wieviel Kreativität, Spontaneität und Phantasie blieben doch auf der Strecke! Ich litt unter der Monotonie, mit der sich ein Tag an den anderen reihte, unter der Einengung auf ganz bestimmte Tätigkeiten und unter dem Diktat eines fremden, vereinheitlichten Lebensstils, und dieses Empfinden wurde von einigen meiner

KollegInnen geteilt. Das konnte doch nicht alles sein, so hatten wir uns ein erfülltes Leben nicht vorgestellt!

2.2. Sinnliche Erdenerfahrungen

Nach anthroposophischer Auffassung tut es geistig Behinderten gut, überschaubare Arbeitsabläufe mitzuvollziehen und auf dem Land zu leben, um die karmisch notwendigen "sinnlichen Erdenerfahrungen" machen zu können. H.V. führte diesen Begriff im Interview ein und erläuterte ihn folgendermaßen: "...also, daß er (der Behinderte) Farbenerlebnisse hat, daß er Formenerlebnisse hat, daß er Naturerlebnisse hat. (...) Daß man ihm dann so zeigt das Grün von einer Eiche gegenüber dem Grün von einer Esche, den Weizen mal zeigt gegenüber dem Roggen, das Birnenholz gegenüber dem Kiefernholz, also lauter visuelle und akustische Erfahrungen macht mit der Natur, daß die Sinne gefordert werden im echten Sinne, nicht von einer gekünstelten Welt, sondern von einer natürlichen Welt. Das ist etwas, was ihm dann hilft, seinen Rucksack leer zu machen, sozusagen, und eine Lebenserfahrung aufzubauen fürs kommende Leben."

Schädlich hingegen sei die Stadt. H.V. bezeichnete sie als eine "künstliche, abstrakte, tote Welt" und sagte weiter: "Das ist eine Welt von Unnatürlichem, was die Städte prägt, und das ist etwas, was keine Lebenserfahrung macht, sondern das führt einen weg, eigentlich. Das kann man nur bewältigen, wenn man mit entsprechenden Bewußtseinskräften drangeht." Deshalb sei die Stadt "total giftig für einen behinderten Menschen, weil der das gar nicht mit Bewußtseinskräften durchdringen kann."

Zunächst: Naturerlebnisse dürften den meisten Menschen Freude bereiten und manche vielleicht auch innerlich bereichern. Aber diese Form der Sinnlichkeit erscheint doch etwas einseitig; immerhin sollten damals ja sinnliche Erfahrungen mit dem eigenen und vor allem fremden Körpern vermieden werden. Die Beurteilung der Städte ist ebenfalls einseitig und zu pauschal. Freilich finden sich in den Städten Dinge, Zustände, Anblicke, Streßsituationen und Geräuschkulissen, die mitunter an die Grenzen der Belastbarkeit gehen. Andererseits ist es ignorant, der Zusammenballung menschlicher Zivilisation und Kultur in den Städten die Möglichkeit zur Lebenserfahrung abzusprechen. Im übrigen gibt es z.B. in den städtischen Einrichtungen der Lebenshilfe eine große Anzahl geistig Behinderter, die sich in der Stadt gut zurechtfinden und ihre vielfältigen Angebote zu nützen wissen; die sich mit "ihrer" Stadt identifizieren und keineswegs woanders wohnen möchten, vor allem dann nicht, wenn sie dort geboren und aufgewachsen sind.

Aber es ist eben gerade der Pluralismus an kulturellen Gegebenheiten und Angeboten, der die einseitig-anthroposophische "Kulturerneuerung" bedrohen könnte. Das eigene Süppchen läßt sich am besten in der Provinz kochen, wo man sich die übermächtigen und ideologisch fragwürdigen Einflüsse der Un- oder Andersgläubigen vom Leib und Geist halten kann.

A-dorf ist sich trotz all dieser Argumente selbst nicht ganz treu geblieben. Von der jetzigen Geschäftsführerin erfuhr ich, daß den neuentstandenen Pärchen nun auch Wochenendausflüge in die Großstadt erlaubt sind.

2.3. Gemeinschaft

An den bisherigen Beschreibungen des dörflichen Alltags dürfte bereits deutlich geworden sein, daß der Stellenwert der Gemeinschaft den des Individuums überwiegt. Dabei hat die Gemeinschaft bindende und erzieherische Funktionen. Leben und Arbeit in einer Gruppe kann zweifellos viele angenehme Seiten haben. Das wurde in A-dorf allen Beteiligten besonders bewußt, wenn jahreszeitlich bedingte Gemeinschaftsaktionen anstanden, wie z.b. das Apfelsaftmosten oder die Kartoffelernte. Eine Behinderte schreibt über die Kartoffelernte im Jahresbericht 1986:

"Walter schleudert die Kartoffeln aus der Erde, dann waren wir alle fleißig beim Klauben. (...) Wir haben viel gelacht, dabei hat uns der kalte Wind in den Hals gepustet, gescherzt und Blödsinn gemacht, dazu noch lustig gerauft. (...) Dann brachten wir die Kartoffeln im Anhänger nach A-dorf, und später wurden sie im Schuppen sortiert."

Eine Gemeinschaft, die sowohl ihren Mitgliedern als auch Teilen der Außenwelt suggeriert, auf ideale und denkbar humane Weise zusammenzuleben und dabei in einzigartiger Weise erstrebenswerte Ziele zu verfolgen, bindet ihre Mitglieder durch Identifikation, Sicherheit und Geborgenheit. Dieses Geborgenheitsgefühl vermag über die tendenzielle Vernachlässigung individueller Bedürfnisse hinwegzutrösten. Das Wohl der Gemeinschaft steht im Vordergrund und verdient persönliche Opfer - wer diese Opfer vorrangig bringt und wer vorrangig von ihnen profitiert, droht dabei schnell in Vergessenheit zu geraten.

Aber es gibt noch einen anderen interessanten Aspekt an der anthroposophischen Neigung zur Gemeinschaftsbildung. "Die sozialen Fähigkeiten und der Sinn für die täglichen Pflichten, ein entscheidendes Ziel unserer Bestrebungen, werden in der Wohngemeinschaft am stärksten gefördert." (Klimm, S.30) Das heißt: Die sozialen Fähigkeiten und das Pflichtbewußtsein sind - vermutlich karmischer - Selbstzweck, und nicht in erster Linie wichtige Voraussetzung für ein enges Zusammenleben, zu dem man sich aus irgendwelchen Gründen oder Notwendigkeiten entschlossen hat (Gegensatz: Lebenshilfe!). Man reift nicht, um zu leben, sondern man lebt, um zu reifen, nicht unbedingt für dieses Leben, vielleicht für ein nächstes; alles in allem aber, um Immatriellerem als dem Leben hienieden nahezukommen. Das gilt auch für die Behinderten, und daran, daß sie um diese Zusammenhänge nicht wissen, soll die Angelegenheit nicht scheitern.

Soziale Fähigkeiten sind auch jetzt schon wichtig, weil sie von der Neigung des Menschen ablenken, sich viel zu viel mit sich selbst zu beschäftigen (vgl. Steiner, zit. nach Rudolph, S.51). In A-dorf galt Egoismus als das schlimmste Laster, und auch in B-dorf hielt mir gleich am ersten Abend der Zivi einen flammenden Vortrag über die Verwerflichkeit von Ich-Bezogenheit und zu vielen eigenen Bedürfnissen. Ich verweise noch einmal auf Steiners Zitat: "Was aus der Sinnlichkeit, aus Trieb, Begierde, Leidenschaft hervorgeht, das will nur dieses egoistische Individuum. Daher muß der Mensch dieses selbstische Wollen in sich abtöten..." (S.75) Menschliche Bedürfnisse zu haben, erinnert an die eigene Körperlichkeit und Triebhaftigkeit, die doch möglichst überwunden werden soll. Die Bedürfnisse sind da, aber es ist so kompliziert und so schrecklich, das sie da sind, und deshalb fällt es Anthroposophen so schwer, zu ihnen zu stehen und sie einzufordern. Um die Peinlichkeit eigener Bedürfnisse abzumildern, verlegt man sich auf die Gegenseitigkeit: Man tauscht sie aus, indem man die "Bedürfnisse beim anderen erspürt"; nur so sind sie moralisch vertretbar. Niemand muß beim Namen nennen, was ihm fehlt, sondern kann in aller Bescheidenheit hoffen, daß der andere den eigenen Notstand erkennt und Abhilfe leistet. Da diese Art der Aufmerksamkeit schwierig ist und nicht immer zur Befriedigung der Bedürfnisse führt, schlägt die hoffende Bescheidenheit mitunter in eine moralisch aufgeladene, fordernde um (was natürlich absurd ist: fordernde Bescheidenheit!), die die anderen unter Druck setzt.

Dieser verklemmte Umgang mit Bedürfnissen bindet die ohnehin schon gut ausgelasteten Energien der einzelnen zusätzlich. Vor allem fragt sich, ob er den geistig Behinderten zumutbar ist. Wäre nicht schon viel gewonnen, wenn jede/r laut und deutlich artikulieren kann, was er/sie will? Die Anthroposophen scheinen in ihrer Panik vor Egoismus zu unterschätzen, wieviele Menschen in ihren Wünschen durchaus fremdbestimmt und unsicher sind, und wie wohltuend es ist, herauszufinden, was einem wirklich wichtig ist. Das hat mit der befürchteten Maßlosigkeit überhaupt nichts zu tun. Bedürfnislosigkeit ist nicht gerade ein Zeichen für Vitalität, sondern kann auch auf innere Leere hindeuten.

3. Kultur und Therapie

Es gibt in anthroposophischen Dorfgemeinschaften eine Vielzahl sogenannter heilsamer Einflüsse, denen vor allem die behinderten DorfbewohnerInnen ausgesetzt sind. Im folgenden Teil werde ich exemplarisch die Eurythmie, die Kunst, die Musik und die Literatur aufgreifen, um zu zeigen, in welcher Absicht und mit welchen ausgewählten Mitteln die Behinderten auf die anthroposophische Linie gebracht werden sollen. Andere Therapiemaßnahmen und Übungen wie Sprachgestaltung, Stimmbildung, Bothmer-Gymnastik und Reittherapie bleiben unberücksichtigt und seien nur der Vollständigkeit halber an dieser Stelle erwähnt.

3.1. Eurythmie

In allen anthroposophischen Institutionen praktiziert, übt und lernt man die sogenannte Eurythmie. So wurden auch in A-dorf sämtliche MitarbeiterInnen und Behinderte allwöchentlich in überschaubaren Gruppen durch den Eurythmie-Unterricht geschleust. An sich waren diese Stunden eine durchaus erträgliche, bisweilen sogar erfreuliche Angelegenheit, denn erstens fanden sie mitten am Nachmittag während der Arbeitszeit statt, und zweitens war die Eurythmielehrerin eine erstaunlich temperamentvolle und fröhliche Person, die bei ihren Besuchen ein Flair von Großstadt mit nach A-dorf brachte und die es uns auch nicht weiter verübelte, wenn wir mitunter Mühe hatten, den sonderbar anmutenden Übungen den erforderlichen Ernst entgegenzubringen.

Allerdings habe ich während all dieser Stunden keineswegs begriffen, was Eurythmie eigentlich wirklich ist und wozu sie gut sein soll. Daß sie jedenfalls nicht zum Ausdruck eigener Gefühle, Stimmungen und Assoziationen dient, wurde mir bereits in der ersten Unterrichtsstunde energisch klargemacht. Wir wurden angehalten, es brav unserer Lehrerin nachzutun und verkörperten auf ihr Geheiß Buchstaben, reichten uns im vorgegebenen Takt Kupferstäbe oder warfen sie uns zu und schritten im Rhythmus erbaulicher Gedichte auf vorgezeichneten Bahnen durch den Raum; kurzum, wir erfüllten einen fremden und rätselhaften Plan, und das tun auch die geistig Behinderten in allen Dorfgemeinschaften.

Was steckt nun wirklich dahinter? Um die tiefere Bedeutung der Eurythmie zu verstehen, muß man wieder auf die anthroposophische Überzeugung zurückgreifen, nach der alles Sein auf Erden und im Kosmos denselben Gesetzmäßigkeiten unterworfen ist. Bei der Eurythmie kommt, genau wie bei der Begründung des Tagesrhythmus, vor allem des Gesetz des rhythmischen

Pulsierens zwischen Polen und Gegensätzen zum Tragen. Die Heileurythmistin Ilse Horny bezeichnet es als "entscheidende Aufgabe in unserem Erdendasein, das unbegreiflich Gegensätzliche in Einklang zu bringen, das scheinbar Feindliche miteinander zu versöhnen." (S.129) Die Eurythmie diene dazu, "das bewegliche Hin und Her, das Verbindende, das Rhythmische zu pflegen" (S.130) und damit einen Beitrag zum Auspendeln des Gleichgewichts im Menschen zu leisten. Dazu setzt sie bei der Sprache an, denn "das kosmische Wort ist der Ursprung alles Lebens!" (S.136) Die Anthroposophie mißt dem "Weltenwort" die eigentliche schöpferische und formende Kraft bei der Entstehung der Welt zu (Daher wird auch bei allen religiösen Zeremonien immer wieder der Prolog des Johannes-Evangeliums aufgesagt: "Im Anfang war das Wort und das Wort war bei Gott und Gott war das Wort..."). "Das göttliche Wort ist gleichsam das ganze Alphabeth, in dem sich zusammengezogen alle Bewegungen des Universums aussprechen." (Horny, S.137)

Um dieser Göttlichkeit nahe zu kommen, zerlegen die Eurythmisten das Urwort, d.h. das Alphabeth in seine Einzelbestandteile: Die Vokale vertreten, gleich den Planeten, den dynamischen Impuls, während die Konsonanten den statischen Impuls repräsentieren wie die Fixsterne des Tierkreises.

Laut Horny bestehen Zusammenhänge zwischen den Strahlungen und Gradiationen des Lichts und der Geometrie einerseits und der Schreibweise der Vokale andererseits. Zum Beispiel: "Dann haben wir winkelförmig auseinanderlaufende Strahlen, gleich dem Winkelzeichen des Lautes 'A'. Oder es bildet sich von einem Zentrum ausbreitend die Kreisform, gleich dem 'O'.(...) A, E, I, O, U: Winkel, Kreuzung, Linie mit Punkt, Kreis und Parallele - die Grundformen der Geometrie." (Horny, S.137 f.)

Die Sprache unterliegt also, wenn man sich dieser Beweisführung anschließen will, demselben geistigen Prinzip, aus dem die Welt hervorgegangen ist, und in das sie dermaleinst geläutert wieder eingehen wird. Auch der Mensch entstammt diesem geistigen Prinzip, welches ihm gewissermaßen den Odem eingehaucht hat, und es dient seiner Vergeistigung, einen guten und dauerhaften Kontakt zu diesem Prinzip aufzubauen. Der Odem, der dem Motor Mensch zum Anspringen verhilft, setzt auch seinen Kehlkopf und die benachbarten Sprachorgane in Bewegung, so daß er "die allerfeinsten, konzentriertesten Körperbewegungen" (dies., S.134) vollbringen kann. Das heißt, der Mensch nimmt Anteil an der Göttlichkeit, indem er befähigt ist, das göttliche Urwort nachzusprechen. Verbunden mit eurythmischer Bewgung geschieht dann folgendes:

"Auf dem Geistwege des Lichtes also strömen in den Vibrationen der Luft die großen Geistmächte zur Erde nieder. Sie senken sich in die Materie, formen die Gestalt des Menschen, pulsieren in seinen Organen, um - im Schnittpunkt des

Kehlkopfes - als Laut, als Wort, als Sprache wiederum nach außen zu tönen. Erweitert und unterstützt durch die sichtbarmachende geisterfüllte Gebärde unserer Gliedmaßen schwingen sie dann in den Weltenäther zurück. (...) Eurythmisierend vermögen wir uns als Mittler zwischen den machtvollen Urbewegungen der Schöpfung und unserem beschädigten, kranken Erdenleib für ein wirkliches Gesunden einzusetzen." (Horny, S.138)

Der eurythmisierende Körper verwandelt sich gleichsam in einen wandelnden Kehlkopf, in ein schreitendes Sprachrohr, in hüpfende Buchstaben: "Der ganze Mensch wird so zum Instrument der Sprache und damit des Geistes." (dies., S.135) Die Unterwerfung des Körpers unter das Primat des Geistes ist perfekt: Die Instrumentalisierung des Körpers geschieht noch nicht einmal für einen handfesten Nutzen, sondern als Selbstzweck; der Geist benutzt den Körper allein zur Selbstverherrlichung und entkleidet ihn damit aller übrigen Möglichkeiten und Wünsche. Von einer Körper-Geist-*Einheit* kann also in der Anthroposophie überhaupt keine Rede sein. Aber wo der Körper seiner Freiheit beraubt ist, schmilzt auch die Freiheit der Gesamtpersönlichkeit: In der Eurythmie läßt der Mensch sein kleines Ego, seine nichtigen Wünsche und Gefühle zurück, um Anschluß an die höheren Welten zu suchen.

Apropos höhere Welten: Die beschriebenen Zusammenhänge sind einzig und allein der "Fähigkeit des übersinnlichen Schauens" (S.131) zu verdanken, die bekanntlich bis dato nur Rudolf Steiner ausüben konnte.

Jedenfalls wird vor diesem geistigen Hintergrund klar, warum sich der Eurythmieschüler keineswegs eigenmächtig, d.h. nach seinem Gefühl und Ausdrucksbedürfnis, betätigen darf, sondern sich demütig dem "unfaßlichen geistigen Geschehen" (Horny, S.137) und der Geborgenheit im kosmischen System hingeben sollte. Das ist überhaupt das Sonderbare an der Eurythmie: Sie stellt die Sprache in den Mittelpunkt einer Bewegungslehre und betont die zentrale Bedeutung der Sprache für das Menschsein, aber niemand außer Gott und Rudolf Steiner hat irgendetwas zu *sagen*. Die Sprache der Eurythmie wird nur für Huldigungen benutzt, sie wird zum Gebet ohne menschliches, sprechendes Subjekt: "Durch die Eurythmie tritt der ganze Mensch als inkarniertes Wort Gottes, künstlerisch gestaltet, in Erscheinung." (Dies., S.142)

Alles ist bereits gesagt - es muß nur noch erfüllt werden. Die Ertötung der Selbstheit wird belohnt durch "Versöhnung, Harmonie und Frieden in und um uns." (Dies., S.131) Tiefenpsychologisch formuliert, kompensiert die Eurythmikerin ihr reduziertes Ich, indem sie sich mit dem unsterblichen, übermächtigen Geist identifiziert und so ihr Ich narzißtisch aufzublähen vermag. Wie sehen nun die Lautgebärden für die einzelnen Buchstaben aus? Anscheinend bleibt nichts dem Zufall überlassen: Die Zusammenhänge, die Horny zwischen der Stellung des Kehlkopfes und des Mundes beim Aussprechen eines Vokals, der Körperbewegung, der Graphik des lateinischen Großbuchstabens und dem angeblichen Wesen des Vokals knüpft, sind durchaus interessant. Ich möchte als Beispiel nur ihre Ausführungen über das "U" zitieren: "Beim letzten Vokal 'U' sind wir am Gegenpol des 'A'angelangt (A-nfang und Schl-u-ß)" - Anfang und Ende? - "Das 'U'zieht die Sprechorgane zu einem schmalen Schl-u-nd z-u-sammen, und eurythmisch werden die Arme zur Parallele zusammengeführt." - Müßte es dann nicht Parallule heißen? - "Es kommt zu einer Festigung und damit zu einer Beruhigung und Kühlung. Wobei nur angedeutet werden kann, daß eine solche konzentrierte Kraft die Richtung wieder nach außen nimmt wie bei den Wörtern Jubel, Wurzel, Wunsch." (S.140) - Aber warum heißt der Jubel dann nicht gleich Jabel? Wo doch das "A" für alles Staunende, Empfangende und Freudige steht (S.139)! Und eine Wurzel wächst doch eigentlich in die Tiefe und nicht nach außen.

Das Alphabeth, die deutsche Sprache und die lateinische Schrift werden mit der Gesetzmäßigkeit des Kosmos in Übereinstimmung gebracht, als sei das alles absolut und in dieser Form vom Himmel gefallen. Ist das nur dumm und ignorant, oder verbirgt sich gar unausgesprochen die Überzeugung dahinter, die deutsche Sprache samt ihrer Schreibweise sei Ausdruck höchststehender Kultur? Im übrigen: Manche Wörter sind in der Tat lautmalerisch, aber die meisten stellen abstrakte Zeichen für Dinge und Zustände dar, die zwar traditionell-historisch gewachsen sind, aber deshalb noch lange keinen tieferen metaphysischen Sinn enthalten müssen.

Es gibt nun drei Variationen der Eurythmie: die künstlerisch-darstellende (die auf der Bühne aufgeführt wird), die pädagogisch-didaktische (die in Kindergärten und Waldorfschulen einen "pädagogischen, harmonisierenden, die Lebenskräfte anregenden und - wo nötig - heilenden Einfluß" (Horny, S.143) auf Kinder ab drei Jahren ausüben soll) und die therapeutisch-hygienische Eurythmie, auch Heileurythmie genannt. Letztere interessiert an dieser Stelle besonders, weil zu den Behandlungsbedürftigen neben somatisch Erkrankten auch geistig Behinderte zählen, deren Beeinträchtigung im Denken als eine physische angesehen wird. Die Heileurythmie versucht dem Ungleichgewicht, das durch Organschäden und Funktionsstörungen im Körper auftritt, durch geeignete, oft wiederholte Gebärden entgegenzuwirken. Die Heileurythmie geht davon aus, daß sich der Körper und seine Organe genauso bewegen wie die Sprachorgane bei der Lautformung, und genau da greifen die eurythmischen Gebärden unterstützend ein.

Das Wesen des Konsonanten "l" beispielsweise bringt das "Flüssige, Lösende, Gestaltende" zum Ausdruck (Horny, S.141), was auch an der Existenz des "l" in Wörtern wie Quelle, lösen und fließen sichtbar wird. Um das "l" gebärdenhaft auszudrücken, "fassen wir (...) mit beiden Armen in der Tiefe die Kräfte zusammen und breiten sie, nach oben hebend, über Schulter und Arme in der Leichtigkeit des Ätherumkreises weit auseinander - um sie wieder fallend zur Erde zurückkehren zu lassen." (dies., S.147) Diese Geste des rhythmischen Zusammenziehens und Ausbreitens entspricht den Kontraktionen der Verdauungsorgane, des Herzens und der Lungenatmung. Die Gebärde, oft und regelmäßig wiederholt, regt den "l"-Prozeß an, "der allen Säftebewegungen zugrundeliegt" (dies., S.148) und wirkt so Ablagerungs- und Verhärtungstendenzen und Rhythmusstörungen im Kreislauf entgegen.

Mit der A-Gebärde (Beine grätschen und die Arme im rechten Winkel über den Kopf ausbreiten) stärkt man den "Gestaltungswillen" einer geschwächten oder deformierten Niere, da ihre sich winkelförmig verbreiternden Gefäße und Leitungsgänge mit dem Winkel im geschriebenen großen "A" und der Lautgebärde korrespondieren.

Seinen Körper bewußt und konzentriert zu bewegen, kann durchaus irgendwelche positiven Wirkungen zeitigen bzw. wird im allgemeinen nicht schaden. Ob allerdings ein gehopstes und laut gesagtes "A" eine Niereninsuffizienz zu beheben vermag und ob es sinnvoll ist, sich im Rhythmus mit den Sternen zu schwingen, können die AnthroposophInnen nicht ohne weiteres beweisen.

Selbstbewußte Bewegung scheint nur als Nachvollzug des kosmischen Systems berechtigt zu sein, nicht aber als Ausdruck der individuellen Befindlichkeit. Seine Würde erhält der Mensch durch die Eingliederung in dieses System mit dem "edelsten Instrument: des von Gott geschaffenen menschlichen Leibes" (dies., S.141), nicht aber durch lustvolle, selbstbestimmte Körperbewegung: "Sie (die Eurythmie, d. Verf.) ist aber auch kein Tanz, der in alten Zeiten zwar von religiösem, gesetzmäßigem Inhalt geprägt war," - was ihm offenbar Daseinsberechtigung verliehen hat - "der aber in seinen heutigen Formen nur (sic!) Ausdruck einzelner Seelenerlebnisse oder gar subjektiver Emotionen (sic!!) ist." (dies., S.130)

3.2. Musik

Musik spielt im kulturellen Leben A-dorfs eine tragende Rolle; aber, um es gleich hinzuzufügen, nur eine bestimmte Art von Musik, nämlich die "echte" (Hauschka, S.49).

Schon im Morgenkreis begibt man sich in A-dorf auf die Suche nach dem Wesen der einzelnen Töne, so wie die Eurythmiker die Sprache in Buchstaben zerlegen, um ihr auf die Spur zu kommen. Steiner hat jedem Wochentag einen sogenannten Tageston zugeordnet; dem Samstag das g, dem Sonntag das a, dem Montag das h, etc. bis zum eingestrichenen f am Freitag. Am Mittwoch beispielsweise wird das d' auf der Leier angeschlagen (Tageston), anschließend besinnt man sich Ton für Ton in absteigender Linie auf das Samstags-g zurück und läßt schließlich den Sext-Intervall zwischen g und d' erklingen. "Dies ist eine unter anderen Möglichkeiten, in das Wesen der Töne und Intervalle tiefer einzudringen. Es ist ein Übungsweg für die Seele, die in der singenden, klingenden Sternenwelt beheimatet ist." (Jahresbericht 1987)

Auch die Musik unterliegt den kosmischen Gesetzmäßigkeiten: Die zwölf Ganz- und Halbtöne der Tonleiter entsprechen den zwölf Tierkreiszeichen, die Schwingung einer Saite funktioniert nach denselben mathematischen Gesetzen wie die Planetenbewegungen etc. Insofern entstammt die Musik ebenfalls höheren Welten, so wie die Sprache, und auch die Musik bietet dem Menschen die Möglichkeit, an ihrem "Himmelsnachklang" teilzuhaben und sich sittlich-moralisch an ihr emporzuranken.

In A-dorf gibt es eine Musiktherapeutin, die mit manchen Behinderten einzeltherapeutisch arbeitet, Instrumentalunterricht erteilt, den Chor und das Orchester leitet und die musikalische Gestaltung bei religiösen Zeremonien, Theateraufführungen, Festen und Konzerten übernimmt. Der therapeutische Aspekt kommt eigentlich immer zum Tragen, sei es auch nur in der allgemeinen Absicht, die Musik als "ein Abbild der geistigen Wirklichkeit" (Steiner, zit. nach Jacobs, S.63) auf die Erde zu holen und dadurch Vergeistigung, Harmonisierung und Reifung im Menschen zu fördern. Denn "jeder Mensch kann erfahren, daß echte Musik ihn zum Guten inspiriert und ihn gleichsam die Herrschaft über das Tier erringen hilft. Dies gilt nicht für die vielfältigen Entartungen der Musik, die das Gegenteil bewirken." (Hauschka, S.49) Das Wort "Entartung" reizt zu einem Blick ins Lexikon; dort steht: "Entartete Kunst, während der nat.-soz. Herrschaft offizielle, auf der Rassentheorie beruhende Bezeichnung für nahezu das gesamte moderne Kunstschaffen. Viele Werke wurden als 'artfremd', 'ungesund', 'entartet' zerstört oder beschlagnahmt..." (Meyers neues Lexikon, 1979, Band II) Aber dazu später. Zunächst möchte ich mich der zahlreichen erfreulichen Aspekte des musikalischen Lebens in den Dorfgemeinschaften annehmen.

Sowohl in A-, als auch in B-dorf ist es nicht üblich, sich während der Arbeit oder des Essens in irgendeiner Form zu beschallen, d.h es dudelten keine Radios vor sich hin - was zumindest den Nachteil hatte, auch auf Nachrichten, Reportagen und Wortsendungen verzichten zu müssen und sich damit informationsmäßig von der Außenwelt weitgehend abzuschneiden, da man im prall gefüllten Arbeitsalltag auch wenig Gelegenheit zum Zeitunglesen hatte. Die Musik wird fast ausschließlich selber produziert oder live in Konzerten angehört. Da Musik als etwas gleichsam heiliges angesehen wird, bringt man ihr konzentrierte Aufmerksamkeit entgegen: "Ein In-sich-gegründet-Sein, Ganz-bei-sich-Sein einerseits, aber andererseits gänzliche Hingabe an das zu Erlauschende." (Jacobs, S.58 f) Die elektroakustische Wiedergabe von Musik - und sei sie technisch und musikalisch noch so brillant - wird als Imitation von den echten Schallwellen und als unbelebt empfunden, denn es findet kein Kontakt und Austausch zwischen Musiker und Publikum statt. Folglich bemühen sich viele Dorfgemeinschaften sowohl aktiv als auch passiv um ein hohes musikalisches Niveau, um sich relativ häufig gute, "bewußtseinserweiternde" Hörerlebnisse verschaffen zu können.

So veranstalten manche Dorfgemeinschaften regelmäßig klassische Kammerkonzerte, zu denen MusikerInnen von außerhalb engagiert werden. In Sassen treten sogar namhafte MusikerInnen auf, so daß die Konzerte zur Attraktion in der ganzen Region geworden sind. Herr Eisenmeier sagte, das Publikum sei inzwischen so anspruchsvoll, daß es manche Musiker mit großem Sachverstand als zweitklassig entlarven würde ("Das merkt man am verhaltenen Applaus."). Auch in A-dorf nimmt man an Konzerten in der Umgebung teil und holt sich von Zeit zu Zeit Kammermusiker ins Dorf.

Aber viele geistig Behinderte hören nicht nur gerne Musik, sondern machen sie auch mit Begeisterung selber. Manche lernen ein Instrument und spielen nach Noten, andere kommen durch die Musiktherapie mit Instrumenten in Berührung. Der Einsatz der Musik für therapeutische Zwecke erfolgt mit großer Behutsamkeit, da die zahlreichen Gesetzmäßigkeiten und Zusammenhänge, die nach anthroposophischer Auffassung zwischen Musikinstrumenten, Körperorganen, psychischer Verfassung, Spielweise und Klang bestehen, beachtet werden müssen. Daher spielt bei der Instrumentenauswahl die Neigung des Behinderten mitunter keine Rolle. Mir liegt eine Brief von Frau P. vor, die den Umgang mit der Musikalität ihrer Enkelin am Georgenhof wie folgt kritisiert: "Ihre Blockflöte verschwand sofort und wurde erst bei der Rückreise zurückgegeben. Es gab nur Unterricht auf einer Art Leier. Musikunterricht = Null."

In vielen Dorfgemeinschaften gibt es ein Orchester, das einmal in der Woche abends probt. Die meisten Behinderten spielen auf Zupf-, Streich-, Blas- und Schlaginstrumenten, die anthroposophische MusiktherapeutInnen entwickelt oder wiederentdeckt haben und die es den Spielenden ermöglichen, ohne allzu anspruchsvolle Spieltechnik wohltönende Klänge, Töne und Harmonien zu erzeugen. Eine 14-köpfige Musikgruppe aus A-dorf hatte im März 1991 die Gelegenheit, beim Schulkonzert eines Gymnasiums in einer nahegelegenen Stadt mit einer freien Improvisation aufzutreten: "Als letzter Programmpunkt vor der Pause stand da 'Freies Spiel und musikalische Gespräche in drei Sätzen -

Lebensgemeinschaft ... (A-dorf)'. (...) Jeder hatte wahlweise verschiedene Instrumente vor sich und versuchte, durch Töne, Rhythmen, durch ein Instrument hindurch zu sprechen, aber eben ohne Worte und auch ohne Noten, ganz frei. Was man mit Worten nicht sagen kann, ist über die Musik möglich. Daß fast jeder der Spieler im Sprachbereich behindert ist, davon konnte der Zuhörer nichts ahnen. Es war für ihn unmittelbar zu erleben, mit welcher Begeisterung unsere Betreuten dabei sind. Frei spielen heißt nun nicht, daß jeder tun und lassen kann, was er will. In der Vorbereitung haben wir geübt, uns gegenseitig wahrzunehmen, uns zuzuhören, und wir haben uns musikalische Grundelemente erarbeitet. Auch das freie Spiel hat seine Gesetzmäßigkeiten, die beachtet werden wollen. (...) Es wäre undenkbar, solch eine Improvisation in einer Partitur notenmäßig festzuhalten. Es hätte auch gar keinen Sinn. Man lebt ganz im schöpferischen Prozeß, im Werdenden, noch Unfertigen, und das macht die Lebendigkeit dieser Musik aus." (Jahresbericht 1991)

Auch das gemeinsame Singen wird gepflegt. In A-dorf singen die Betreuten einmal wöchentlich im Chor: Nach Atem- und Einsingübungen lernen sie einstimmige Lieder, die mit der Leier oder auf dem Klavier begleitet werden. "So bereichern die Instrumente unseren Gesang, denn zur Mehrstimmigkeit oder zum Kanonsingen bringen wir es so gut wie nicht. Als Zuhörer würde man vielleicht sagen: 'Naja, schön klingt euer Gesang ja gerade nicht.' Aber was macht's, alle sind mit dem Herzen dabei und haben Freude an der Musik." (Jahresbericht A-dorf 1987)

Wahrscheinlich trifft diese Einschätzung der Musiktherapeutin tatsächlich auf die meisten Behinderten zu, obwohl das Liedgut auf deutsche bzw. ins Deutsche übersetzte Volkslieder, geistliche Lieder und die seltsam emotionslosen anthroposophischen Weisen mit ihren ehrfürchtig-ergebenen Texten beschränkt ist. Flotte Rhythmen und Liedtexte, die von Liebe, Alltag oder Politik handeln, oder einfach lustige oder gar alberne Verse erklangen in A-dorf nicht. Es kam fast einem Sakrileg gleich, mit den Betreuten die falschen Lieder anzustimmen. Besonders Popmusik fiel unter die "entartete" Musik, und das machte vielen Behinderten, besonders wenn sie neu ins Dorf kamen, schwer zu schaffen. Denn viele waren mit Popmusik aufgewachsen, manche kannten sogar ellenlange Texte von den Beatles oder Elvis Presley auswendig, aber sie durften "ihre" Musik weder hören noch musikalisch reproduzieren. Der Besitz von Plattenspieler, Radio und Cassettenrekorder war damals nicht erlaubt - ein Verbot, das zum Glück mittlerweile aufgehoben wurde. Auch in B-dorf gibt es Behinderte, die eigene Tonwiedergabegeräte besitzen. Aber damals war in A-dorf sogar beim Singen mit einzelnen Betreuten während der Arbeit Vorsicht geboten. Die Behinderte A. und ich hielten es jedenfalls für klüger, unseren schwungvoll geschmetterten Lieblingssong "Close your eyes and I'll kiss you.."

zu unterbrechen, wenn sich die Schritte der Hausmutter unserer Bügelstube näherten.

Die Hauseltern begründeten ihr Verbot mit der allzu starken Erregung, die von der Popmusik ausginge. (Als ob eine Symphonie von Beethoven, Dvořák oder Mahler nicht erregend und aufwühlend wäre!) Auch die Argumentation Herrn Eisenmeiers wider die Popmusik blieb vage:

"Seelenkräfte und Popmusik...Das ist wie mit Fastfood, nicht? Sie können sich mit Fastfood vollstopfen oder mit Vollwertkost (...). Und Popmusik ist eben keine Seelennahrung."
K.T.: "Es gibt unglaublich gute Popmusik, ich würde sie nie mit Fastfood vergleichen!"
Eisenmeier: "Nunja...es kommt darauf an..."
K.T.: "Und Jazz!"
Eisenmeier: "Ja, sicher, es gibt einen guten Jazz. (...) Wir haben mal eine musikalische Band hier gehabt, und wir haben eine Trommelband aus Afrika hier gehabt, solche Sachen kommen schon vor, aber man muß halt achtgeben, daß die Betreuten nicht aus dem Gleichgewicht geraten."
K.T.: "Ich habe noch nie erlebt, daß Behinderte bei Popmusik aus dem Lot geraten sind."
Eisenmeier: "Das sagen Sie!"
K.T.: "Ich kenne manche Behinderte, die ab und zu Lust haben, tanzen zu gehen, in die Disco, so wie unsereins."
Eisenmeier: "Wir haben alle sechs Wochen Gesellschaftstanz."

Ich denke, es geht im Grunde gar nicht um den Beweis der Schädlichkeit von Pop und Rock im Interesse der Behinderten, sondern um eine generelle Ängstlichkeit der anthroposophischen BetreuerInnen im Umgang mit einer breiten und vielfältigen zeitgenössischen musikalischen Ausdrucksform. Was Popmusik betrifft, sind orthodoxe Anthroposophen nur eine unter vielen weltanschaulichen Gruppen, die deren direkte Emotionalität, den rebellischen Rhythmus und die sexuellen Anspielungen fürchten. Also klammert man sie lieber aus. Und die Behinderten können sich damit trösten, daß sie in den Ferien zuhause in Ruhe ihrem eigenen Musikgeschmack - und sei es ein schlechter - frönen können, vorausgesetzt, daß sie sich diese Eigenständigkeit erhalten haben.

Das musikalische Leben in den Dorfgemeinschaften mag vielschichtig und niveauvoll sein und mit bewundernswertem Engagement gepflegt werden, aber es ist nicht frei von moralischer Nötigung und Bevormundung. Auch hier wird die Bereitschaft deutlich, die Selbstbestimmungsrechte der Behinderten zugunsten des eigenen Menschenbildes samt seiner hehren Absichten der geistig-seelischen Vervollkommnung und sittlichen Reifung zu beschneiden.

3.3. Kunst und Kunsttherapie

Dem künstlerischen Gestalten mit Farbe, Ton und anderen Materialien wird eine vergleichbare heilsame Wirkung zuerkannt wie der Musik. Geist und Seele würden erfrischt und bereichert durch die Empfänglichkeit des Menschen für die "erhabene Schönheit der Welt" (Hauschka, S.45). Gerade in unserer mechanisierten Zeit, führt Hauschka aus, bestünde die Notwendigkeit, die Schönheit sinnlich wahrzunehmen und damit der intellektuellen Überlastung und der Reizüberflutung durch zivilisationsbedingte Häßlichkeit entgegenzuwirken (vgl. dies., S.42 f).

Was aber verstehen Anthroposophen unter Schönheit? Anthroposophische Architektur, Design, "Mode", Malerei und Graphik beruhen auf einem unverwechselbaren Stil, der entfernt an den Jugendstil erinnert und den ich hiermit zur Geschmacksfrage erkläre, über die ich nicht streiten will. Umso mehr drängt sich die Frage auf: Warum gerade so? Warum soll nur diese eine ästhetische Form den Kriterien der Schönheit entsprechen? Warum muß ein Kerzenleuchter, ein Tisch, eine Obstschale und das Gemälde einer Waldorfschülerin zehn Kilometer gegen den Wind als anthroposophisches Produkt zu erkennen sein? Der systemeigene Stil ist ein für jeden Insider identifizierbares Zeichen, er schafft Zusammengehörigkeitsgefühl und löst auch für den geschmacksunsicheren Anthroposophen manches Gestaltungsproblem. Es ist nicht nur das Wahrheitsmonopol, das dem Neuling oft den Atem stocken läßt, sondern auch die arrogante Verabsolutierung der Schönheit.

Aber hat die Kunst nach anthroposophischer Auffassung noch eine andere Funktion als schön zu sein? "Im Malen bringen wir ein inneres Bild in die äußere Erscheinung, und die Anregung dazu nehmen wir aus den Eindrücken der Außenwelt oder aus innerlich aufsteigenden Bildern." (Hauschka, S.50 f.) Klingt nicht schlecht! Diesen Satz könnten wohl auch die Impressionisten, Surrealisten oder Tachisten unterschreiben, ob sie nun gegenständlich malen oder abstrakt. Warum aber sehen sich dann die Kinderbilder in der Waldorfschule alle so ähnlich? "Wer mit den musischen und künstlerischen Fächern verbindet, daß die Kinder hier ihre eigenen Gefühle ausdrücken dürfen oder gar sollen, irrt." (Rudolph, S.63)

Das Selbermalen spielte in den Dorfgemeinschaften, in denen ich mich aufgehalten habe, keine besonders große Rolle. Was ich aber beobachtet habe bei gelegentlichen Malaktionen, stimmt mit Rudophs Erfahrungen überein:

"Waldorfschüler sollen den Farben ihre anthroposophisch definierten Eigenschaften 'ablauschen', sich vom Holz oder Ton 'erzählen lassen, was diese wollen'." (S.63) Die Behinderten in A-dorf erhielten z.b. die Aufgabe, ein "großes" Blau mit einem "kleinen" Gelb zu malen. Das war nicht viel mehr als eine Beschäftigung, die den sachgemäßen Umgang mit Pinsel und Farbe schult, und vielleicht noch eine Wahrnehmungsübung: Wie wirkt soviel Blau, sticht das Gelb hervor oder tritt es zurück? Die fertigen Bilder jedenfalls glichen sich fast wie ein Ei dem anderen.

Auch im Bericht aus A-dorf über das Plastizieren vermißt die Leserin die kreative Eigenleistung: "Ich stelle zum Beispiel als Aufgabe, eine Kugel aus einem kantigen Stück Plastilin zu formen. Da kann man gleich von mehreren hören: 'Ach, das habe ich gleich.' Doch es zeigt sich dann auch für die Stärkeren, daß das eine besonders schwierige Aufgabe ist. Der Plastilinklumpen soll in beide Hände genommen werden, und von der Höhlung der Hände, nicht von den Fingern, gedrückt und gerundet werden. Es ist dabei nicht so wichtig, ständig mit den Augen zu kontrollieren, ob es schon gerundet ist, vielmehr soll das Fühlen und Tasten im Vordergrund stehen. (...) Aus der Kugel werden in weiteren Schritten andere Formen herausgearbeitet, z.B. Schalenformen, später auch alle Arten von Tierformen." (Jahresbericht 1987) "Innere Bilder" bleiben bei dieser Verfahrensweise höchstwahrscheinlich in der Versenkung.

In Sassen leben neben Behinderten und BetreuerInnen auch Künstler - ein Maler, ein Bildhauer, ein Plastiker, die teils an ihren Kunstwerken, teils mit den Betreuten arbeiten ("Das sind allerdings keine Künstler, wie Sie sie auf der Dokumenta sehen." - Eisenmeier im Interview). Es gibt in Deutschland einige anthroposophische Ausbildungsstätten für Kunsttherapie, z.B. in Ottersberg bei Bremen oder in Nürtingen. Die dort gelehrte Form der Kunsttherapie beruht auf der Theorie, daß das aktive Erleben der Schönheit im Menschen Produktivität hervorruft und Fähigkeiten entwickeln hilft, die zu neuer Stärke und Selbstbewußtsein führen (vgl. Hauschka, S.51). Diesen Effekt beschreibt auch Gertraud Schottenloher in der Darstellung ihrer Gestaltungstherapie. Sie geht allerdings einige Schritte weiter: Ihre Klientel (Kinder und Jugendliche) haben die Möglichkeit, malend ihre Gefühle und (meist familiären) Konflikte zu artikulieren und affektive Stauungen und blockierte Gefühle freizulegen. Das geschieht im Vorgang des Malens, aber auch durch tiefenpsychologische Analyse der Bilder, die die Bewußtmachung und Aufarbeitung der individuellen Problematik in Gang setzt (vgl. Schottenloher, S.10 ff. und S.42 f.).

Die anthroposophische Kunsttherapie hingegen setzt auf die Schärfung der Wahrnehmungsfähigkeit, die der Seele das ästhetische Empfinden zurückgibt, und darüber hinaus auf die allgemeine Stärkung der Beziehung zur Umwelt. Mit anderen Worten: Wer sich für die Dinge und Menschen um sich herum interessiert, steht wieder im Leben. Dabei, so betont Hauschka, werden die künstlerischen Arbeiten des Patienten nicht für eine Diagnose ausgewertet, so daß der Patient "in seiner Persönlichkeit unangetastet bleibt." - Typisch! Nur keine Nähe aufkommen lassen! Jeder ist allein! Hauptsache, er hält still in watteweicher Harmonie. "Die therapeutische Führung spielt sich rein im Künstlerischen ab, so daß die innere Freiheit und Unbefangenheit der Seele gewahrt bleibt." (beide Zitate Hauschka, S.54) So weit sie vorhanden sind! Ist die Bezeichnung Therapie nicht etwas hochgegriffen, so lange Menschen lediglich zur Ausübung schöpferischer Tätigkeit motiviert werden, sich für ihre psychische Problematik, die durch Kreativitätsblockaden angezeigt wird, aber niemand interessiert? Fällt diese Art von künstlerischer Beschäftigung nicht eher in den pädagogischen Bereich? Schottenloher warnt zu Recht vor dem inflationären Gebrauch des Begriffs Therapie: "Jedoch ist Vorsicht geboten, wo vor allem der kunsttherapeutische Ansatz zu einer Modeerscheinung wird, die das uralte Gestaltungsbedürfnis des Menschen, das heute wenig Erfüllung findet, vermarktet." (S.12)

In A-dorf war zu meiner Zeit ohnehin niemand kompetent, was kunstpädagogische oder gar kunsttherapeutische Anleitung betraf, und einer solchen wurde auch kein großer Wert beigemessen. Nach Gefühl und Wellenschlag betraute man gelegentlich irgendeinen Zivi oder Praktikanten, mit einem besonders schwierigen und behandlungsbedürftigen Behinderten zu plastizieren oder zu malen, weil man offenbar der Ansicht war, jeder könne das, wenn er die heilsame Wirkung der Gestaltungsmethode erkannt hat. Diese "Einzeltherapien" schliefen allerdings schnell wieder ein, weil niemand sie besonders ernstnahm; entsprechend wurden Termine vergessen, der Zivi anderweitig eingespannt etc.

Eine Förderung künstlerischer Begabungen und Interessen fand in A-dorf ebenfalls nicht statt. Es ist schade, wenn diese Chance vertan wird, denn die Behinderten profitieren nicht nur von der lustvollen kreativen Eigenleistung und der in ihr schlummernden Möglichkeit zu Selbstbewußtsein und Selbstfindung, sondern der künstlerische Ausdruck von Gefühlen und Erlebnissen ist gerade für sprachlich gehandicappte Behinderte auch ein Mittel zur Kommunikation - ganz zu schweigen vom Kunstgenuß, um den die BetrachterInnen gebracht werden. Nicht umsonst erregen die Arbeiten geistig behinderter MalerInnen wie Georg Paulmichl und die Hamburger Künstlergruppe "Die Schlumper" immer mehr öffentliches Interesse.

3.4. Literatur

Bisher habe ich drei Bereiche des kulturellen Lebens in anthroposophischen Dorfgemeinschaften gestreift und festgestellt, daß Eurhythmie, der Umgang mit und die Betätigung in der Musik und bildenden Kunst einen strengen Auftrag zur geistig-moralischen Reifung erfüllen sollen, da sie mit ihren jeweiligen Mitteln eine direkte Verbindung zu jenem höheren geistigen Prinzip herstellen, mit dem die Menschenseele dermaleinst wieder verschmelzen will. Die kulturellen Aktivitäten dienen also niemals der bloßen Unterhaltung oder dem Ausdruck eigener Gefühle und Erlebnisse, sondern schreiben Gestaltung und Empfindung vor.

Ich möchte in diesem Kapitel zeigen, daß dieses Muster auch auf den literarischen Sektor zutrifft.

Wie auch in der Waldorfschule bezieht man in den Dorfgemeinschaften geistige Nahrung aus Märchen und Sagen, die in A-dorf noch durch die verhältnismäßig modernen Erzählungen von Selma Lagerlöf ergänzt wurden. Vorgelesen wurde häufig am Familienabend, der freitags stattfand, und an verregneten Sonntagen. In A-dorf wurde eine Zeitlang jeden oder jeden zweiten Sonntag vormittag das ganze Dorf versammelt, um sich im großen Saal gemeinsam verzauberter Märchenstimmung hinzugeben.

In B-dorf war das familiäre Vorlesen in den allabendlich stattfindenden Abendkreis integriert. An dem Abend, als ich daran teilnahm, steckte man gerade mitten im "Parzifal" von Wolfram von Eschenbach, seines Zeichens auch eine Pflichtlektüre in den höheren Waldorfklassen; allerdings schien niemand die Fülle der beschriebenen Ereignisse ganz zu überblicken, so daß die Vorbereitungen wesentlich länger dauerten als das eigentliche Vorlesen: "Alle setzen sich auf Sofa, Stühle etc. Dann rekonstruiert der Zivi, wie weit sie den Parzifal das letzte Mal gelesen haben. Die geschilderten Verwicklungen reizen zum Lachen - ich bin allerdings auch ziemlich ignorant -, ständig wird jemand gemeuchelt, verwechselt, verstoßen und versöhnt. Fast wie Lindenstraße! Manche Behinderte korrigieren im Zweifelsfall die Namen der HeldInnen. Die Hausmutter will anfangen zu lesen, aber es dauert ziemlich lange, bis sie die richtige Stelle gefunden hat, der Zivi läuft immer wieder zu ihr und nimmt ihr das Buch weg, um zu blättern und zu suchen. Die anderen scheinen sich zu langweilen, verhalten sich aber sehr diszipliniert. Schließlich wird eine kümmerliche Seite vorgelesen. Ich frage mich, was um alles in der Welt diesen Aufwand rechtfertigt." (Protokoll B-dorf)

Die Antwort hat, wie nicht anders zu erwarten war, Rudolf Steiner parat. Er meint eine lebenswichtige Beziehung zwischen Mensch und Märchen/Sagen erforscht zu haben, die er folgendermaßen begründet: Tief in der menschlichen

Seele schlummere ein Urwissen um die großen geistigen Zusammenhänge, die die Existenz und den Sinn des Kosmos und die Bestimmung des göttlich-geistigen, in der Entwicklung begriffenen Kerns des Menschen betreffen. In früheren Zeiten der Weltenentwicklung verfügte der Urmensch über gewisse ursprüngliche hellseherische Fähigkeiten, die ihm ein Bewußtsein über diese Zusammenhänge verliehen; dafür war sein Selbstbewußtsein noch unterentwickelt, d.h. seine Vernunft, sein Gefühl und sein Wille (vgl. Steiner a, S.18 f). "Verwandt fühlte sich die Menschenseele mit dem, was geistiges Dasein ist. Sie fühlte mehr oder weniger bewußt die inneren Kämpfe, die sie zu durchleben hatte, ohne sie zu verstehen, und prägte sie aus in Bildern, die daher nur eine entfernte Ähnlichkeit mit dem haben, was sich in den Untergründen der Seele abspielte." (Steiner a, S.20) Das hellseherische, aber einfache Volksgemüt suchte also Bilder, um ahnungsvoll das höhere Wissen und die Konflikte des Menschen mit diesem höheren geistigen Prinzip auszudrücken - und aus den Bildern entstanden Märchen. Steiner betont, die Märchen entstammten keineswegs irgendeiner Volksphantasie; vielmehr haben wir es hier einmal mehr mit Botschaften aus den höheren Welten zu tun, die von Menschen dann in poetische und uneindeutige Bilder gekleidet wurden, "...weil man fühlt, wie unmöglich alles andere ist, um aus diesen tiefen Quellen heraus zu sprechen." (Steiner a, S.10) Obwohl der Mensch sich heute relativ weit von diesem Urwissen entfernt hat, verspüre er doch gelegentlich einen unbestimmten Hunger nach diesen verborgenen Seeleninhalten, der ihn dann nach dem Märchen- oder Sagenbuch greifen läßt.

Mit dieser Auffassung des Märchens gesellt sich Steiner zu den sogenannten "Mythologen" unter den Märchenforschern, Leute, die in Märchen zeitlose, tiefe, unbewußte Wahrheiten und Heilsbotschaften sehen, und die ungeachtet aller Ursprungs- und Tradierungslinien Märchen mit Mythen gleichsetzen. Auch die Gebrüder Grimm schrieben (und es ist nicht unwahrscheinlich, daß Steiner diesen Text gekannt hat): "Gemeinsam allen Märchen sind die Überreste eines in die älteste Zeit hinausreichenden Glaubens, der sich in bildlicher Auffassung übersinnlicher Dinge ausspricht. Dies Mythische gleicht kleinen Stückchen eines zersprungenen Edelsteines..." (zit. nach Doderer, S.38) Die Gebrüder Grimm sammelten die deutschen Märchen während der französischen Besatzung Kassels, durch die sie das deutsche kulturelle Erbe bedroht sahen; gleichzeitig entstand mit dem Wiener Kongreß deutsches Nationalbewußtsein. Nimmt man den Hang der Romantiker hinzu, die scheinbar überschaubare Welt des Mittelalters heraufzubeschwören und die Literatur mit zauberhaft-magischen und phantastischen Zügen zu bereichern, dann wird ihre Absicht historisch verständlich. Sie wollten den "Geist des Volkes" tradieren, an "Anschauungen und Bildungen der Vorzeit" und an die verschüttete germanische Mythologie erinnern - und gleichzeitig ein nationales Erziehungsbuch in Form der Kinder- und Hausmärchen vorlegen (vgl. Doderer, S.35).

Aber auch für andere Märchenforscher und -sammler scheint die Versuchung groß zu sein, Märchen für weltanschauliche, pädagogische, politische und psychologisch-aufklärerische Zwecke zu instrumentalisieren. Steiner tut das in zweierlei Hinsicht. Zum einen vereinnahmt er sie als Beweismittel für sein weltanschauliches System; er suggeriert, die Märchen existierten einzig zu dem Zweck, seine Theorie zu bestätigen: "Diese Dinge kann man alle genauer in der 'Geheimwissenschaft' nachlesen - und auch einsehen. (...) Damals, als sie gefunden und von mir niedergeschrieben worden sind, das heißt, gefunden wurden sie nicht, als sie gerade in der 'Geheimwissenschaft' von mir niedergeschrieben wurden, aber als sie sozusagen für mich gefunden wurden und dann niedergeschrieben worden sind," - Karl Valentin läßt grüßen! - "da war mir - und das ist das Persönliche, was ich einfügen möchte - jenes Märchen ganz unbekannt, und ich kann es sehr genau konstatieren, daß es mir ganz unbekannt war, da ich es erst später in der 'Völkerpsychologie' von Wundt fand, dessen Quellen ich dann erst weiterverfolgt habe." (Steiner a, S.26)

Zum anderen erklärt er Märchen zur idealen Seelennahrung für Kinder, und auch hier finden sich Paralellen zu den Intentionen der Gebrüder Grimm: "Nun hat sich im Gefolge des romantischen Denkens, ganz besonders bei den Brüdern Grimm, die Suche nach den Märchen (als Rest einer uralten Mythologie) sehr eng verbunden mit der Suche nach einem neuen Konzept von Kindheit, in das symbolhaft die Idee einer besseren Menschheit einging; es ging um die Utopie eines reinen Kinderstatus. Das Kind als ein noch nicht durch Fremdeinflüsse zurechtgestutztes Wesen könne mit Hilfe der Märchen leichthin wieder an den mythischen Born angeschlossen werden, ja es bewahre ihn, gewissermaßen unbewußt, in sich." (Doderer, S.34)

Und bei Steiner heißt es: "Und weil im Kinde die menschliche Wesenheit in einer noch ursprünglicheren Art mit dem Gesamtdasein, mit dem Gesamtleben zusammenhängt, deshalb braucht auch das Kind als Nahrung für seine Seele Märchen. Freier noch kann sich im Kinde das bewegen, was geistige Kraft darstellt." (Steiner a, S.38)

Die Anthroposophin Angelika Kohli stellt in ihrem Aufsatz "Das Märchen in der Waldorfpädagogik" Steiners Einordnung des Märchens in die anthroposophisch definierten Entwicklungsstufen des Kindes vor (vgl. S.198 f). Damit wird einmal mehr die Schematisierung des vermeintlichen Individuums in kosmischen Strukturen deutlich gemacht, und damit das Ausmaß der Fremdbestimmung der minderjährigen bzw. geistig behinderten Objekte anthroposophischer Erziehungsversuche.

Der Märchenkonsum wird zum Muß. Die Definition des Kindes und die Definition des Märchens müssen unumgänglich ineinandergreifen. Das zeigen Bemerkungen Steiners, die Charlotte Rudolph in den "Konferenzen Band I" aufgetan und ausführlich zitiert hat. Ich möchte sie an dieser Stelle noch einmal aufgreifen, um zu beweisen, wie pauschal Märchen aus verschiedenartigsten Epochen und Regionen - auch nach fast gewalttätig zu bezeichnenden Bearbeitungen - als Quell ewiger Weisheit auf ein Podest gehoben werden, und wie radikal Steiner seine Vorstellung vom Kind und vom Märchen in sein Denksystem hineinverzweckt. Er spricht in besagter Konferenz über ein Mädchen, das keine Gedichte und Märchen mag, was, wie Rudolph anmerkt, "ja eigentlich gar nicht möglich ist, weil es hier un die aus der geistigen Welt stammenden Imaginationen geht." (S.164) Entsprechend hart fällt Steiners Urteil über das Ich der Schülerin aus: "Das Mädchen L.K. in der 1. Klasse; da wird irgendeine recht schlimme Verwicklung da sein mit dem ganzen Inneren. Da wird auch nicht viel zu machen sein. Das sind diese Fälle, die immer häufiger vorkommen, daß Kinder geboren werden und Menschenformen da sind, die eigentlich in bezug auf das höchste Ich keine Menschen sind, sondern die ausgefüllt sind mit nicht der Menschenklasse angehörigen Wesenheiten. Seit den neunziger Jahren schon kommen sehr viele ichlose Menschen vor, wo keine Reinkarnation vorliegt, sondern wo die Menschenform ausgefüllt wird von einer Art Naturdämon. Es gehen schon eine ganze Anzahl alte Leute herun, die eigentlich nicht Menschen sind, sondern naturgeistige Wesen und Menschen nur in bezug auf ihre Gestalt. Man kann nicht eine Dämonenschule errichten." (Konferenzen Band I, S.70) Das Kind wird am Märchen und damit an Steiners Theorie gemessen und nicht umgekehrt. Von menschlicher Freiheit - z.B. der Freiheit des Geschmacks - und Individualität in der Pädagogik kann also keine Rede sein, ganz zu schweigen von der bedingungslosen Liebe zum Kind. Immerhin finden keine Exorzismusversuche statt, sondern das Dämonenkind wird "nur" seinem Schicksal überlassen. Man stelle sich nur einmal die hilflose Situation eines Kindes im Angesicht eines konsequenten anthroposophischen Erziehers vor, das sich arglos zu seiner Abneigung gegen bestimmte Märchen bekennt. Das braucht nur ein Mädchen mit jüngeren Geschwistern zu sein, das sich durch die ewige Floskel "Aber die Jüngste war die Allerschönste" benachteiligt fühlt und das vom Widerwillen gegen alle Märchen gepackt wird, in denen nur das jüngste Geschwister die schöne Seele hat, sein Glück macht und im Mittelpunkt steht.

Was die poetische Seite des Märchens, abseits aller ideologischen Funktion, betrifft, so räumt Steiner dem Märchen durchaus einen ästhetisch-künstlerischen Wert ein, den man auch genießen kann, wenn man von der unbewußten Reaktion der Seele auf die mythisch-hellsichtigen Botschaften nichts ahnt (vgl.

Steiner a, S.14). Aber mit diesem Aspekt hält er sich nicht lange auf, denn sonst hätte er dem Märchen künstlerische Freiheit zugestehen müssen, und das wiederum hätte ihre Verwertbarkeit für seine Theorie geschmälert. Doderer vermutet: "Das ästhetische Gebilde und das, was es auszustrahlen vermag, zerrinnt bei der Frage nach seinem Gebrauchswert." (S.38) Dieser Gedanke liegt bei Steiner besonders nahe, da er jeden Ausdruck von Kunst funktional in seine Weltanschauung miteinspannt oder als seelen- und wertlos verwirft, anstatt ihn als Selbstzweck zu akzeptieren oder gar zu genießen.

Ich denke, eine sinnvolle und produktive Auseinandersetzung mit Märchen ist heutzutage nur möglich, wenn man sie in erster Linie als literarische Kurzerzählung anerkennt. Interpretationen sind interessant und erhellend, aber ebenso veränderbar und aktualisierbar wie die Märchen selber, und sie sollten aus vielerlei Perspektiven erfolgen (z.B. aus der literaturwissenschaftlichen, kulturhistorischen, anthropologischen, psychoanalytischen Perspektive). Märchen als poetische Gebilde anzuerkennen heißt, sie zuallererst als bunte, spannende, dichte und faszinierende Geschichten anzusehen, die sich mit der ganzen Palette menschlicher Eigenschaften, Defizite und Entwicklungsmöglichkeiten befassen - und zwar durchaus im Wandel der Zeiten. Moralschwänze, Happy-endings, Grausamkeiten und die jeweiligen Tugenden variieren von Märchen zu Märchen, und erfuhren je nach Zeitgeist und Herkunftsland, je nach pädagogischen und moralischen Absichten der Tradierer einschneidende Veränderungen. Manche Märchen sind so rassistisch, sinnlos brutal und frauenverachtend, daß man sie nicht lesen kann ohne zu erröten vor Scham und Wut (z.B. "Der kleine Mohr und die Goldprinzessin" von Volkmann-Leander oder viele der Bechstein-Märchen). Scherf belegt, wie, vermutlich aus Gründen der Wohlanständigkeit, der "Froschkönig" und "Dornröschen" von den Gebrüdern Grimm gekürzt und somit um den zweiten, deutlich emanzipatorischen Teil der Handlung gebracht wurden (vgl. S.76). In der deutschen Fassung von "Aschenputtel" stehen Tugenden wie Fleiß, Demut und Bescheidenheit, wahrscheinlich aus erzieherischen Gründen, im Vordergrund, wohingegen derlei für das Schicksal des russischen Aschenputtels überhaupt keine Rolle spielt (Nitschke, S.84 f).

Da Märchen nicht vom Himmel gefallen sind, da eine Gleichsetzung von Märchen und Mythos wissenschaftlich nicht haltbar ist (vgl. Haas, S.14), da Märchen moralisch, pädagogisch, religiös und politisch intendierten Modifikationen und Manipulationen unterworfen sind - ganz zu schweigen von der dichterischen Freiheit der Autoren und Tradierer -, halte ich es für legitim und sinnvoll, mit Märchen auch heute kreativ und spielerisch umzugehen: die Spannung zu genießen, sich zu gruseln, sich zu identifizieren, sie nachzuspielen, die Phantastik, das "wilde Denken" (Lévi-Strauss) auszuprobieren, über die ProtagonistInnen zu reden, von sich zu reden, die Märchen weiterzuerzählen, zu aktualisieren, zu vermengen, zu parodieren und manche nicht leiden zu können. Es kommt darauf an, "das Monument Märchen von seinem Sockel zu heben, es auf den Boden zu bringen, damit man es nicht von unten nach oben betrachten muß, sondern ihm gerade ins Gesicht blicken kann." (Schenda, zit. nach Doderer, S.36) Märchen sind lebendig, und daraus läßt sich viel machen - auch pädagogisch ("als Katalysatoren zur Beförderung von Lebens- und Erfahrungsprozessen" (Haas, S.17)) und sogar therapeutisch, aber eben erst in zweiter und dritter Linie (vgl. Haas, S.20).

Wenn auf den spielerischen und gleichzeitig bewußten und auch kritischen Umgang mit Märchen verzichtet wird, wenn also die Rezipienten wahllos nur mit den nackten Märchen konfrontiert werden, bergen sie meines Erachtens auch einige Gefahren.

Besonders Menschen, die sich mit der Anerkennung des Realitätsprinzips schwertun, "Träumer", laufen Gefahr, sich in überschaubare Zauberwelten zu flüchten und sich mit fremden Happy-ends über die eigene Glücklosigkeit hinwegzutrösten. Die allzu distanzlose Identifizierung mit der schönen Seele, der überirdische Zauberkräfte im rechten Moment zu Gerechtigkeit und Glück verhelfen, nährt die narzißtische Illusion von einer höheren Instanz, die auch für einen selbst alles in Ordnung bringt, weil man doch eigentlich auch tief drinnen ein guter Kerl ist und Anerkennung und Hilfe verdient hat (siehe Narzißmus-Kapitel).

Für bedenklich halte ich auch den moralischen Vorschlaghammer, der besonders in den Grimm'schen Märchen häufig zur Anwendung gelangt. Ungünstige, unerwünschte Persönlichkeitsanteile ballen sich im unmoralischen Widersacher des Märchenhelden zusammen und werden schließlich gnadenlos und unerbittlich vernichtet. Das sind freilich nur Bilder, die auch die moralische Orientierung erleichtern mögen, aber sie dienen nicht gerade der Integration der "Schattenseiten" in die Gesamtpersönlichkeit, über deren Notwendigkeit sich zumindest Tiefenpsychologen heutzutage weitgehend einig sind (vgl. Beckmannshagen, S.86). Die Brutalität gegenüber "Untugenden" könnte zur Verdrängung und Unterdrückung ungeliebter Eigenschaften verleiten; sie erweist sich damit als Disziplinierungsmaßnahme, die Erziehern sehr gelegen kommen mag, die aber die Rezipienten, d.h. die zu Erziehenden, mehr bedroht und einschüchtert als daß sie ihnen Klärung und echte Hilfe im Reifungsprozeß anbietet.

Unter den propagierten Tugenden finden sich auch einige von zweifelhaftem Wert. Daß Aschenputtel und die Schöne aus "Die Schöne und das Biest" fleißig und frei von Bosheit und Rachsucht sind, sei ihnen unbenommen. Aber sollten ihre Demut, Duldsamkeit und Wehrlosigkeit ihren ausbeuterischen Schwestern gegenüber uns wirklich zur Nachahmung anregen? Wäre ein Aschenputtel, das auf den Tisch haut, nicht ein besseres Vorbild? Vielleicht hätte sie durch Widerstand sogar ihre Schwestern aufrütteln und zum Umdenken bewegen können.

In anthroposophischen Dorfgemeinschaften, die ich kennengelernt habe, wurden Märchen und Sagen unverändert präsentiert, verehrt und zum Teil nach genauer Textvorlage szenisch nachgespielt. Ein freier, kreativer Umgang mit ihnen fand nicht statt.

Eine Hausmutter leitet ihren Beitrag im A-dorfer Jahresbericht 1987 über das Theaterspielen mit folgenden Zitaten der Behinderten ein: "'Darf ich die Königin spielen?' - 'Hat die Hofdame ein schönes Kleid an?' - 'Wenn ich nichts sprechen darf, will ich lieber keinen Raben spielen.' - 'Ich möchte den treuen Johannes spielen, der opfert sich auf für seinen König.'"

Offensichtlich richten sich die Rezipienten sklavisch nach dem Text und nicht umgekehrt. Das Märchen steht da als Botschaft von Heil und Wahrheit, man darf es von unten bewundern und ehrfürchtig zitieren, nicht aber damit spielen: Warum soll ein Rabe keine Sprechrolle bekommen, wenn der Schauspieler Lust und Ideen dazu hat? Das letzte Zitat (ob die Zitate authentisch sind oder dem Wunschdenken der Hausmutter entspringen, macht in diesem Fall keinen Unterschied) deutet auf die moralische Erziehungs- und Disziplinierungsabsicht hin, die Rudolph bereits der Waldorfpädagogik bescheinigt hat: "Identifikatorische Prozesse sind ein wesentlicher Bestandteil der moralischen Erziehung. Dabei wird unter geschickter Ausnutzung der kindlichen Sympathie mit den Märchenhelden den Kindern ein Weg zur Verinnerlichung *der* Werte gewiesen, die ihnen tief unsympathisch sind. (...) Aber weil die Identifikation allein gegenüber den manifesten Bedürfnissen und Erfahrungen von Kindern nicht ausreicht, kommt in den Märchen ein krasses Belohnungs- und Bestrafungsprinzip hinzu. Hier wird nicht nur heimlich erzogen, hier wird auch deutlich zugerichtet..." (Rudolph, S.146 f)

Die "Oberuferer Weihnachtsspiele", bestehend aus dem "Paradeisspiel", dem "Christgeburtsspiel" und dem "Dreikönigsspiel", verdienen noch besondere Erwähnung, da sie um die Weihnachtszeit in den meisten anthroposophischen Schulen und Einrichtungen aufgeführt werden. Sie sind sehr alt, sehr fromm, naiv und bisweilen von augenzwinkerndem Witz - und werden wie ein Heiligtum behandelt. In A-dorf "dürfen" die Behinderten mitspielen, auch wenn ihnen die Identifikation mit den frommen Rollen offenbar nicht leicht fällt. "Wir finden es richtig und schön, daß das Christgeburtsspiel bei uns die Betreuten spielen und uns zu Weihnachten damit beschenken." - Man beachte, wer hier was richtig findet, und die verkitschte Formulierung für die schlichte Tatsache, daß die Behinderten an letztlich nichts anderem als einem anthroposophischen Ritual beteiligt werden! - "Leider hat es nur elf Rollen, mindestens zwanzig Anwärter sind aber da. Sind die Rollen dann endgültig verteilt, so finden sich die zu kurz Gekommenen ganz rasch damit ab; wieder einmal zeigen sie uns, wie Sozialverhalten auch möglich ist." - Der letzte Halbsatz zeugt nicht nur von falscher Bescheidenheit; er ist blanke Heuchelei. Die Hauseltern sollten eigentlich so weit bei Bewußtsein sein, daß sie sich die Bereitschaft zur Unterordnung bei den von ihnen seit Jahren betreuten, gemaßregelten und größtenteils fremdbestimmten Behinderten besser erklären könnten. (Auch der moralische Einfluß von Märchen hat hier offenbar schon gefruchtet.) "Besonders fröhlich geht es natürlich dann zu, wenn die drei Hirten mit ihrem 'Heschka, he, he' voller Übermut sich so richtig austoben. Das ist ja natürlich auch vergleichsweise leicht einzuüben." - Dann sollte sie die Rolle mal einem Depressiven geben! (Das könnte eine durchaus wirksame therapeutische Maßnahme sein, aber erfahrungsgemäß steht die möglichst perfekt einstudierte, termingerechte Aufführung im Vordergrund, nicht der Prozeß des Einstudierens als Selbstzweck.) - "Wenn aber dieselben Hirten dann voller Andacht und Frömmigkeit vor der Krippe knien und dem Christkind ihre Gaben in Demut übergeben, dann wird's ganz schön schwer." - Jetzt wird vor allem endgültig klar, was Rudolph mit "Zurichtung" meinte. Was sind nach dieser wohlwollend-herablassenden Beschreibung die Behinderten anderes als kindische, triebhafte, alberne Gestalten, die man auf diese Weise mal dazu bringen kann, sich anständig, d.h. demütig, andächtig und fromm, zu benehmen? - "Für die lustigen oder gar bösen Rollen finden sich natürlich leichter Bewerber als für die braven." (Jahresbericht A-dorf 1987) Der letzte Satz, so er zutrifft, spricht für die Behinderten, die sich anscheinend einen Rest eigener, vitaler Persönlichkeit erhalten haben.

Die Erziehungsversuche machten übrigens auch vor den jungen MitarbeiterInnen nicht halt. Zu Weihnachten 1984 wurden das Paradeisspiel und das Christgeburtsspiel ausschließlich von den BetreuerInnen aufgeführt. Meine Hausmutter verzichtete aus Gründen der Überlastung auf ihre angestammte Rolle des Erzengels Gabriel und bot sie nach reiflicher Überlegung mir an. Ich wurde das Gefühl nicht los, daß ich scharf dabei beobachtet werde, ob ich meinen ellenlangen Text auch richtig gelernt habe und ob ich leicht renitente, zweifelhafte Person mich als würdig für die hochmoralische Rolle als Handlanger Gottes erweisen würde. Außerdem gab ich den beteiligten Hauseltern Gelegenheit, mich für die Aufführung mit einem Engelsgewand auszustaffieren und meine Frisur, Haltung und Aussprache zu kritisieren. Auch meine ehemalige Kollegin denkt mit Schaudern an ihre Rolle der Maria im

Christgeburtsspiel zurück, die "heiligste" Rolle, die die Weihnachtsspiele zu bieten haben und ihr auch nicht gerade auf den Leib geschrieben: "Mei, das war so kitschig!" Sie empfand es durchaus als Zumutung und Belastung, während der wochenlangen Proben die Augen niederzuschlagen und einen milde-frommen Eindruck zu machen. Allerdings hatte uns niemand gezwungen, die Rollen anzunehmen. Aber was wäre den Verweigerern geblieben? Es gab in A-dorf weder zurichtungsfreie Theaterstücke noch Lesestoff ohne Ermahnung zu Demut, Selbstlosigkeit, Treu' und Glauben.

4. Sexualität - "Das hängt halt unten so dran"

Die Auseinandersetzung mit den sexuellen Wünschen geistig Behinderter hat in Fachkreisen keine lange Geschichte, und mit einer spezifischen Sexualpädagogik steht man noch am Anfang. Bis in die siebziger Jahre hinein wurde in diesem Punkt in den meisten Behinderteneinrichtungen äußerst restriktiv verfahren: Durch Geschlechtertrennung in der Anstaltsunterbringung, Verbote, Ablenkung und Medikamente wurde die Sexualität der BewohnerInnen möglichst unterdrückt (vgl. Köbsell, S.42). Mittlerweile hat man sich des Problems angenommen, und eine Fülle von Literatur, mehr oder weniger liberal eingestellt, liegt vor (dies., S.39 ff.). Ich denke, die besondere Aufmerksamkeit, die der Sexualität geistig Behinderter gewidmet wird, ist berechtigt; zum einen, weil die verringerten kognitiven Fähigkeiten geistig Behinderter eine spezifische Sexualaufklärung und eine besonders einfühlsame Beratung in Sexual- und Partnerschaftsfragen erfordert; mehr aber noch deshalb, weil wir *alle* in einer Gesellschaft leben, die mit Sexualität, Partnerschaft und Emotionalität große Schwierigkeiten hat. Ich stimme mit dem Direktor einer holländischen Geistigbehinderteneinrichtung überein, den Walter zitiert: "Das Problem 'Sex' ist im allgemeinen kein Problem für die Patienten, sondern für die Betreuer." (S.34)

Anthroposophische BetreuerInnen sind zusätzlich mit der Körperfeindlichkeit ihres geistigen Vaters belastet. "Was aus der Sinnlichkeit, aus Trieb, Begierde, Leidenschaft hervorgeht, das will nur dieses egoistische Individuum. Daher muß der Mensch dieses selbstische Wollen in sich abtöten..." (Steiner, S.75)

Partnerschaft und Sexualität haben in der Anthroposophie durchaus Platz, aber nur, wenn sie "perfekt" sind. Zur Liebe ist nur fähig, wer über eine "voll ausgereifte Ich-Persönlichkeit" verfügt, und Sex ist nur erlaubt "im Lichte eines Ideals, einer Aufgabe, einer Intention aus der geistigen Welt." (Bavastro, S.21) Geschlechtlichkeit gilt gewissermaßen als Randphänomen der menschlichen Existenz, das nicht überbewertet werden soll, weil der Mensch einfach

Wichtigeres zu tun hat. Das geht auch aus dem Interview-Auszug mit Herrn Eisenmeier hervor, den ich bereits im Kapitel "Äußerlichkeiten" Kapitel 6. "Arbeit und Geld" zitiert habe: "...Aber in unserer geistigen Betätigung, in dem, was wir religiös, künstlerisch, wissenschaftlich tun, gibt's nicht mal sekundäre Geschlechtsmerkmale. (...) Das andere hängt halt unten so dran. Damit müssen wir natürlich auch fertig werden, ist auch eine Aufgabe, aber das ist eigentlich nicht das Primäre für den Menschen."

Daß die Sexualität geistig Behinderter unter diesen Voraussetzungen eine unendlich problematische Angelegenheit ist, liegt auf der Hand. In A-dorf versuchte man sich zu meiner Zeit des Problems zu entledigen, indem Sexualität tabuisiert wurde. Wenn das Tabu gebrochen wurde, und das war an der Tagesordnung, reagierten die Hauseltern mit strengen Verboten: Es sollte nicht darüber geredet werden, nicht Händchen gehalten; Paare wurden getrennt, Sexualität fand nicht statt oder wurde bestraft. Gerade dadurch schlich sich das Thema durch die Hintertür wieder ein, weil wir jungen MitarbeiterInnen den Hauseltern ständig mit Diskussionen darüber zusetzten. Die Hauseltern argumentierten folgendermaßen: Die Behinderten sollten "unschuldig" bleiben (siehe Interview mit H.V.), und das würde ihnen kaum gelingen, wenn sie sich auf eine "egoistische" Liebe einlassen würden - und zu etwas anderem seien sie ja sowieso nicht in der Lage. Die Behinderten hätten nämlich kein richtiges ausgereiftes "Ich" und könnten deshalb einem "Du" nicht in der vorgesehenen Weise begegnen. Sie seien zu sehr mit sich und ihren egoistischen Bedürfnissen beschäftigt, um eine Partnerschaft zu leben. Die Alternative hätte in bloßer seelenloser Triebbefriedigung bestanden, und die konnte im Dorf nicht geduldet werden.

Das umfangreiche Tagesprogramm in A-dorf setzte auf Ablenkung von sexuellen Bedürfnissen. Die Behinderten hatten schon aus Zeitmangel wenig Gelegenheit, ihnen nachzugehen - und ein bißchen Ersatz bot ja das wärmende Gemeinschaftsgefühl in den Familien.

Es waren nicht nur Sex und Beziehungen verboten, sondern jede Art von Berührungen zwischen Angehörigen verschiedenen Geschlechts. Ich erinnere mich an eine Szene aus meiner Anfangszeit in A-dorf, die vielleicht eine Ahnung von dieser repressiven Praxis vermitteln kann: An einem Sonntagabend hockten die Betreuten und ich im Wohnzimmer, jede/r hatte sich eingekuschelt auf seinem/ihrem Sessel oder Stuhl; ich las ihnen eine Geschichte vor und alle hörten aufmerksam und gespannt zu. Ein Behinderter hatte seine "Freundin" aus der Nachbarfamilie eingeladen - immerhin durfte er sie als seine Freundin *bezeichnen* - , die beiden saßen auf dem Sofa, er hatte seinen Arm um sie gelegt und sie hatte ihre Beine auf seinem Schoß. Das Paar strahlte eine solche Wärme und Zufriedenheit aus, daß es mir, allen Verboten zum Trotz, nicht in den Sinn gekommen wäre, ihre Berührung zu unterbinden. Ich dachte, noch nicht einmal ein/e Anthroposophin könnte etwas Schlechtes an dieser Art der Zweisamkeit finden, etwas, wovor man die Behinderten "schützen" müßte. Welch ein Irrtum! Als meine Hausmutter zu uns hereinschaute, fiel ihr Blick sofort auf die beiden, laut schimpfend unterbrach sie meine Lektüre, stürzte zu ihnen hin, trennte sie und wies der behinderten Frau einen anderen Sitzplatz zu. Nach einem vernichtenden Blick auf mich, die ihre Betreuungsaufgaben vernachlässigt hatte, rauschte sie aus dem Raum. Nach diesem Auftritt waren wir alle wie erstarrt, fühlten uns gedemütigt, die gemütliche Stimmung war beim Teufel und nach ein paar Minuten brachen wir die Vorlesestunde frustriert ab.

Manche Behinderte schafften es irgendwie, sich heimlich zu treffen; wurden sie erwischt, kam es zu entsetzlichen Szenen. Sie wurden angeschrien, vor der Familie bloßgestellt, mit dem Ausschluß vom Dorf bedroht. Frau E. erzählte mir von einem Pärchen, zwei wenig behinderten jungen Leuten, die in derselben Familie lebten. Als man sie "auf frischer Tat" ertappte, mußte die junge Frau in eine andere Familie umziehen. Die beiden hatten nach der Einschätzung von Frau E. "so ein nettes Paar" abgegeben, und die junge Frau habe nach dem Vorfall sichtlich abgebaut. Auch Hausverbote seien in diesem Zusammenhang schon ausgesprochen worden.

Sexualität war tabu und trotzdem ständig präsent. Da sie eigentlich weder praktisch noch theoretisch Thema sein durfte, haftete ihr ein Flair der Andeutungen, Geheimniskrämerei und Schuld an. Viele Behinderte verliebten sich "sinnlos" und strichen während kleinen Spaziergängen sehnsüchtig um die Wohnhäuser und Werkstätten ihrer Angebeteten. Wenn ich sie abends ins Bett brachte, erzählten sie von ihren Hoffnungen und Träumen, und ich wußte nicht, wie ich sie trösten sollte.

Was die Liebeleien und Beziehungen unter den jungen MitarbeiterInnen betraf, appellierten die Hauseltern an uns, unsere Leidenschaften für die Zeit in A-dorf zurückzustellen. Ein generelles Verbot sprachen sie nicht aus, wahrscheinlich weil sie wußten, daß wir es brechen würden. Aber wir kamen ihnen entgegen mit unserer Diskretion, flitzten vor Tau und Tag zurück in unsere Zimmer, um im eigenen Bett "aufzuwachen", damit die Behinderten nichts merkten, und starben fast vor Scham, wenn wir tagsüber bei einer unauffälligen Berührung erwischt wurden. Manche Hauseltern hatten keine Skrupel, unter irgendwelchen Vorwänden in traute Zweisamkeiten der MitarbeiterInnen einzudringen. Mit objektiv fadenscheinigen Begründungen stürmten einzelne Hauseltern nachts ("Ihr seid zu laut, die Betreuten könnten euch hören!"), morgens ("Steht ihr eigentlich auf?") und während der Mittagsruhe ("Ihr habt den Vorhang nicht zugemacht, der xy kuckt bei euch zum Fenster 'rein.") ohne anzuklopfen in das Zimmer, in dem sich das Pärchen aufhielt. Bei Familienkonferenzen wurden die Beziehungen hin und wieder der allgemeinen Kritik unterzogen und Verhaltensanweisungen gegeben.

Das Durchbrechen der Intimsphäre bzw. das Verbot, eine solche mit einem Partner zu teilen, gehört zu den erniedrigendsten Erfahrungen, die Behinderte und junge MitarbeiterInnen in A-dorf gemacht haben oder machen. Und doch kam man kaum um sie herum, denn das Bedürfnis nach Zärtlichkeit und Nähe war enorm - gerade bei einem so arbeitsreichen und psychisch belastendem Alltag.

Einzig die Beziehungen zwischen den Hauselternpaaren bzw. die sexuellen Unternehmungen der einzelnen Angehörigen der Hauselterngruppe unterlagen weder Kontrolle noch Kritik, was sich in ihrem Falle allerdings als nachteilhaft herausstellen sollte. Verwalter einer strengen Moral neigen dazu, an ihren selbstgewählten Ansprüchen zu scheitern, ohne es sich eingestehen zu können. Die praktizierte Doppelmoral führt dabei oft zu einer regelrechten Bewußtseinsspaltung: Weil nicht sein kann, was nicht sein darf, weiß die eine Hand tatsächlich nicht mehr, was die andere tut. Das soll die sexuellen Attacken, die zwei Hausväter gegen Behinderte und Mitarbeiter gefahren haben, keineswegs entschuldigen - im Gegenteil. Sie geben, auch wenn es sich um Einzelfälle handelt, über den tatsächlichen moralischen, aber auch psychischen Zustand in der Dorfgemeinschaft Auskunft. Ich bin der Meinung, daß man das rigide Sexualverbot und ihr Unterlaufen von höchster Stelle durchaus korrelieren kann: Je strenger das Verbot, je größer und geheimer das Tabu, desto bewußtloser - und daher abgründig und gefährlich - wird dagegen verstoßen. Die Auswirkungen für die Betroffenen bedürfen keiner ausschmückenden Beschreibung, denn die Erkenntnisse darüber sind zur Zeit in aller Munde.

Ich war sehr erstaunt und erfreut, zunächst von A-dorfer Eltern, aus dem Jahresbericht 1992 und schließlich vom jetzigen Geschäftsführer selber zu erfahren, daß man sich in A-dorf mittlerweile zu einer liberaleren Haltung hinsichtlich der Sexualität entschlossen hat - trotz der ehernen Prinzipien. Mit diesem Entschluß sind die A-dorfer offenbar mutig von der gängigen Linie abgewichen, denn "anthroposophisch ist das nicht, diese Paarbildung" (Frau P. im Interview). Und weiter: "Da war ein Vortragender in A-dorf aus Sassen, vor einigen Jahren, auch Frau G. (eine ehemalige A-dorfer Hausmutter) sagte, und er auch, das ist nicht anthroposophisch, diese Paarbildung. Da hat der Vortragende, ich weiß nicht, wie er heißt, aus Sassen gesagt, so was *gibt* es nicht, in Sassen, eine Paarbildung. Da waren wir alle sehr erstaunt, wie ist das möglich? Er sagte, es gibt so etwas nicht. Es kommt gar nicht vor, das klingt mir noch in den Ohren."

Und in B-dorf? Da der Lebensstil dort weniger dogmatisch und spürbar lockerer war als in A-dorf, war ich auf den Umgang mit Sexualität besonders neugierig: Sollte er aufgeklärt und freiheitlich sein, vielleicht sogar modellhaft für andere Geistigbehinderteneinrichtungen?

"Gestern habe ich meine Hausmutter nach Partnerschaft und Sexualität in B-dorf befragt. Ihre Äußerungen waren allesamt druckreif. Sie lächelte etwas betreten, dann sagte sie etwa folgendes: 'Weißt du, in B-dorf überwiegen die kulturellen Ereignisse, das wird hier sehr großgeschrieben, Theater, Musikaufführungen etc. Die Dörfler sind da sehr eingebunden und es ist ihnen sehr wichtig. Deshalb spielt 'das' nicht so eine große Rolle. Das klingt jetzt so, als wollten wir Sexualität überspielen...so ist es aber nicht. Es spielt einfach nicht so die große Rolle. Natürlich gibt es solche Beziehungen, und es hat in B-dorf sogar welche gegeben, die geheiratet haben.' Ich fragte, was denn konkret gemacht wird, wenn zwei sich finden, sich verlieben und was miteinander anfangen wollen. Sie sagte: 'Ja, wir versuchen dann schon, das irgendwie zu begleiten...' Ich erwiderte: 'Das hört sich sehr vernünftig an.' Da sprang sie auf und rief: 'Ich muß ja jetzt weg!' und lief ins Haus." (Protokoll B-dorf)

Mein Aufenthalt in B-dorf währte nicht lange genug, um vorhandene Beziehungen aufzuspüren und die Umgangsweise der Hauseltern damit zu beobachten. Eine wenig behinderte junge Frau aus meiner Gastfamilie fragte ich, ob sie einen Freund habe. Sie antwortete eher ausweichend und sagte schließlich: "Ich habe viele Freunde."

Außerdem führte ich ein Gespräch mit einer Anthroposophin, die in der Nähe der Dorfgemeinschaft Lautenbach wohnt und deren Mann dort als Externer in einer Werkstatt mitarbeitet. Sie erzählte mir - auf meine Frage nach Partnerschaft und Sexualität - von einem Paar, das sich offenbar bei der gemeinsamen Arbeit in der Werkstatt ihres Mannes kennen und lieben gelernt hatte. Allerdings hätte das junge Glück sich so stark aus der Gemeinschaft zurückgezogen, daß die sich zuständig fühlenden BetreuerInnen beschlossen, einen von beiden in eine andere Werkstatt zu versetzen. Schließlich ergab sich die Möglichkeit, den jungen Mann für ein Jahr nach England zu schicken, wo er an berufsbildenden Maßnahmen teilnehmen konnte. Ich fragte meine Gesprächspartnerin, ob es denn seinem eigenen Wunsch entsprochen habe, Lautenbach zu verlassen. Sie meinte: "Nicht direkt." Ich fragte sie, ohne mein Entsetzen zu verhehlen: "Ihr habt die beiden also getrennt, obwohl sie total verliebt waren!?" Sie verteidigte sich etwas ungehalten, ich solle mir das nicht so einfach vorstellen, schließlich hätten sich die BetreuerInnen alle Mühe mit dieser Entscheidung gegeben und tagelang diskutiert, und es sei ja schließlich zum Besten der Betroffenen. Ich war fassungslos über dieses Ausmaß an Selbstverständlichkeit, mit der über erwachsene Menschen verfügt wird. Und wie kommt besagte Anthroposophin dazu, anzunehmen, eine langwierige Diskussion garantiere eine richtige Entscheidung?

Suchanek fügt übrigens meinen gesammelten schlechten Eindrücken noch weitere hinzu: "Der Leiter des Behindertendorfes, danach gefragt, wie man dort mit Schwierigkeiten und Konflikten im sexuellen Bereich umgehe, ob und wie weit auf konkrete Bedürfnisse der Bewohner in diesem Bereich eingegangen werde und wie man versuche, Bedürfnisse und Normen zu vereinbaren, erklärte, dieses Problem gebe es in seiner Einrichtung nicht. Er vermittelte durchaus den Eindruck, als handle es sich bei den dort lebenden Menschen um geschlechtslose Wesen. In einer anderen Einrichtung gab ein Mitarbeiter zwar zu, daß hier Schwierigkeiten auftauchen könnten, für die man keine generelle Lösung parat habe, betonte aber, daß man bisher damit noch nicht konkret konfrontiert worden sei." (Suchanek, S.26)

Aber zurück zu den Veränderungen in A-dorf, wo man sich inzwischen den sexuellen Bedürfnissen der behinderten BewohnerInnen stellt. Der Jahresbericht 1992 formuliert fortschrittlich: "Zum Erwachsenwerden gehört bei einigen Betreuten, daß sie sich der Anziehung zum anderen Geschlecht deutlicher bewußt werden und daß sie die Beziehung auf sehr unterschiedlicher Ebene leben wollen." In diesem Satz verbergen sich 13 Jahre Sehnsucht, Verbote, Heimlichtuerei und harte Sanktionen, und das wissen die A-dorfer ganz genau. Nur tun sie so, als hätten die Behinderten (die mittlerweile zu einem großen Teil zwischen 30 und 40 Jahre alt sind und somit schon länger das Attribut "erwachsen" verdienen) die Bedürfnisse nach Partnerschaft und Sexualität erst gestern entdeckt, und schon reagiert die moderne Behinderteneinrichtung, die gerne und prompt jedem menschlichen Bedürfnis, das im Dorf auftaucht, Rechnung trägt, mit geeigneten Maßnahmen.

Das Sexualitätstabu ist also gefallen und hat, gleichsam um die Freude darüber gleich wieder zu dämpfen, einer umfangreichen Reglementierung der neuen Beziehungen Platz gemacht. Wenn sich ein Liebespaar gefunden hat, bekommt es einen sogenannten Paten (das sind dann bestimmte Hausväter, Hausmütter oder der Geschäftsführer), der die Beziehung kontinuierlich begleiten und beraten soll. Der Jahresbericht 1992 beschreibt die Funktion des Paten: "In dieser individuellen Begleitung (ein Gespräch in der Woche) soll die Verantwortung, die der einzelne in der Beziehung und für die Gemeinschaft hat, bewußt gemacht werden. Gemeinsam werden Regeln für das Zusammensein gefunden, damit ein Paar mit der neuen Anforderung zurechtkommt und sich nicht gegen die Gemeinschaft stellt."

Das heißt in erster Linie: Die Zweisamkeit soll zeitlich und von ihrer Intensität her begrenzt werden, damit sie im Bewußtsein der Beteiligten keinen höheren Stellenwert einnimmt als das Gemeinschaftsleben.

Frau P.: "Hier ist offiziell ein Paar, bis 22 Uhr nach der Arbeit dürfen sie zusammen sein, aber ich glaube, nicht jeden Tag, da gibt's eine Regelung,

zweimal in der Woche oder so. Und es ist ganz offiziell, die sind verlobt."
Verlobungsfeiern und, quasi als Vorform, Freundschaftsfeste, an denen Ringe getauscht werden, geben die liebevolle Verbindung offiziell zur Kenntnis.
Frau P.: "Zum Sommerfest wurde eine große Musikvorführung gezeigt, und da hatten die jeweiligen Paare verschiedene Instrumente, und mit den Instrumenten versuchten sie, mit Tönen zueinander zu kommen, und das wuchs immer mehr zusammen."
Herr P.: "Nunja, aber das war dirigiert von der A. (der Musiktherapeutin)!"
Daß die beteiligten Behinderten diese Beachtung sehr genießen, geht auch aus ihren Beiträgen im Jahresbericht hervor. Hier könnte auch einer der Gründe zu finden sein, warum die einzelnen sich auf Partnersuche begeben. Der A-dorfer Geschäftsführer erwähnte jedenfalls, daß sich bei der Beratung häufig herausstelle, daß die PartnerInnen weniger die sexuelle Neugier eine, sondern mehr der Wunsch nach Sicherheit und nach der Zugehörigkeit zur Pärchenclique. Mit einer Beziehung erwirbt man sich offenbar einen neuen sozialen Status im Dorf. Auf der anderen Seite wird das junge Glück auch sofort in die Pflicht genommen.
Frau E. beurteilte das, was sie über die Behinderten von den Beratungen wußte, kritisch. Den Behinderten würde in erster Linie der Wert der Treue vermittelt werden. Ein guter Freund ihrer Tochter, der mit einer anderen offiziell liiert ist, würde sich gar nicht mehr trauen, die Tochter anzuschauen oder mit ihr zu reden, was diese sehr kränken würde - offenbar würde er sie meiden, um nicht der Untreue bezichtigt zu werden.
Im Jahresbericht 1992 schreiben einige Behinderte über ihre neuen Beziehungen, wobei das Wort "Treue" auffallend oft vorkommt:
"Sie hatte mir gefragt, ob ich ihr Treuer Freund werden sollte." - "Die Liebe, Treue und Freundschaft gehört zu dem Leben und Arebit (Arbeit) dazu (...) Die Treue geht das Leben druch (durch)." - "So kam die Liebe mit Treue zu Uns in A-dorf. Die anderen Freunschaften hatten sich in A-dorf angefangen. So mußten die Haus-Eltern und Mitarebeiter in der Konverzenz beschlossenheit suchen." - "Ich hatte einem jungen Mann getreffen den ich sehr liebe und seine Treue zu einschätzen kann." - "Ich habe einen nunen (neuen) Freund in A-dorf, er heißt xy wir haben schon Freundschofz Ringe und sind uns Treuh für immer und ewig."
Gerade das Treuegebot zeigt die Zweischneidigkeit der A-dorfer Liberalisierung. So, wie ich Beziehungen zwischen geistig Behinderten kenne, stellt die Treue für sie keine entscheidendes Problem dar. Viele machen in dieser Hinsicht einen vergleichbaren Reifungsprozeß durch wie Nichtbehinderte. Die BewohnerInnen in der Lebenshilfe-WG in Berlin veranstalteten in jungen Jahren - als die Liebe losging - innerhalb ihrer Clique ein buntes Bäumchen-wechsel-

dich, bevor sie sich zu den Beziehungskonstellationen entschlossen, die auch heute noch bestehen. Diese Beziehungen gehen auch jetzt keineswegs reibungslos ab, es gibt Zoff, Eifersucht, vorübergehende Trennungen, Versöhnungen, aber auch Hochzeiten und Kinderwunsch, wie bei Nichtbehinderten auch.

Die Kontrolle der Beziehungen und der Wert, der auf ihre Beständigkeit gelegt wird, entsprechen vermutlich weniger den Bedürfnissen der Behinderten, als daß sie die Ängste der Hauseltern offenbaren. In diesen Ängsten verschmelzen vermutlich tatsächliche Gefahren und irrationale Ideen und Phantasien, in denen promiskuitives Chaos, Dramen, Szenen, Eifersucht die Harmonie bedrohen, die brave Dorfgemeinschaft zur Lasterhöhle verkommt und wo die Ordnung und Überschaubarkeit der Vermischung und Verwirrung weichen: eben Zustände wie in Sodom und Gomorrha. Diese Angst entspricht zum einen der Tendenz zum zwanghaften Ordnungscharakter, der Steiners Denken, seiner Anthroposophie und dem überaus geregelten Leben in den Dorfgemeinschaften gleichermaßen anhaftet. Zum anderen leuchtet sogar mir ein, daß die A-dorfer mit der Preisgabe eines ihrer ehernsten Prinzipien bereits einen enormen Schritt in die richtige Richtung getan haben, und daher eine Wendung um 180 Grad nicht sofort erwartet werden kann. Es bleibt allerdings abzuwarten, ob sie es fertigbringen, die Zügel lockerer zu lassen. Wie könnte das aussehen?

Die BetreuerInnen sollten anerkennen, daß Liebe und Sexualität die Privatangelegenheit der behinderten BewohnerInnen sind. Es gibt nunmal individuell verschiedene Formen, Liebe und Sexualität zu leben. Manche streben dauerhafte Beziehungen an, andere verlieben sich immer wieder neu und wollen sich ausprobieren, wieder andere weichen durch Homosexualität vom scheinbar gängigen Beziehungsmuster ab. Wenn sich BetreuerInnen durch das sexuelle Verhalten der Betreuten in Verlegenheit gebracht oder bedroht fühlen, dann sollten sie sich lieber erst einmal mit ihrer eigenen Einstellung zur Sexualität kritisch auseinandersetzen, bevor sie die ihrer Klientel beurteilen und maßregeln.

Bei der Lebenshilfe in Berlin war man sich offenbar darüber im Klaren, wie sehr die persönliche Auffassung der BetreuerInnen über Sitte und Moral den Umgang mit der Sexualität der BewohnerInnen unbewußt beeinflußt, und deshalb scheute man weder Kosten noch Mühe, um interessierten BetreuerInnen eine umfangreiche Fortbildung zum/zur SexualberaterIn zu ermöglichen, die besonders auf Selbsterfahrung abzielte.

Die Beratungen in A-dorf dürften den frischgebackenen Paaren im großen und ganzen entgegenkommen, denn durch sie wird ja nicht nur Moral und Regeln vermittelt. Der Geschäftsführer sprach auch von Körperübungen, die den

Behinderten helfen sollen, herauszufinden, welche Berührungen ihnen angenehm sind und welche ihnen zu weit gehen, und durch die sie lernen können, ihre Bedürfnisse und Grenzen zu formulieren. Aber das ändert nichts an der fragwürdigen Tatsache, daß die Beratungen verpflichtend sind. Zwangsberatung widerspricht nämlich dem Prinzip "mehr Selbständigkeit als elterliche Fürsorge, mehr individueller Spielraum als feste Regeln", das sich die A-dorfer seit neuestem auf die Fahnen geschrieben haben (Jahresbericht 1992).

Auch bei der Lebenshilfe wurden Paarberatungen abgehalten, wenn sich Beziehungsschwierigkeiten abzeichneten, aber eben nach Bedarf und mit der Einwilligung der PartnerInnen. Es bestand niemals die Pflicht für ein Paar mit amourösen Absichten, sich einfach so regelmäßig beraten zu lassen. Was sogar bei der Lebenshilfe zu kritisieren ist: daß die Beratung von den BetreuerInnen durchgeführt wird und nicht von unabhängigen BeraterInnen, die der Schweigepflicht unterstehen. Das Normalisierungsprinzip schuldet auch den Behinderten die Wahrung der Anonymität und der Intimsphäre, wie sie nichtbehinderten Paaren, die sich bei Familienberatungsstellen oder Therapeuten beraten lassen, selbstverständlich zusteht.

Die Sexualität geistig Behinderter wird in Fachkreisen und in vielen Wohneinrichtungen in zunehmendem Maße anerkannt und oft sogar unterstützt; die Geister scheiden sich allerdings bei der Frage, ob der Sexualität geistig Behinderter Kinder entspringen "dürfen". Köbsell und Sierck haben die vehemente Angst vor dem Nachwuchs geistig Behinderter, die sowohl Fachleute als auch Eltern zu Befürwortern von Zwangssterilisationen oder zumindest rigiden Verhütungsmaßnahmen macht, ausführlich beschrieben und dokumentiert. Die Behindertenfreundlichkeit stößt hier an ihre Grenzen, die Ressentiments gegen die "Unnormalität" geistig behinderten Lebens bis hin zu verstecktem eugenischen Gedankengut werden offenbar. Die gute Absicht, "den Behinderten so zu akzeptieren, wie er ist" und ihn wegen seiner "zauberhaften Andersartigkeit" zu schützen, erweist sich in dem Moment als Lippenbekenntnis, wenn man ihn oder sie gewaltsam von seinem/ihrem Kinderwunsch abbringen will.

Die Lebenshilfe, Landesverband Berlin, hingegen hat sich mit der Einrichtung eines Eltern-Kind-Projekts - dem ersten der Bundesrepublik - von der Bevormundung ihrer Klientel verabschiedet. In den Lebenshilfe-Nachrichten heißt es: "Wer will - und mit welchem Recht - jungen Familien verbieten, Kinder zu haben? (...) In diesem (Eltern-Kind-Projekt, d. Verf.) wird eine Anzahl geistig behinderter Eltern und eine alleinerziehende Mutter betreut. Ihre Kinder sind nicht behindert. Die Familien leben in ihren eigenen Wohnungen, von der Lebenshilfe beim Versuch unterstützt, das eigene Leben zu meistern. Einfühlsam und mit gebotener Sensibilität wird hier Neuland betreten, sicherlich nicht problem- und konfliktfrei und viele Fragen aufwerfend, auf die es keine vorgefertigten Antworten geben kann."

Für die Pflege und Erziehung von Kindern geistig behinderter Eltern sind die Voraussetzungen in einer Dorfgemeinschaft besonders geeignet. Die Kinder könnten gut untergebracht werden, da die Dörfer relativ leicht durch Neubauten vergrößert werden können, die Eltern könnten in der Betreuung von einer großen Zahl behinderter und nichtbehinderter Bezugspersonen unterstützt werden, SpielkameradInnen - die Kinder der Hauseltern - wohnen im selben Haus oder gleich nebenan. Aber das ist, wenn überhaupt, Zukunftsmusik.

Was bleibt also?

Die anthroposophischen Dorfgemeinschaften verharren in sexueller Verklemmung, die kollektiv durch Arbeit und kulturelle Ereignisse sublimiert wird, obwohl man die behinderten BewohnerInnen nicht danach gefragt hat, ob sie lieber das Echte oder den Ersatz oder beides in ausgewogener Form haben wollen. Wo die Sublimierung nicht ausreicht, wird verboten und getrennt oder zumindest kanalisiert, kontrolliert und reglementiert.

Ein finsteres Kapitel, an dem der kindliche, abhängige Status der Behinderten besonders deutlich wird, ist doch sexuelle Selbstbestimmung ein wesentlicher Bestandteil von persönlicher Autonomie - die man hat oder nicht hat.

5. Fremdbestimmung und Moral

Bisher kann sich die Leserin oder der Leser ein Bild davon machen, wsa in einer anthroposophischen Dorfgemeinschaft alles los ist: Im liebevoll gestalteten Dorf wird nach einem bestimmten Rhythmus in Werkstätten gemeinsam gearbeitet, gegessen, spazierengegangen, gemalt, vorgelesen, Musik gemacht etc.; die BetreuerInnen halten abends Vorträge, organisieren Sprachgestaltungs- und Eurythmiestunden, veranstalten Kammermusikabende, üben mit den Behinderten Theaterstücke ein, veranstalten Feste, etc., etc.

Es ist viel los, und es ist in der beschriebenen Weise anthroposophisch. Die Behinderten purzeln nur so durch den Alltag, überall sind sie gefordert: anwesend zu sein, zu tun, zu lernen und zu lauschen - und immer in Gesellschaft der anderen. Ihre Selbstbestimmung ist bescheiden. Sie können sich, wenn sie Glück haben, ihren Arbeitsplatz unter den vorhandenen Angeboten aussuchen, und sich, wenn die Hauseltern es erlauben, von manchen abendlichen Veranstaltungen fernhalten. Aber fest steht, daß sie tagtäglich eine Unzahl von Pflichten erfüllen, Termine und Regeln einhalten müssen, die sie von oben vorgesetzt bekommen und auf die sie wenig Einfluß haben. Das

Programm entspricht dem Gutdünken der BetreuerInnen und orientiert sich keineswegs primär an den Bedürfnissen der Behinderten. Das fällt im normalen Tagesbetrieb gar nicht so auf, da sich die meisten Behinderten mit der Zeit ganz gut an das Angebot anpassen und ihm durchaus reizvolle und interessante Seiten abgewinnen können. Für Neulinge hingegen ist es mitunter schwer einzusehen, daß sie so wenig Zeit zur freien Verfügung haben und auf so viele Dinge und Gewohnheiten verzichten müssen, die ihnen zuhause lieb und teuer waren. Die Verbote und Verzichte variieren in Art und Umfang von Dorf zu Dorf, und verändern sich auch im Laufe der Zeit, wie das Beispiel A-dorf zeigt. Zu meiner Zeit jedenfalls war folgendes tabu, verpönt oder einfach unüblich:

1. Der Konsum von Nahrungs- und Genußmitteln wie Kaffee, schwarzer Tee, Süßigkeiten, Alkohol und Tabak. Natürlich wäre auch von nicht-anthroposophischer Seite einzuwenden, daß dieser Verzicht nun eigentlich sehr sinnvoll sei. Was sollen geistig Behinderte "auch noch" am Rande der Suchtgefahr herumjonglieren! Meiner Ansicht nach zeigt das pauschale Verbot eher, wie wenig man den Betreuten zutraut, eigenverantwortlich mit Genußmitteln umzugehen; möglicherweise spiegelt die ausgesprochene Alkoholphobie einiger A-dorfer Anthroposophen auch ihre eigene Angst wider, bei mäßigem Alkoholkonsum jeden Halt zu verlieren und auch die Behinderten nicht bei einem kontrollierten Umgang mit Genußmitteln unterstützen zu können. Die Gemütlichkeit und Vertraulichkeit, die bei gemeinsam gerauchten Zigarettchen vor der Tür des Münchener Lebenshilfe-Wohnheims oder gelegentlich abends bei einem Piccolo mit den Behinderten entstand, ist sicher nicht überzubewerten bzw. auch mit anderen "harmloseren" Mitteln herstellbar. Andererseits sehe ich weder einen pädagogischen noch gesundheitlich schwerwiegenden Grund, solche Dinge generell zu unterlassen bzw. den Behinderten zu verbieten.

2. Das Verbot, ein Radio, einen Cassettenrecorder oder Plattenspieler zu besitzen, um damit frei dem eigenen Musikgeschmack zu frönen, habe ich schon an anderer Stelle erwähnt. Der einzige Plattenspieler im ganzen Haus meiner damaligen Familie gehörte den Hauseltern; wenn sie ihn überhaupt ins Wohnzimmer trugen, um der versammelten Familie etwas zu Gehör zu bringen, entschieden sie natürlich selber, welche Platte aufgelegt wurde.

3. Fernsehen wird auch in der Waldorfszene als pädagogischer Erzfeind angesehen und deshalb in Bausch und Bogen verdammt und verflucht. Bei allem Schrott, mit dem die Medien zuweilen in hartnäckigen Attacken unsere Sinne und Intelligenz beleidigen, kommt dieser Bann doch einer Art Kultur- und Informationsverbot gleich. Mit einer gewissen Selbstherrlichkeit verweisen die

Anthroposophen auf ihre geistigen und kulturellen Eigenprodukte, die sie offenbar für geeignet halten, die ganze Palette menschlicher Bedürfnisse abdecken zu können. Es gab also keinen Fernseher in A-dorf - bis zu dem Tag, als ein neuer Zivildienstleistender sein Zimmer unauffällig mit einem solchen bestückte. War er tolldreist oder einfach nur dickfellig gegen das spirituell und moralisch aufgeladene Flair in A-dorf? Jedenfalls sah er nichts Schlechtes daran, sich abends vor dem Einschlafen ein wenig unterhalten und informieren zu lassen. Natürlich blieb er vor der Glotze nicht allein. Fatalerweise gesellte sich auch die immerhin 17-jährige Tochter eines Hauselternpaares zu ihm. Als man sie und den Fernseher dort entdeckte, geriet A-dorf in eine tiefe Krise, ja, es hatte den Anschein, als stünde der Untergang des Abendlandes unmittelbar bevor: Die ganze anthroposophische Sozialisation schien bedroht, für die die Voraussetzungen durch räumliche Abgeschiedenheit und konzentrierte Besinnung auf das Wesentliche doch so günstig waren. Dabei hatten die behinderten BewohnerInnen bis zu diesem Zeitpunkt noch keinen Blick auf das dekadente Flimmern des corpus delicti erhascht! Nach erbitterten Grundsatzdiskussionen obsiegte die Toleranz: Der Fernseher durfte bleiben, solange der Zivi blieb.

4. Selbständige Kino-, Kneipen-, Theater- und Discobesuche kamen für die behinderten BewohnerInnen ebenfalls nicht in Frage. Nicht umsonst war die Lage A-dorfs sehr abgeschieden; da die nächsten Dörfer drei und fünf Kilometer entfernt waren und die nächste Kleinstadt eine halbe Stunde Fahrtzeit erforderte, hätte zumindest ein/e BetreuerIn mitkommen müssen, um die Unternehmungslustigen mit dem Auto oder dem Bus zu fahren. Es war auch nicht üblich, ein Fahrrad zu besitzen und eigenmächtig damit durch die Gegend zu streifen. Ob anthroposophische "Erkenntnisse" wie folgende dabei eine Rolle spielen, weiß ich allerdings nicht: "...Zusammenfassend darf somit behauptet werden, daß das Radfahren, besonders in jungen Jahren, im Menschen bedenkliche Eigenschaften fördert, wenn nicht sogar hervorrufen kann: Neigung zu einem engen materialistischen Denken, eine ausgesprochene Vergröberung des Gefühllebens, das sich in ausgesprochener Roheit und Teilnahmslosigkeit äußert, und im Wollen zu einer Trägheit und Faulheit, die sich auf allen Gebieten zeigen mag." (Glas, S.25)

5. Abgesehen vom Reitunterricht und gelegentlichen Schwimmbadbesuchen fanden auch keine sportlichen Aktivitäten statt, auch keine Teilnahme an Angeboten der örtlichen Sportvereine, was immerhin eine Chance zur Integration im sozialen Umfeld geboten hätte. Innerhalb der Behindertenhilfe in Berlin haben sich z.B. diverse Fußballmannschaften formiert, die regelmäßig

trainieren und in jährlich stattfindenden Turnieren gegeneinander antreten. Aber Fußballspielen ist in Anthropsophenkreisen sowieso verpönt, weil es angeblich verroht (vgl. Beckmannshagen, S.40). Die morgendliche Frühgymnastik für die behinderten BewohnerInnen wurde durch heileurythmistische Übungen ersetzt.

In B-dorf war alles anders. In der Früh gab es süßen roten Tee und Kaffee (letzteren allerdings nur für die Nichtbehinderten) und Müsli, und bevor das Frühstück begann, dudelte sogar ein Radio vor sich hin. Als ich die Werkstätten besichtigte, registrierte ich erstaunt, wie sich viele kurz vor 12 Uhr, zu Beginn der Mittagspause, ihre Zigaretten drehten. Im Dorf standen überall große Aschenbecher herum. "Überall wird Kaffee getrunken - in einem Haushalt fabrizierte man sogar Cappuccino - und unsere Speisekammer steht voll mit schwarzem Tee. Im Dorf gibt es einen Laden, demeter-Waren mischen sich mit konventionellen Lebensmitteln, teuer ist es nicht. Schokolade wird in breiter Palette angeboten." (Protokoll B-dorf) Die Beweglichkeit innerhalb und zwischen den z.T. weit auseinanderliegenden Dorfteilen war groß, fast jede/r, der/die des Radelns mächtig war, besaß ein Fahrrad. Vor allem zum Mittagessen herrschte durch kurzfristige gegenseitige Essenseinladungen, die die Behinderten aussprachen, eine solche Fluktuation, daß ich Mühe hatte, angesichts der sehr unterschiedlichen Konstellationen bei Tisch den Überblick zu behalten, wer eigentlich die tatsächlichen HausbewohnerInnen sind. Da einige Wohnhäuser nicht im eigentlichen B-dorf standen, sondern in ein mäßig großes Dorf eingegliedert waren, hatten die BewohnerInnen die Möglichkeit und Erlaubnis, dessen Einrichtungen wie Lebensmittelgeschäft und Gasthaus zu besuchen und Kontakte zur Dorfbevölkerung aufzunehmen. Abendliche Veranstaltungen fanden zwar statt, schienen aber niemanden zu verpflichten. Man vergnügte sich, z.T. auch mit den BewohnerInnen der unmittelbar benachbarten Familie, im Eingangsbereich der Häuser; an einem Abend tauchte ein Behinderter im Fußballdress und mit einem Ball auf, woraufhin eine heftige und begeisterte Bolzerei mit etlichen Leuten entstand. Ein Bewohner, der am Freitag abend baden sollte, zog sich mitsamt seinem laut röhrenden Radio für Stunden ins Badezimmer zurück. Und im Flur hing ein kleines Plakat einer benachbarten Dorfgemeinschaft, die zum Besuch eines Open-air-Konzerts mit Pop und Rock einlud.

Auch in A-dorf sind einige Einschränkungen und Verbote gefallen. Sexualität und Partnerschaft habe ich bereits erläutert, ebenso die Erlaubnis, Tonwiedergabegeräte zu besitzen. Manche Behinderte dürfen jetzt am Wochenende mit dem Zug in die Stadt fahren, um sich auf eigene Faust im Café, im Kino und beim Bummeln zu vergnügen. Außerdem wird die Einrichtung einer Außenwohngruppe erwogen, damit die Pärchen selbständig und verhältnismäßig wenig bertreut nach eigenen Vorstellungen wohnen und am allgemeinen Dorfleben aktiv teilnehmen können. Es zeichnet sich also eine gewisse Chance zur Selbstbestimmung für die Behinderten ab, auf Kosten der ununterbrochenen Infiltration mit "heilsamen" und erbaulichen Maßnahmen. Das wäre erfreulich. Da aber Jahresberichte und Gespräche mit Geschäftsführern immer nur einen abstrakten oder selektiven Ausschnitt aus der Wirklichkeit repräsentieren, die ich selber nur durch einen wochenlangen Aufenthalt in A-dorf hätte überprüfen können, weiß ich nicht, wie allgemeingültig und konsequent Liberalisierung, Emanzipation und Mündigkeit in A-dorf Einzug gehalten haben. Es spricht aber, so wie ich die dogmatische Denkweise der Anthroposophen einschätze, alles dafür, daß die Fortschrittsgeister in A-dorf - und das sind der neue Geschäftsführer und einige relativ neue Hauseltern - zwangsläufig an weltanschauliche Toleranzgrenzen stoßen bzw. stoßen werden.

Wie ist es nun um die Mitbestimmungsmöglichkeiten in B-dorf bestellt? Können die behinderten DorfbewohnerInnen Einfluß auf ihr eigenes Wohlergehen und die Geschicke des Dorfes ausüben? Einige Beobachtungen, die ich während meines kurzen Aufenthalts dort machen konnte, sprechen eine deutliche Sprache:

In B-dorf wurden u.a. zwei Schwestern K. und P. betreut, die sich erst seit wenigen Jahren dort aufhielten. Da sie beide sehr selbständig und selbstbewußt auftraten und sich sprachlich gut ausdrücken konnten, war ihnen eine Behinderung kaum anzumerken.

Am zweiten Tag zeigte mir die Hausmutter das Haus, u.a. auch das geräumige Zimmer von einer Bewohnerin F., in dem bis vor kurzem die beiden Schwestern gemeinsam gewohnt hatten. Die Hausmutter erklärte, sie und andere Hauseltern seien übereingekommen, die geradezu symbiotisch aneinanderhängenden Schwestern zu trennen. K. sei im Haus geblieben, hätte aber ein anderes Zimmer zugeteilt bekommen. Ihre Schwester P. sei in eine andere Familie umgezogen. Die Trennung begründete sie in erster Linie damit, daß die Schwestern einen derart festen Block gebildet hätten, daß niemand im Konfliktfall gegen sie angekommen sei. Die Entscheidung für den Umzug und der Umzug selber waren innerhalb eines einzigen Tages über die Bühne gegangen, und zwar gegen den ausdrücklichen Willen der Schwestern.

Die beiden hatten also ein unschlagbares Team gegen die elterliche Autorität gebildet, und die schlug zurück, indem sie das Team spaltete - ohne vorbereitende und einfühlsame Gespräche, sondern mit einer schon gewalttätig zu nennenden Übertölpelungsaktion. Es mag im Einzelfall ja sinnvoll sein, sehr enge Beziehungen oder gar Abhängigkeitsverhältnisse zumindest in Frage zu stellen, um den einzelnen ihre Individualität und ihr eigenes Stehvermögen bewußt zu machen. Aber es ging ja offensichtlich nicht um die Interessen der

Betreuten, sondern die "Herrschenden" fühlten sich bedroht durch die gewitzt-schlagfertigen, perfekt aufeinander eingespielten Schwestern, die die Machtverhältnisse auf den Kopf zu stellen drohten.

Dabei besteht ja offiziell der Anspruch, Machtverhältnisse abzuschaffen: "Die Anerkennung der Individualität trotz eingeschränkter Selbständigkeit und Verantwortungsfähigkeit erfordert Gemeinschaftsformen des Zusammenlebens, in denen nicht mehr das Gefälle von Betreuer und Betreutem vorherrscht," heißt es von anthroposophischer Seite (Klimm, S.31).

Ich wunderte mich, wie munter und gesprächig sich K. in der Familie verhielt und nahm an, daß sie die Trennung doch schon verwunden habe. Aber schon beim Mittagessen brach der Konflikt auf für mich zunächst nicht verständliche Weise aus (s.o.). Meine Hausmutter erklärte ihn mir dann in der Mittagspause: K. verübelte es F., daß sie jetzt in dem Zimmer wohnt, das früher das kleine Reich von ihr und ihrer Schwester war, und pflegte in ihrer Ohnmacht die Wut über die Trennung an der zartgliedrigen und sensiblen F. auszulassen, die nun wirklich nichts dafür konnte. Konkret ging es um einen Schrank, der noch in besagtem Zimmer stand, weil er zu sperrig war, um ihn in K.'s neuem Zimmer aufzustellen, obwohl er K. gehörte. Obwohl die Hausmutter in scharfem Ton verbot, das Thema bei Tisch weiter zu erörtern, beharrte K. darauf, es sei eine Sauerei, daß F. ihren Schrank benützen würde. Daraufhin warf die Hausmutter K. raus. K. brach sofort in Tränen aus, zog sich aber widerstandslos mit ihrem Teller ins Wohnzimmer zurück. Die Hausmutter sprach anschließend mit ihr. "Ich sagte der Hausmutter, sie habe mit ihrem Rausschmiß K. moralisch verurteilt. Sie erwiderte fast trotzig, ja, das wollte sie irgendwie auch. Ich meinte, K. sei zur Zeit sicher der Boden unter den Füßen entzogen, was sich dann an solchen Dingen wie dem Schrank festmacht. Ich schlug vor, für K. irgendwas Schönes anzuschaffen, was ihr allein gehört, damit sie nicht den Eindruck hat, man wolle ihr alles wegnehmen. Ja, sagte die Hausmutter, es gebe ein Bord, das in ihrem Zimmer noch angebracht werden müßte, aber sie selbst könne das nicht, da müßte jemand von der Schreinerei kommen, aber sie sehe es irgendwie nicht ein, sich für K. jetzt ein Bein auszureißen. Letzten Endes würde in B-dorf *gar nichts* K. wirklich gehören, das Zimmer würde sie ja auch nur bewohnen und hätte es nicht gemietet (wie auch, ohne Einkommen!). Ich weiß nicht, was dieser Hinweis soll, finde ihn aber ziemlich zynisch." (Protokoll B-dorf)

Das Verhalten der Hausmutter spricht für die These, daß es hier um nichts weniger als um einen Machtkampf ging, der mit allen Mitteln geführt und gewonnen werden sollte. Anstatt K. - wenn man sie schon an der Entscheidung nicht beteiligt hatte - wenigstens zu trösten und ihr zu helfen, mit der neuen Situation fertigzuwerden, läßt man sie weiter ihre Ohnmacht spüren. Es wird einfach erwartet, daß sie sich demütig abfindet und den Betrieb nicht weiter stört.

Ich fragte die Hausmutter nach den Mitbestimmungsmöglichkeiten der Behinderten in B-dorf. "Einmal im Monat ist Dorfversammlung. Vor einiger Zeit haben die BetreuerInnen beschlossen, daß die Werkstätten am Samstag geschlossen bleiben, und das wurde den Behinderten auf einer solchen Dorfversammlung mitgeteilt. Einige beschweren sich daraufhin, zu diesem Thema nicht befragt worden zu sein. Einverstanden waren sie allerdings schon. K. z.B. fühlte sich total übergangen bei der Entscheidung, sie von ihrer Schwester zu trennen; überhaupt scheinen einige Behinderte einiges daran auszusetzen zu haben, daß über sie verfügt und entschieden wird. Die Hausmutter neigt eher dem autoritären Standpunkt zu: 'Naja, es ist zu ihrem Besten, wir müssen eben schauen, daß der Laden läuft, und die Behinderten sehen nur ihren verengten Standpunkt. Wir helfen ihnen mit unseren Entscheidungen.'" (Protokoll B-dorf) Hut ab vor der letzten Formulierung! Sie ist die zur Perfektion gereifte Verschleierung handfester Interessen der BetreuerInnen, ihre Behinderten nach eigenen Vorstellungen in den Griff zu bekommen.

Die Eindrücke aus B-dorf sind bisher also durchaus widersprüchlich. Ich habe lange nach einer pädagogischen Linie oder einem Konzept gesucht, nach tragenden Werten und einer Zielvorgabe. Vielleicht gibt es eine solche nicht. Der Erziehungsstil ist weder durchgängig repressiv und autoritär, noch konsequent in seinen liberalen und emanzipatorischen Aspekten.

Rudolph geht davon aus, daß diese Verschwommenheit in der Waldorfpädagogik Methode hat, und die genauen Anweisungen Steiners an die Lehrer geben ihrer These recht (vgl. Rudolph, S.149 ff.). Die Kinder wissen nie genau, woran sie sind: "Sie dürfen nicht einmal ahnen, 'daß man ihnen Moral beibringen will.'(Steiner)" (Rudolph, S.149) Die BetreuerInnen in den Dorfgemeinschaften sind in der Regel nicht so gut ausgebildet wie die WaldorflehrerInnen. Nur manche haben die Ausbildung zur "Sozialtherapie" absolviert; bei den anderen reicht die "richtige Einstellung" und die Bereitschaft aus, sich auf Dauer mit der eigenen Familie in einem Dorf niederzulassen, und PraktikantInnen und Zivis, die einen großen Teil des Personals stellen, sind ohnehin ganz und gar unqualifiziert für pädagogische Aufgaben. Daher vermute ich, daß die Unklarheit der erzieherischen Linie weniger der von Rudolph beschriebenen pädagogischen Strategie folgt, sondern sich aus folgenden Faktoren ergibt:

In der Tat dominiert das anthroposophische Heilungsprogramm, das ich in den letzten Kapiteln dargestellt habe. Zum anderen wird der Erziehungsstil aber auch geprägt durch persönliche, mehr oder weniger unreflektierte Ideal- und

Wertvorstellungen des einzelnen Betreuers, d.h. seine private Theorie über menschliches Verhalten. Beides fällt aber gelegentlich einem dritten Faktor zum Opfer, nämlich den strukturellen Gegebenheiten. Je überlasteter die einzelne Betreuerin ist, je weniger sie Ausgleich im Privatleben und in der Freizeit findet, je mehr das Verhältnis zwischen den KollegInnen von Unoffenheit und Konkurrenz belastet ist, desto wahrscheinlicher ist ein spontan genervtes, selbstgerechtes, mitunter bösartiges Verhalten in Interaktionen mit den Behinderten. Hinzu kommen schließlich als vierter Punkt persönliche, zufällig vorhandene (weil nicht in der Ausbildung enthaltene) soziale Kompetenzen wie Gesprächsführungstechniken oder einfach Eigenschaften wie Humor, Freundlichkeit, Großzügigkeit und Gerechtigkeitsgefühl, die den Umgang mit Menschen generell leichter und erfreulicher machen.

Was ist unter diesen Umständen von einem pädagogischen Konzept zu erwarten?

"Der Zivi meinte, die Psychopharmaka, die die Schwerbehinderte I. jetzt nimmt, hätten sie nicht verändert, d.h. sie sei nicht besser geworden. Ich fragte, was heißt denn 'besser'? Er verstand erst nicht, was ich meine, sagte dann: 'Na, besser halt, anständiger.' Ich: 'Anständiger? Was soll denn das heißen?' Er: 'Naja, lieber halt.' Nun gut, er ist ja bloß Zivi, und der hellste und zufriedenste scheint er nicht zu sein. Aber was für ein pädagogischer Wind weht da?" (Protokoll B-dorf)

Das Gefühl hatte ich oft: Lieb sollen sie sein, die behinderten BewohnerInnen, fröhlich, folgsam, unkompliziert, gute Kumpels eben, die einem selber auch mal das schwere Herz erfrischen, die kooperativ sind und sich mit dem Dorf identifizieren. In manchen der selbstzufriedenen A-dorfer Jahresberichten - nicht alle sind so, manche enthalten auch Selbstkritik - wimmelt es von drolligen Aussprüchen der Behinderten und artigen kleinen Artikeln, die die Behinderten selbst verfaßt haben.

Natürlich möchte man, daß es den Behinderten "gut" geht, d.h. daß ein Autist seine Angst vor Kontakten verliert und daß eine Schwerbehinderte lächelt und ein Stummer doch ein paar Laute von sich gibt. Auf Fortschritte ist man sehr stolz. Aber wie kommen sie zustande? Die beiden Schwerbehinderten in meiner B-dorfer Familie wurden jedenfalls ungeduldig angeschnauzt, sobald sie vitale Regungen zeigten: "Gestern abend hing G. gelangweilt herum, wandte sich immer wieder an uns, um uns seine Blume zu zeigen, die jemand ihm am Knopfloch befestigt hatte. Die Hausmutter wies ihn streng an, uns damit in Ruhe zu lassen und sich im Wohnzimmer aufs Sofa zu setzen. Er tat, wie ihm geheißen, stand aber gleich wieder auf und wollte abermals mit mir in Kontakt treten. Ehe ich reagieren konnte, kam die Hausmutter wieder in den Raum gezischt und pflanzte ihn mit scharfen Worten zurück aufs Sofa. Die einfachste

Form des Leids ist Langeweile... Heute erzählte sie mir, G. sei Autist und habe sich in den letzten zwei Jahren wahnsinnig verändert; früher sei er gar nicht in der Lage gewesen, auf jemanden zuzugehen. Ich frage mich wirklich, wie diese Veränderung vonstatten gegangen ist." (Protokoll B-dorf)

Die latente Wut darüber, daß die Behinderten sich nicht so angenehm und nett verhalten, wie man es gerne hätte, um so einen anstrengenden Arbeitsalltag zu ertragen, wurde in diesem Haushalt permanent an den beiden schwächsten BewohnerInnen ausgelassen. Der pädagogische Irrwitz, ausgerechnet von Schwerbehinderten vernünftiges und unterhaltsames Verhalten zu erwarten, ist vermutlich nur aus dem Blickwinkel einer überarbeiteten Hausmutter nachzuvollziehen. Woher sollte sie auch die Kraft und den Sachverstand nehmen, sich in die möglichen Interessen und Vorlieben schwer geistig behinderter Menschen hineinzuversetzen und ihr Spektrum dadurch zu erweitern? Das Problem ist, daß die fachlich qualifizierte Betreuung der Behinderten offenbar keineswegs im Mittelpunkt der Institution Dorfgemeinschaft steht, denn sonst gäbe es zumindest Versuche, den Personalschlüssel zu verbessern und eine individuelle therapeutische und pädagogische Förderung und Beschäftigung für die Schwerbehinderten zu organisieren. Aber das hieße auch, persönliche Grenzen der Belastbarkeit zuzugeben. Es ist schade, wenn die Qualität der Betreuung unter den unerreichbaren Ich-Idealen der anthroposophischen BetreuerInnen leidet und das Erreichbare dafür tabuisiert wird.

Aber zurück zu den Betreuten. Ich habe weder in A-dorf noch in B-dorf je erlebt, daß man sich im Gespräch oder bei einer Konferenz über die Bedürfnisse und Gefühle eines Behinderten Gedanken gemacht hätte; vielmehr ging es um Fragen des äußeren Verhaltens und dessen moralische Bewertung. Im Vergleich zu den äußerst engagierten und einfühlsamen Teamgesprächen, an denen ich im Rahmen meiner Tätigkeit bei der Lebenshilfe teilgenommen habe, kommen mir die pädagogischen Konferenzen in A-dorf, an die ich mich erinnern kann, reichlich absurd vor. Am 22.10.84 behandelten wir in unserer Familienkonferenz - von der der Großteil der Familie, nämlich die Behinderten, bezeichnenderweise ausgeschlossen war - folgende Themen:

Der knapp 20-jährige Behinderte F. hatte bei der Hausarbeit ständig einen abwetzten Teddy namens Helmut bei sich, mit dem er sich ununterbrochen unterhielt - und was hätte man aus diesen Gesprächen alles über F. erfahren können! Die Hausmutter befand, es sei für einen Erwachsenen unpassend, mit einem Teddy im Arm angetroffen zu werden, und ordnete daher an, F. sei die Mitnahme des Teddys aus seinem Zimmer zu verbieten. Wir, d.h. der Zivi und ich, sollten bitte auf die Einhaltung dieser Regel achten. Als ebenfalls unangemessen bezeichnete sie das anlehnungsbedürftige Verhalten eines Spastikers Fr., und deshalb sollten wir uns in Zukunft seiner Umarmungen erwehren; diese Schmuserei sei irgendwie unwürdig und täte ihm nicht gut. Der Hausvater fügte hinzu, das solle sich auch der Schreinerlehrling, der in unserem Haushalt wohnte, zu Herzen nehmen, der in der Tat eine sehr warme und freundschaftlich-herzliche Art hatte, mit den ihm nahestehenden Leuten in A-dorf umzugehen. Außerdem sei es vielleicht sinnvoll und der Mitarbeiterkonferenz als Thema vorzuschlagen, wenn sich die A-dorfer künftig siezen würden und sich morgens alle die Hand gäben. Das würde vielleicht zu einem aufmerksameren und respektvollerern Umgang miteinander beitragen.

Als ich mit Herrn Eisenmeier über die Art der Konferenzen in Sassen sprach, führte er ein vergleichbares Thema als Beispiel an: "Wenn einer aus der Reihe tanzen will und man mal sehen müßte, wie der zur Ordnung gerufen werden kann, kann man das doch auch bei Tisch besprechen." (Interview)

Die Ordnung zu bewahren und den Behinderten nach den eigenen Idealen und Werten zu formen, waren die vorrangigen pädagogischen Ziele. Einen Betreuten mit seinen vitalen Bedürfnissen und Interessen ernstzunehmen, macht ihn für die Betreuung oft keineswegs bequemer. Im Gegenteil: Denn hat er seine Bedürfnisse, seinen Willen und Vorlieben erst einmal entdeckt, dann braucht er Hilfe zur Realisierung, und oft genug werden das Dinge sein, die gar nicht in den Tagesplan passen. Solange jemand nur gelernt hat, still auf dem Sofa zu sitzen, macht er natürlich keine Arbeit. Aber die innere Leere, der man ihn damit aussetzt, ist nicht nur pädagogisch völlig sinnlos, sondern geradezu unmenschlich.

Wer den Anweisungen, Heils- und Wertvorstellungen der BetreuerInnen zuwiderhandelt oder sie schlicht auf dem falschen Fuß erwischt, weil sie müde und genervt sind, wird bestraft, und zwar in der Regel durch eine Moralpredigt. Zumindest in den Haushalten in A- und B-dorf, in denen ich mich aufgehalten habe, war das so; in anderen Familien wurden die Behinderten häufig angeschrien.

"Am Freitag abend waren der Zivi und ich allein im Haus, die Hausmutter war ausgegangen, und wir sollten die Behinderten teilweise baden und ins Bett bringen. Dabei bekam G. eine Art Anfall, er schnaubte, bebte und schrie, packte den Zivi bei den Armen und wollte ihn an die Wand drücken. Der Zivi geriet in Panik und schrie mir zu, ich solle den Hausvater der Nachbarfamilie zu Hilfe holen. Ich raste los. Der Hausvater kam sofort und glättete die Wogen; allerdings nicht nur durch seine ruhige und sichere Art, sondern auch mit Drohungen: 'Wenn du dich nicht anständig verhältst, mußt du in der Ecke stehen.' Am nächsten Morgen beim Frühstück schimpfte die Hausmutter mit G., sah ihn immer wieder tadelnd und böse an und sagte zu mir: 'Das ist ihm jetzt wahnsinnig unangenehm.' Was sie im einzelnen sagte, habe ich vergessen, aber es war ein strenges moralisches Urteil." (Protokoll B-dorf) Ich konnte es nicht

fassen: Der Anfall eines Autisten wurde zur Frage des guten Tons erklärt, und er selbst abgeurteilt wie jemand, der keine Tischmanieren hat!
Auch in A-dorf wurde im Konfliktfall nicht nach den individuellen Beweggründen eines Verhaltens geforscht und die Erwartungen nach dem individuellen Entwicklungsstand gerichtet, sondern moralisiert. Das zeigt der folgende Interviewausschnitt mit Frau E. und ihrer Tochter A.. Sie erzählten mir von einem Bewohner namens T., der offenbar sehr abhängig von meiner damaligen Hausmutter D. war.

Frau E.: "Der leidet richtig, wenn die D. nicht da ist, offensichtlich. - Der T., den kenne ich schon lang, der war immer so ein Verträumter, Lieber, der hat also da sein Zimmer angezündet..."
A.: "Jaja, hör bloß auf!"
Frau E.: "Der ist mongoloid, also die machen ja sowas sowieso nicht, da muß schon einiges passiert sein, daß *er* das macht. Das ist auch kein so ein Bulle, sondern ein ganz Zarter..."
A.: "Aber Mami, der hat ganz schön Ärger gekriegt, wie er sein Zimmer angezündet hat, und zwar von der D. *persönlich!*"
Frau E.: "Hat ihn die D. zammg'staucht?"
A.: "Hast du 'ne Ahnung!"
Frau E.: "Hat sie ihn geschimpft?"
A.: "Jaaaa! - Und er soll *friedlich* sein!"

Es ist sicher nicht leicht, die symbiotischen Wünsche eines Behinderten im Einzelfall aufzuklären und Maßnahmen zu ergreifen, die alle Beteiligten zufriedenstellen, aber schließlich gehören solche Probleme zum Betreuungsalltag und müssen auch dort bewältigt werden - notfalls mit Hilfe von außen, z.B. Supervision für die BetreuerInnen oder Psychotherapie oder Einzelfallhilfe für den Behinderten. Es ist aber so typisch für den pädagogischen Stil in A-dorf - so wie ich ihn aus eigener Anschauung kenne -, einfach abzuwarten, bis etwas Schlimmes passiert und dann den Behinderten nach moralischen Gesichtspunkten zu verurteilen: Daß T. abhängig ist von seiner Hausmutter - das ist *schlecht!* Daß er sein Zimmer in Brand gesteckt hat - das war *böse!* Und deshalb soll er sein Verhalten gefälligst ändern und *friedlich* sein, lieb sein, nicht weiter auffallen, die Routine und die Harmonie nicht weiter stören.

"Die Insassen müssen dazu gebracht werden, sich selbst in der Weise zu steuern, daß sie leicht zu verwalten sind. Um dies zu erreichen, wird sowohl das erwünschte wie das unerwünschte Verhalten als etwas definiert, das dem persönlichen Willen und dem Charakter des einzelnen Insassen selbst entspringt und wofür er selbst verantwortlich ist." schreibt Goffman in seinem berühmten Buch "Asyle" über das Herrschaftsverhältnis zwischen Personal und Insassen in totalen Institutionen (S.89). Auch in den Dorfgemeinschaften existiert ein solches Herrschaftsverhältnis. Die Behinderten sind physisch und psychisch abhängig von ihren BetreuerInnen: Sie haben wenig Möglichkeiten und Gelegenheiten, eigene Interessen zu entwickeln und ihnen nachzugehen; die BetreuerInnen stellen für sie unantastbare und unfehlbare Autoritäten dar, die ihnen ein Diktat über Tugenden, Laster, die richtigen Tätigkeiten und Wohlverhalten aufnötigen; mit ihrem Urteil entscheiden sie über Wohl und Wehe des Befindens, denn sie wissen, wie sie Schamgefühle vermitteln und wie weh Schuldgefühle tun. In einem Klima, in dem Sanftmut und Kontrolle sich locker mischen, Konflikte nicht ausgetragen, sondern dem Harmoniegebot geopfert werden, ist die Behinderte allein und auf sich selbst gestellt: Sie soll sich selbst erziehen, die Untugenden irgendwie ablegen und die Schokoladenseite zeigen. Die Pädagogen sind damit von der Pflicht befreit, sich mit ihrer Persönlichkeit, ihren Wünschen, Gefühlen und ihrer Vergangenheit auseinanderzusetzen: Anti-Pädagogik im schlechtesten Sinne.

6. Kontrapunkt: Emanzipatorische Pädagogik. Ein Exkurs

6.1. "Emanzipierte Beteiligung"

Hermann Giesecke beschreibt in seiner "Einführung in die Pädagogik" die Bedeutung der Emanzipation von Herrschaft und Abhängigkeitsverhältnissen in der Pädagogik und Politik (vgl. S.92 ff). Ohne mündige Bürger sei eine Demokratie nicht denkbar, und da wir im Zeitalter demokratischer Gesellschaftssysteme leben, müßten alle gesellschaftlichen Bereiche eine "Fundamentaldemokratisierung" erfahren, die sich auch auf den familiären, schulischen und betrieblichen Bereich erstreckt. Das heißt, alle Menschen müßten an den gesellschaftlichen Prozessen beteiligt werden. Durch eine demokratische Beteiligung an der Herrschaft würde gleichzeitig Kritik an der Herrschaft des Menschen über den Menschen geübt. Die "emanzipierte Beteiligung" bedeutet also zum einen Gesellschaftsveränderung und "Kampf gegen alle überflüssigen Formen von Herrschaft" (S.95) - die politische Dimension - und zum anderen einen lebenslangen Lernprozeß - die pädagogische Dimension.
  Wie sieht nun emanzipatorische Erziehung aus? Der Mensch soll nicht von bestimmten Werten und von den Idealen und Vorstellungen des Erziehers/der Erzieherin geformt werden, sondern er soll die Möglichkeit erhalten, gleichsam eine "kritische Instanz des mündigen Bewußtseins" (S.92) zu entwickeln. Diese Instanz könne sich uneingeschränkt mit den Aufgaben und Realitäten der

Gesellschaft konfrontieren, um selbstbewußt und eigenständig Entscheidungen über das eigene Leben zu treffen. Diese betonte "Individuation" dürfe aber nicht eine Entwicklung mit anderen, in der Gesellschaft ausschließen.

Einem Lernenden Erfahrungen und Lerninhalte bewußt vorzuenthalten, heißt, ihn an seiner kritischen Bewußtseinsbildung partiell oder ganz zu hindern (vgl. auch Freires "Pädagogik der Unterdrückten"). Den gleichen Effekt haben auch vom Erzieher vorgefertigte Meinungen und Urteile, mit denen der Lernende infiltriert wird.

Beteiligung und Demokratie bedeuten also viel mehr als die bloße Erlaubnis, wählen zu gehen: Sie umfassen alle Erfahrungsbereiche, die einen Menschen interessieren und ihm neue Erlebnisinhalte vermitteln. Die Emanzipation ist im Prinzip an keine Altersstufe gebunden - vom ersten Lebenstag an entfernt sich das Kind von seinen Bezugspersonen, nimmt Verbindung zur Außenwelt auf und gewinnt an Autonomie. "Die Beweislast dafür, daß in einem bestimmten Alter ein bestimmtes Maß an Emanzipation noch nicht gewährt werden kann, liegt gewissermaßen grundsätzlich bei den Erziehenden." (S.97)

Genauso verhält es sich mit der Herrschaft, die nicht nur einerseits durch emanzipierte Beteiligung relativiert und allmählich aufgehoben werden soll, sondern andererseits auch als Herrschaftsverhältnis "Eltern-Kind" und "LehrerIn-SchülerIn" der Entwicklung eines kritischen Bewußtseins entgegensteht: "Jede Form von Herrschaft über Menschen (muß) sich vor dem kritischen Bewußtsein rechtfertigen." (S.95) Die angestrebte Mündigkeit, die Fähigkeit, selbständige, unabhängige Entscheidungen zu treffen und das kritische Bewußtsein haben also Vorrang vor den tatsächlichen oder vermeintlichen Sachzwängen, mit denen Autorität und Herrschaft sich rechtfertigen.

Das Erlernen der Selbstbestimmung hat auch noch eine psychologische Dimension. Das heranreifende Ich muß sich selbst kennen, d.h. einschätzen können; es muß wissen, was es will und soziale Kompetenzen erwerben, damit Interessenskonflikte fair ausgetragen werden können. Die Psychologie nennt diese Fähigkeiten Ich-Stärke, und sie setzt eine integrierte, bewußte Persönlichkeit voraus. Alexander Mitscherlich weist darauf hin, daß die Identitätsfindung und -wahrung den kritischen Menschen sein ganzes Leben lang beschäftigt. Gleichzeitig zerfallen alte, unhinterfragte Werte, Traditionen weichen auf und verlieren an Bedeutung; früher haben sie die Ich-Schwäche der beherrschten Menschen kompensiert, jetzt ist der einzelne gefragt, mündig und reflektiert Entscheidungen über sein Leben zu treffen, persönlich und gesellschaftlich-politisch. In diesem Spannungsfeld zwischen Aufklärung und regressiver Reaktion siedelt Thomas Mayer übrigens auch das Phänomen "Fundamentalismus" an; die Einordnung der Anthroposophen als religiöse Fundamentalisten erfolgt in diesem Sinne an anderer Stelle.

6.2. Pädagogisches Konzept der Lebenshilfe für geistig Behinderte e.V.

Daß unsere demokratische Gesellschaft von einer emanzipierten Beteiligung und der Fundamentaldemokratisierung noch weit entfernt ist bzw. sie möglicherweise gar nicht in diesem Maße anstrebt, liegt leider auf der Hand. Auch Kinder erleben sich in den Institutionen Familie und Schule in der Regel mehr als Objekte denn als Subjekte eines Systems, geschweige denn als "demokratisch beteiligt". Der Emanzipationsgedanke wird durch den Leistungsdruck überschattet, und mit Unterordnung kommt man normalerweise weiter als mit "kritischem Bewußtsein".

Geistig Behinderte hingegen stehen bis zu einem gewissen Grade abseits des Leistungsdenkens; das birgt die bereits beschriebenen Gefahren, ihnen die Existenzberechtigung streitig zu machen. Auf der anderen Seite gibt es fortschrittliche PädagogInnen die Möglichkeit, in der Behindertenpädagogik emanzipatorische Werte und Ideen zu verwirklichen, von denen normale Schulkinder (auch die WaldorfschülerInnen!) nur träumen können. Ob und wie diese Möglichkeit genützt wird, hängt von den einzelnen BetreuerInnen, und im Falle der Lebenshilfe, von den Orts- und Kreisverbänden ab, und selbstverständlich und vor allem von den Kostenträgern der Behindertenhilfe. Ich bin weit davon entfernt, ein pauschales Loblied auf die Lebenshilfe zu singen; im folgenden Teil beziehe ich mich vor allem auf meine Erfahrungen in der Berliner Lebenshilfe und auf die Standpunkte und Empfehlungen zur Wohnbetreuung, die die Lebenshilfe herausgegeben hat. Die Arbeit vor Ort kann sehr unterschiedlich aussehen.

Die Lebenshilfe hat geistig Behinderte aus den totalen Institutionen herausgeholt und sie einzeln, zu zweit oder in kleinen Gruppen in der Stadt, in der Gemeinde oder am Stadtrand angesiedelt. Die Betreuung erfogt ambulant und richtet sich nach dem jeweiligen Betreuungsbedarf der Behinderten. Ziel ist, die Behinderten durch Hilfe zur Selbsthilfe zu größtmöglicher Selbständigkeit und Eigenständigkeit zu verhelfen, weil man davon ausgeht, daß es einem Menschen psychisch und sozial am besten geht, wenn er, möglichst unabhängig von der Hilfe anderer, sein Leben mit einer Bandbreite von Erfahrungen, Erlebnissen, Interessen und Vorlieben, selbst gestalten kann.

Um beispielsweise in der Wohngruppe, in der ich Praktikum gemacht habe, wohnen zu können, war ein gewisses Niveau an lebenspraktischen Fähigkeiten genauso erforderlich wie die Bereitschaft, in einer Werkstatt für Behinderte oder anderswo zu arbeiten und sich auf Regeln des Zusammenlebens zu einigen. Diese Voraussetzungen wurden teilweise von den BewohnerInnen mitgebracht, teilweise in der Phase des Aufbaus der Wohngruppe erlernt. Dabei handelt es sich z.B. um die Fähigkeit, sich selbst zu waschen, an- und auszuziehen und zu essen, oder Bewohnerbesprechungen durchzuführen.

Alle darüber hinausgehenden pädagogischen Maßnahmen orientierten sich am Prinzip Selbstbestimmung. Die BetreuerInnen hatten die Aufgabe, sich an den Bedürfnissen der BewohnerInnen zu orientieren und für sie die psychischen und strukturellen Voraussetzungen zu schaffen, damit sie ihren Alltag über die Pflichten hinaus selbst in die Hand nehmen konnten. Zu diesen Voraussetzungen gehört ein stabiles Selbstwertgefühl, das Wissen um die eigenen Bedürfnisse, Unabhängigkeit durch lebenspraktische Fähigkeiten und Entscheidungsfähigkeit. Daran orientierten sich die pädagogischen Maßnahmen (vgl. Bundesvereinigung Lebenshilfe, S.6 ff).

Lebenspraktische Fähigkeiten z.B. wurden in der Wohngruppe durch Anleitung und spezielle Trainingsprogramme individuell gefördert, sei es bei der Körperpflege, beim Umgang mit Geld, beim Einkaufen von Lebensmitteln, Kleidung und Haushaltsbedarf, bei der Pflege und Instandhaltung des eigenen Zimmers, bei der Zubereitung kleinerer Mahlzeiten oder bei der Benützung öffentlicher Verkehrsmittel. Die Trainingsprogramme erstrecken sich meist über lange Zeiträume, erfordern eine sorgfältige Planung, die Auswahl geeigneten didaktischen Materials, eine intensive Auseinandersetzung mit der Motivation der BewohnerInnen, eine zeitliche Strukturierung und eine regelmäßige Reflexion über die angewandten Methoden, den Ablauf des Trainings und die Fortschritte des Bewohners, am besten mit dem ganzen Betreuungsteam. Darüberhinaus ist eine Protokollierung der einzelnen Trainingseinheiten von Vorteil, um den Überblick über das Training zu behalten und die Fortschritte gegenüber der Ausgangssituation festzustellen. Selbstverständlich muß bei den Fähigkeiten und Kenntnissen des Bewohners angesetzt werden, wobei er weder unter- noch überfordert werden soll, um seine Motivation nicht zu vermindern (vgl. Bollinger-Hellingrath, S.44 ff). Tatsächlich haben diese Trainingsprogramme bei den einzelnen BewohnerInnen der WG große Erfolge gezeitigt. Obwohl nur die Minderzahl der sieben BewohnerInnen lesen konnte, waren alle in der Lage, z.T. weite und komplizierte Strecken zur Arbeit, Ärztin, zu Freunden und den Eltern ohne Begleitung mit Bus und Bahn zurückzulegen, was ihnen spürbar neue Freiheiten verlieh.

Im Freizeitbereich haben die BewohnerInnen ebenfalls die Möglichkeit, ihre Fähigkeiten zu erweitern, an Selbstwertgefühl zu gewinnen und darüberhinaus neue Hobbies und Interessen zu entdecken. Die BetreuerInnen haben zum einen die Aufgabe, Freizeitangebote zu initiieren und durchzuführen, wobei es von den zufällig vorhandenen Fähigkeiten und Neigungen der BetreuerInnen abhängt, welches Programm sie anbieten können. In der WG 2 waren die Talente vielfältig und die Initiative groß: Es gab eine Werk-, eine Massage-, eine Foto-, eine Sport- und eine Fußballgruppe und zeitweise auch Instrumentalunterrricht. Diese Angebote wurden von BewohnerInnen aus der ganzen Wohnstätte wahrgenommen, fanden z.t. aber nur 14-tägig statt. Zum anderen wurden die BewohnerInnen aber auch angeregt, an Freizeitangeboten außerhalb der WG teilzunehmen: Manche von ihnen gingen gerne ins Kino, Theater oder Konzert; andere ins Schwimmbad, in die Disco oder in Clubs für Behinderte und Nichtbehinderte; außerdem wurden von der offenen Behindertenarbeit verschiedener Träger Veranstaltungen und Ferienfahrten angeboten, so daß für die Behinderten die Möglichkeit bestand, auch außerhalb der Wohnstätte und der Arbeit neue Leute und Gruppenkonstellationen kennenzulernen. Allerdings sollte bei alledem verhindert werden, daß die Behinderten zu Objekten vielfältiger Integration- und Therapiebemühungen werden, die Tag für Tag ein Förderungsprogramm zwecks besserer Anpassung an die Gesellschaft durchlaufen müssen. Niemand sollte genötigt werden, an Förder- oder Freizeitangeboten teilzunehmen. Verbindlich war ohnehin schon genug: Die Arbeit, die Gruppenregeln (die vor allen die Haushaltsführung betrafen), die regelmäßig stattfindende Bewohnerbesprechung und die Freizeitgruppen, für die man sich nach einer angemessenen Testphase entschieden hatte. Die Ruhebedürftigkeit, aber vor allem die Entscheidung für die eigenen Interessen, wurden grundsätzlich respektiert. Handlungsautonomie als pädagogisches Ziel war der optimalen Förderung übergeordnet.

Das Wohnen im eigenen Zimmer wird in der Lebenshilfe derart gestaltet, daß es der "Selbstverwirklichung, Selbstfindung und Selbstgestaltung" (Speck, S.9) der BewohnerInnen dient. Die Behinderte kann das eigene Zimmer im Rahmen der finanziellen Möglichkeiten nach ihrem eigenen Geschmack einrichten und alles darin aufbewahren, was ihr wichtig ist. In manchen Zimmern stapeln sich Bücher, Stofftiere, Cassetten, Andenken, Fotos etc. in erklecklichem Ausmaß, was die gelegentliche Säuberung zwar erschwert, aber darauf hindeutet, welch großer, z.T. symbolischer Wert dem gesammelten Privateigentum beigemessen wird. Im eigenen Zimmer kann die Bewohnerin ungestört tun, was sie will: malen, basteln, Musik hören, puzzlen, sich ausruhen, lesen und fernsehen. Sie kann ihre Privatsphäre mit FreundInnen teilen oder sich von der Wohngruppe und den BetreuerInnen zurückziehen. Sie hat die Kontrolle über ihren Raum, sie kann entscheiden, wer hineingehen darf. Die Zimmer der Behinderten müssen abschließbar sein. In der WG der Berliner Lebenshilfe schlossen die BewohnerInnen ihre Zimmer grundsätzlich ab, bevor sie aus dem Haus gingen, weniger aus Mißtrauen, sondern um zu unterstreichen, daß sie und nur sie über das eigene Zimmer verfügten. Die meisten BewohnerInnen wissen ihren Privatbereich gut zu nützen: Sie entwickeln mit der Entscheidung über die Einrichtung des Zimmers ihren eigenen Stil und haben die Möglichkeit, ihre

Freizeit auf sehr unterschiedliche Weise zu gestalten und Lebensgewohnheiten zu entwickeln, die ihnen entsprechen und ihnen angenehm sind.

Den BewohnerInnen wurde möglichst Freiheit in der Entscheidungsfindung gewährt, im Vertrauen darauf, daß sie selbst realisieren, was ihr Handeln bewirkt. Z.B. mußte niemand einen Hehl daraus machen, wenn er nicht gerne zur Arbeit ging. Wer aber beschloß, krank zu feiern, mußte selbst zusehen, seinem Hausarzt einen "Gelben" zu entlocken.

Die Selbstbestimmung wurde auch durch Einzelgespräche und Beratungen gefördert, wenn es Schwierigkeiten mit anderen BewohnerInnen, den Eltern, der Arbeit oder dem Partner gab.

Selbstverwirklichung, Selbstbewußtsein, Selbständigkeit und Handlungsautonomie sind verwandte Begriffen und bedingen einander. Menschen, die wissen, was sie wollen und wie sie es verwirklichen können, geraten im Zusammenleben leicht in Konflikt mit anderen, denen es ebenso ergeht. Die Interessenskonflikte werden mit Hilfe der BetreuerInnen ausgetragen. Einfühlung in den anderen, Selbstbehauptung, aber auch Kompromißfähigkeit gehören zu den sozialen Kompetenzen, die in der Wohngruppe gelernt werden.

Selbstbestimmung als pädagogisches Prinzip heißt also:
1. Selbständigkeit durch die Erlernung lebenspraktischer Fähigkeiten;
2. Orientierung an den Bedürfnissen der Behinderten;
3. Angebot verschiedener Erfahrungs- und Erlebnismöglichkeiten zur freien Auswahl als Hilfe zur Geschmacksbildung und zur Entfaltung persönlicher Interssen und Vorlieben;
4. Entscheidungsfreiheit gewähren;
5. Eigeninitiative fördern;
6. Regeln des Zusammenlebens gemeinsam mit allen BewohnerInnen festlegen und im Zuge individueller und/oder kollektiver Bedürfnisveränderung und Entwicklung reformieren;
7. kein Infiltrieren der BewohnerInnen mit Vorurteilen, Werten, Idealen und Meinungen der BetreuerInnen. Erstere sollen frei denken, fühlen und urteilen können, ohne moralischen Druck und psychische Abhängigkeit.

In Anbetracht dieser Liste liegt auf der Hand, daß dem Beruf der Behindertenbetreuung nur jemand gerecht werden kann, der den Behinderten gegenüber frei von Machtgelüsten, moralischen Attitüden, Besserwisserei und Bemutterungswünschen auftritt, der fachlich kompetent Freizeitangebote, Beratung und lebenspraktisches Training durchführen kann und ein hohes Maß an Reflektionsbereitschaft, auch über sich und sein Handeln, mitbringt. Eine fundierte pädagogische Ausbildung stellt dazu eine unerläßliche Voraussetzung dar.

7. Wer ist glücklicher?

Eine Frage, die mir in Gesprächen über Betreuungskonzepte oft gestellt wurde, lautete: "Daß du dich in A-dorf nicht wohlgefühlt hast, daß dir die Anthroposophie offenbar nicht lag, weil du emanzipatorische Konzepte favorisierst - gut und schön. Aber darum geht es letztendlich doch gar nicht; die Behinderten sind doch die Hauptpersonen. Wo fühlen sie sich denn nun wohler, im Dorf bei den Anthros oder in der WG in der Großstadt?" - Es wäre anmaßend, diese Frage zu beantworten, ohne mindestens 200 Behinderte über ihr Lebensgefühl in der einen oder anderen Einrichtung befragt zu haben. Außerdem ist Lebensqualität ein sehr relativer Begriff. Viele Menschen sind in der Lage, sich mit ausgesprochen grauenvollen Bedingungen abzufinden und zu arrangieren, weil ihnen objektiv oder scheinbar nichts anderes übrigbleibt; irgendwie bringen sie es fertig, den schwierigsten Situationen angenehme und heitere Seiten abzugewinnen. Andere sind nie zufrieden, weil sie unerfüllbaren Idealen hinterherjagen. Sowohl in den Dörfern als auch bei der Lebenshilfe oder in Behindertenclubs habe ich zufriedene und ausgeglichene Menschen erlebt, genauso aber auch unglückliche, depressive und aggressive.

Auf den ersten Blick scheinen viele Behinderte in den Dörfern glücklich zu sein. Sie kommen auf den Neuling zu, stellen ihm tausend Fragen, erzählen über sich und ihre Arbeit; das Wort "wir" fällt fast genauso oft wie "ich". Anders erging es mir bei der Lebenshilfe, als ich dort mein Praktikum begann: Die BewohnerInnen verhielten sich durchaus zurückhaltend, fast mißtrauisch. Es war ihnen anzumerken, daß sie mich zunächst als Fremdkörper und Eindringling in ihrer Privatsphäre empfanden. Mit Recht, wie ich meine, denn was sollte sie veranlassen, einer Fremden Tür und Tor zu ihrem intimsten Bereich zu öffnen? Im Laufe des Kennenlernens faßten wir beiderseitig Zutrauen zueinander und begannen, von uns zu erzählen. Auch im Alltag verhielten sich die BewohnerInnen so, wie sie sich fühlten, gereizt bis unansprechbar oder gelöst und aufgeschlossen bis himmelhochjauchzend. Die Stimmung in der WG schwankte entsprechend; Konflikte und Reibereien entstanden und wurden ausgetragen und beigelegt, und an anderen Abenden wurde ausgelassen gescherzt und gelacht.

In den Dörfern hingegen pendelte die Stimmung weniger, vor allem aber hing sie nicht so stark von der Befindlichkeit der einzelnen ab, sondern von den Anordnungen der BetreuerInnen. Zu aufgeregt durfte es nicht zugehen, zu manchen Gelegenheiten war gedämpfte Andacht angesagt; die Form spielte eben eine wesentliche Rolle. Die Behinderten in den Dörfern konnten nicht uneingeschränkt sagen, was sie beschäftigt, und nicht alle ihre Gefühle zeigen, ohne Zurechtweisungen, Gebote und andere Sanktionen zu gewärtigen. Viele ihrer Bedürfnisse werden im Dorf erfüllt; im übrigen passen sie sich an oder hintergehen die Hauseltern, d.h. sie haben die Vormachtstellung der BetreuerInnen akzeptiert und arrangieren sich damit.

Die von Giesecke beschriebene emanzipierte, mündige Lebensweise ist die logische Folgerung aus den Werten der Aufklärung, die auch unsere demokratische Gesellschaftsform bedingen. Sich von diesen Werten zu distanzieren und totalitäre Denkweisen und Gemeinschaftsformen zu pflegen, ist eine Sache; in diese Experimente ausgerechnet geistig Behinderte einzubinden, deren Urteilsfähigkeit intellektuell eingeschränkt ist und daher einer besonders behutsamen und respektvollen Unterstützung bedarf, wirft ein Licht auf die Wertschätzung, die geistig behinderten in diesem Land genießen.

Erving Goffman nennt vier typische individuelle Strategien, mit Zwagssystemen in totalen Institutionen zurechtzukommen (S.65 ff.):
- Rückzug (bis zum Stumpfsinn, Abbruch der Beteiligung an Interaktionsprozessen)
- Verweigerung (die meistens nicht lange durchgehalten wird)
- Kolonisierung (sich mit der beschränkten Welt der Anstalt abfinden und das Beste daraus machen)
- Konversion (totale Anpassung, Identifizierung mit dem Aggressor, d.h. mit den Anstaltszielen und dem Personal).

Schlaffer und Benard nennen in diesem Zusammenhang noch die Möglichkeit der Regression in kindliche Abhängigkeit (S.156).

Ganz Zurückgezogene habe ich in den Dörfern selbst nicht erlebt, wären aber v.a. in den Reihen der Schwerbehinderten denkbar. Dauerhafte Verweigerung und Boykott führen zum Ausschluß aus der Gemeinschaft. Für die Behinderten gibt es aber viele Gründe, im Dorf bleiben zu wollen: Sofern ihnen nicht alles absolut widerstrebt, was dort veranstaltet wird, setzt bald der Prozeß der Kolonisierung ein, d.h., sie finden FreundInnen, freuen sich auf einzelne Aspekte des Dorflebens, werden vertraut mit dem Dorf als Lebensraum und nehmen die Gewohnheiten an, die ihnen von höherer Stelle vorgelebt werden. Das Dorf wird zur Heimat, mit all ihren angenehmen und spröden, schwer erträglichen Seiten. Im gleichen Maße verschwimmt die Erinnerung an die eigene Vergangenheit "draußen"; soziale Kontakte zum Herkunftsort werden dünner, der alte Lebensstil verliert an Bedeutung. Hinzu kommt bei vielen BewohnerInnen, die Eltern mit Glücklichsein zufriedenstellen zu wollen, die sich mit der Auswahl des Pflegeplatzes soviel Mühe gemacht haben.

Mit der Zeit wandelt sich die Kolonisierung bei vielen zur Konversion. Die Liebe und Anerkennung der Hauseltern zu gewinnen, wird immer wichtiger und gelingt nur über den Weg der Anpassung an ihre Wünsche und Anordnungen.

Damit geraten die Behinderten in das Dilemma, entweder ihre Identität teilweise aufzugeben oder auf die Zuneigung der Autoritäten verzichten zu müssen. Der Prozeß der Identifizierung mit dem Aggressor wird beschleunigt durch das starke Wir-Gefühl, das im Dorf ununterbrochen betont und durch Gemeinschaftsrituale, Gemeinschaftsarbeiten, Feste und Aktionen zur Selbstdarstellung bei allen Beteiligten hervorgerufen wird. Den Behinderten wird suggeriert, unverzichtbarer Bestandteil des großen Ganzen zu sein, und dieses Ganze ist gut, ist besser als das, was sie vorher vereinzelt zuhause und in der Stadt erlebt und gemacht haben.

Charlotte Rudolph spricht noch einen weiteren Faktor in anthroposophischen Einrichtungen an, der die Identifikation fördert: "Zusätzlich bindet, daß wohl alle die Besonderheit ihrer Erzieher spüren: Jeder Waldorfpädagoge geht mit seiner ganzen Person in seinem Beruf auf. Natürlich verlangt er von den Kindern entsprechende Lebensfreuden. Der bis in die Konferenzen wirkende Befehl zu allseitigen Harmonie, das ständig herzustellende positive Lebensgefühl und der Himmel der Konfliktlosigkeit hat auch hier seinen Grund. Und die Kinder, die so oft hören, wie sehr sich die Erwachsenen für sie opfern, fühlen sich ihnen gegenüber tief verpflichtet. In solcher Beziehung verflochten, müssen die Kinder, und das kann auch mit Freude geschehen, sinngebend sein. Sie müssen die ihnen vermittelten Lebensgefühle und Ideen zurückspiegeln." (S.153 f.)

Die meisten behinderten DorfbewohnerInnen spielen mit. Ihre Persönlichkeit spaltet sich auf in eine unerwünschte, weil unadäquate Willensseite, die mit Schuldgefühlen überzogen wird und mit der sie selbst zurechtkommen müssen, und in eine fröhliche, dankbare, kooperative Seite, mit der sie die Bedürfnisse der BetreuerInnen erfüllen und die deshalb mit Anerkennung belohnt wird. Die Autoritätsfigur ist ihnen moralisch überlegen und wird als eine "Quelle von Sicherheit und materiellem und psychischem Wohlergehen" (Schlaffer/Benard, S.156) erlebt. Ein solches Abhängigkeitsverhältnis schließt kritische Distanz zu den BetreuerInnen aus, zumal ihre Gängelung so freundlich gewandet ist, ihr Liebesentzug oft so sanft und traurig vonstatten geht und ihr Engagement für die gemeinsame Sache so aufopfernd erscheint. Gelegentlich entstehende Aggressionen richten die Behinderten seltenst gegen die Hauseltern selber; allenfalls beklagen sie sich bei den jungen MitarbeiterInnen.

Wer über ein fröhliches und anpassungsfähiges Gemüt verfügt, wer ausreichend Befriedigung aus Freundschaften mit Mensch und Tier, Arbeit, Theaterspielen etc. bezieht, kann es sich in diesem Abhängigkeitsverhältnis ganz gemütlich einrichten. Nur eines kann er so mit Sicherheit nicht: erwachsen werden. Wer gezwungen wird, sich derart unter die Fittiche idealer, allwissender und alles bestimmender Autorität zu begeben und dafür seine eigene Entwicklung, Selbstverantwortung und Eigenständigkeit über Bord wirft, bleibt ein nettes, großes Kind. Außerhalb des Dorfes wird er aber kaum lebensfähig sein, weil er nicht gelernt hat, seine Bedürfnisse zu erkennen und zu verwirklichen, Eigeninitiative zu entwickeln, Entscheidungen zu treffen und unabhängig von der Meinung bzw. Anerkennung anderer zu agieren; abgesehen davon wird es ihm an lebenspraktischen Fähigkeiten fehlen, die man im Dorf nicht gebraucht hat und die daher auch nicht vermittelt wurden. Aber da ein Erwachsenwerden in diesem Sinne von anthroposophischer Seite gar nicht beabsichtigt ist, soll ihnen der Verzicht auf entsprechende Maßnahmen auch nicht vorgeworfen werden. Wenn in anthroposophischen Zusammenhängen ein Loblied aufs Erwachsenwerden gesungen wird (und das war sogar schon seinerzeit in A-dorf der Fall), ist damit einfach etwas ganz anderes gemeint, nämlich die Einsicht in die Notwendigkeit der Pflichterfüllung in allen Lebensbereichen: in der Arbeit, im Gemeinschaftsleben, im Geiste.

Wer aber ist nun glücklicher? Der verhältnismäßig Freie, auf sich selbst Gestellte, der nützen kann, was die Welt ihm an Erfahrungsmöglichkeiten bietet und der sich und sein freies Dasein manchmal verfluchen wird angesichts der Härte und Einsamkeit in der modernen Gesellschaft? Oder das Kind, das in dem Glauben lebt, alles um es herum sei von liebenden, fürsorglichen Eltern aufs Beste bestellt und dafür mit Unterordnung, Selbst*losigkeit* und psychischer und materieller Abhängigkeit bezahlt?

Es wäre wünschenswert, wenn über diese Alternativen zumindest jede/r Betroffene selbst entscheiden könnte. Aber das schließt das Menschenbild, das der zweiten Alternative zugrundeliegt, ja bereits aus.

Betreuerinnen und Betreuer

1. Anforderungen an die MitarbeiterInnen

Das Konzept der Dorfgemeinschaft beruht auf der Idee, mit geistig Behinderten Tag und Nacht zusammenzuleben. Die MitarbeiterIn sollte also bereit sein, mit Sack und Pack und, soweit vorhanden, mit der ganzen eigenen Familie, ins Dorf zu ziehen und auf die Beschränkung auf eine normale, gesetzlich geregelte Arbeitszeit zu verzichten. Aus Personalmangel und in dringenden Einzelfällen werden Ausnahmen gemacht. Es gibt also vereinzelt durchaus WerkstattleiterInnen, MitarbeiterInnen, GeschäftsführerInnen, Haushaltshilfen und Zivildienstleistende, die extern wohnen und eine bestimmte Wochenarbeitszeit haben; aber die Dörfer brauchen dringend und in erster Linie Leute, die ihre Existenz zeitlich und räumlich mit der Dorfgemeinschaft verschmelzen.

Neue MitarbeiterInnen finden in der Regel ein Dorf vor, in dem sich die Alteingesessenen auf die Strukturen, Regeln, Arbeitsabläufe, Rituale und das Konzept geeinigt haben, bzw. das zu akzeptieren beschlossen haben, was andere anthroposophische Dörfer und Vordenker als Praxis vorschlagen. Die grundsätzliche Anpassungsbereitschaft, die von neuen MitarbeiterInnen auch an zeitlich begrenzten Arbeitsplätzen verlangt wird, hat in Dorfgemeinschaften einen umfassenden und geradezu existentiellen Charakter.

Der ideale neue Mitarbeiter ist Anthroposoph und erklärt sich mit den Strukturen und der Arbeitsweise des Dorfes ausdrücklich einverstanden, weil sie seinen innersten Überzeugungen entspricht. Menschen mit diesen Voraussetzungen sind allerdings rar, und deshalb muß jede Gemeinschaft einen Modus finden, auch andere, z.T. sehr junge MitarbeiterInnen zu integrieren, und das heißt in der Praxis, sie zur Unterordnung und zum Funktionieren innerhalb der Strukturen zu bewegen. Wie das in A-dorf vor sich ging, werde ich in diesem Kapitel ausführlich darstellen.

Der Geschäftsführer von B-dorf sagte im Gespräch sinngemäß, man wolle, was die Anthroposophie betrifft, weder überzeugen noch missionieren, verlange aber, daß die MitarbeiterInnen auf der Linie fahren, die vom Dorf vorgegeben wird, und nicht prinzipiell dagegen opponieren. Jede/r darf also glauben, was er/sie will, aber die Grundlagen werden nicht diskutiert. Darüber hinaus werden aber neue Impulse begrüßt. Wenn also jemand in Detailfragen Verbesserungsvorschläge anbringt oder sich in irgendeiner Hinsicht als besonders begabt erweist, ist er damit im Dorf hochwillkommen - vorausgesetzt, die Talente werden innerhalb des anthroposophischen Rahmens verwirklicht.

In A-dorf machte der damalige Geschäftsführer keinen Hehl aus der harten Arbeit und dem Anspruch auf die ganze Person, den die Gemeinschaft an den Neuling stellt. "Herr F. (der Geschäftsführer) hat gesagt: 'A-dorf ist schon eine besondere Aufgabe, mehr so ein *Dienen*, es heißt ja Zivi*ldienst.*'" (Stefan) - "Herr F. hat einem gesagt, alle Rechte als Zivildienstleistender fallen sowieso schon weg." (Thomas)

An normalen Wochenarbeitszeiten läßt sich die Arbeit in den Dorfgemeinschaften in der Tat nicht messen. Aber auch die Gestaltung der wenigen freien Stunden unterlag der Kontrolle der Gemeinschaft. Wenn man so dicht beieinander lebt, kriegen die anderen eben auch mit, was man als Privatmensch treibt, selbst wenn es sie nicht unmittelbar stört oder beeinträchtigt. Meine Hausmutter z.B. wußte um meine anfangs besonders rege Korrespondenz mit Eltern und FreundInnen und kritisierte in einer Familienkonferenz, ich würde mich zu wenig auf das Geschehen in A-dorf einlassen; ich solle mein "Zuhause" vergessen und ganz in meine neue Aufgabe "hineintauchen".

Christie bringt die Totalität des Arbeitsplatzes auf den Punkt: "Für das Leben im Dorf ist es eine gute Sache, daß so viele Bewohner keine Einheimischen sind. Das Netzwerk ihrer sozialen Beziehungen ist nach außen hin nicht so stark entwickelt. Daher wird ihr soziales Engagement nach innen, in das Dorf gelenkt." (S.25) Eine gute Sache - aus dem Blickwinkel des Dorfes. Die gesellschaftliche Isolation, die dem Mitarbeiter droht (vgl. Zeller, S.247), kehrt sich zu einem Vorteil für die Einrichtung. Das kleine Dorf soll zur ganzen Welt werden. Die eigene Welt, die jede/r mitbringt (Erfahrungen, Herkunft, Interessen, Bildung, Beziehungen etc.), fließt entweder zu einem kleinen, weil verwertbaren Teil in die Rationalität des Dorfes mit ein oder gilt nicht mehr, muß vergessen und abgespalten werden. Diese teilweise Aufgabe der Identität ist der erste große Konfliktpunkt für die meisten MitarbeiterInnen der Dörfer. Die Aufgabenbereiche innerhalb des Dorfes sind sehr unterschiedlich: Posten für die Werkstattleitung und die Mithilfe in der Werkstatt, Landwirtschaft und Garten, Dorfmeisterei, Verwaltung, Hauswirtschaft und Therapie sind zu besetzen; von besonderer Bedeutung ist die Stelle des Geschäftsführers. Ihm steht zwar offiziell keine besondere Entscheidungsbefugnis zu, aber gewöhnlich ist er der erste Ansprechpartner in Personalfragen, und er vertritt das Dorf nach außen. Für die meisten Jobs innerhalb des Dorfes ist eine Ausbildung und Qualifikation erforderlich oder zumindest von großem Vorteil. Manche Werkstattleiter sind berechtigt, Lehrlinge auszubilden. In A-dorf werden die Werkstätten nicht als "Werkstätten für Behinderte" anerkannt, weil sie zum großen Teil die gesetzlichen Auflagen nicht erfüllen. Die Gehälter der MitarbeiterInnen - von denen fast jede/r tagsüber im Werkstattbereich beschäftigt ist - erfolgen rein für die pädagogische Bertreuung. Der ganze

Arbeitsbereich wird mit Spenden und Verkaufserlösen aus eigener Kraft gestaltet.

Die Funktionen der MitarbeiterInnen sind tendenziell gestaffelt durch die Dauer des Aufenthalts und die Verantwortlichkeit für die Familien. Es gibt Hauseltern mit oder ohne eigene Kinder, und MitarbeiterInnen, die sich auf unbegrenzte Zeit in der Dorfgemeinschaft niederlassen - letztere üben gelegentlich bzw. zunächst noch keine Hauselternfunktion aus. Sie alle bilden die Interne Konferenz, d.h. das Entscheidungsgremium des Dorfes. Außerdem arbeiten PraktikantInnen, Zivildienstleistende und Lehrlinge mit, meist sehr junge und ungebundene Leute, deren Aufenthalt im Dorf von vorneherein zeitlich begrenzt ist. In A-dorf nahmen sie an der sogenannten Mitarbeiterkonferenz und an den Familienkonferenzen teil. Als Arbeitskräfte werden sie, wenn sie keine Lehre absolvieren, eingesetzt, wo man sie gerade braucht, häufig im hauswirtschaftlichen Bereich. Da sie weltanschaulich meist noch nicht festgelegt sind und sich in einer anderen persönlichen Entwicklungs- und Orientierungsphase befinden als die "Internen", neigen sie dazu, eine eigene Gruppe zu bilden, an der sich viele Konflikte entzünden.

In den Dorfgemeinschaften wird ein mehr oder weniger offizieller Wertekatalog postuliert, der das Funktionieren des Dorfes als Gesamtgebilde garantieren soll, und den sich die MitarbeiterInnen daher zu eigen machen müssen. "Jetzt kam ein Mädchen (sic!) aus der DDR zu uns. Die war noch keinen Vormittag da, da lief das, als wäre sie schon fünf Jahre hier. Dann kommen Leute zu uns, die sind ein Jahr da und haben immernoch nicht kapiert, was hier los ist." (Eisenmeier im Interview)

Der neue Mitarbeiter sollte kapieren: Es ist viel zu tun, die Behinderten müssen im Auge behalten werden, das Personal ist knapp und der Dienst nie zu Ende. Er muß fleißig sein, um die Arbeitsvorgaben zu bewältigen, geduldig, auch wenn die ständige Betreuung an seinen Nerven zehrt (übrigens ein Tabu), ausgeglichen, um dem Harmoniegebot Rechnung zu tragen, und "wach", d.h. aufmerksam gegenüber den Regungen und erlaubten Bedürfnissen der Behinderten. Freundlichkeit und eine heitere, positive Lebenseinstellung, die Bereitschaft, ständig zu geben und sich selbst dabei zurückzunehmen, sind weitere unverzichtbare Bedingungen. Frisch, fröhlich und fromm wirbelt der ideale Mitarbeiter durch den Alltag, er lobt viel und lächelt mild, beschwichtigt Streit und "unschöne Töne", hat für jeden ein nettes Wort auf den Lippen, hat seine Augen überall, ist "immer für die anderen da", ist stets bereit, die Verantwortung für alle und alles zu übernehmen, Egoismus und Faulheit sind ihm ein Greuel. Nicht daß irgendjemand in A-dorf dieses Ideal durchweg gelebt hätte, das war ja überhaupt nicht möglich. Aber jede andere menschliche Regung und Verhaltensweise erzeugte ein schlechtes Gewissen. Das war in A-dorf der zweite große Konfliktpunkt: Das Ideal ließ keinen angemessenen Platz für Gefühle und Regungen wie Wut, Überdruß, Langeweile, Ungeduld, Beschäftigung mit eigenen Problemen, Rückzugsbedürfnis, Antipathie, Interessen, die nichts mit dem Dorf, den Behinderten und der Anthroposophie zu tun hatten. Es war nicht möglich, mit diesen Impulsen konstruktiv umzugehen,- d.h. sich im Gespräch Luft zu machen und langweilige oder nervenzerfetzende Zustände zu verändern - oder wenigstens mit ihnen in Ruhe gelassen zu werden. Das Ideal war allgegenwärtig und spornte zu ständiger Selbstvervollkommnung an.

"Im Denken und Handeln muß der Mensch der ewigen Weltordnung entsprechen. Gedanken und Gefühle, die ihr entgegenstehen und sie stören, hat er zu unterdrücken, wenn er wirklich frei werden will - anders gesagt: Er muß jede Willkür ablegen. Die Übereinstimmung des einzelnen mit der Weltordnung zeigt sich darin, daß er im Laufe seiner Biografie eine kontinuierliche Entwicklung vom Egoismus hin zu Selbstlosigkeit, Opfer, Verzicht und Hingabe durchmacht." (Suchanek, S.47)

Aber der Kampf um die Tugenden war letztendlich für niemanden zu gewinnen, sondern er führte zu einer unoffenen, verkrampften Atmosphäre, zu Märtyrertum, Härte und Verbissenheit; konfliktreiche Situationen wurden verdrängt, aber nicht ausdiskutiert.

2. Qualifikation

Um in einer Dorfgemeinschaft mitarbeiten zu können, werden eher die beschriebenen Einstellungen und Werte erwartet denn eine pädagogische Qualifikation, die in nicht-anthroposophischen Einrichtungen MitarbeiterInnen zur Betreuung geistig Behinderter berechtigt. In A-dorf gab es zu meiner Zeit niemanden, der oder die eine Ausbildung zur ErzieherIn, HeilerziehungspflegerIn, Sonder-, Heil- oder SozialpädagogIn absolviert hatte. Manche Dorfgemeinschaften bieten anthroposophische Seminare zur Heilerziehung (Kinderheilpädagogik) oder Sozialtherapie (Erwachsenenbetreuung) an. Beide Ausbildungsgänge fußen auf der Heilpädagogik und dem Menschenbild der Anthroposophie und sind auf die lebensgemeinschaftliche Betreuungsform in den anthroposophischen Behinderteneinrichtungen zugeschnitten.

Die Ausbildung zum Sozialtherapeuten ist berufsbegleitend und dauert drei Jahre; ein Anerkennungsjahr findet in mehreren Blöcken in befreundeten Dorfgemeinschaften, auch im Ausland, statt. Das Kursangebot gliedert sich in einen allgemeinbildenden, einen fachtheoretischen und einen künstlerischen Teil, wie aus der Broschüre vom Seminar Lehenhof/Hermannsberg hervorgeht. Das

Fächerangebot umfaßt die Lehre über das Menschenbild, Heilpädagogik, Sozialkunde (soziale Dreigliederung, Arbeit, Rhythmus etc.), Gesundheitslehre etc., alles aus anthroposophischer Sicht, ebenso wie die Beschäftigung mit Märchen und Mythen, Malen, Plastizieren, Musik, Sprachgestaltung, Eurythmie, Singen und Drama. Das Seminar ist als Fachschule anerkannt und der Abschluß berechtigt, sich Heilerziehungspfleger zu nennen.

Steiner sah Erziehung generell als eine Art Dialog an, an dem Zögling und ErzieherIn beide lernend reifen. In wie spezieller und selektiver Weise diesem Anspruch Genüge getan wird, ist hoffentlich aus dem letzten Kapitel hervorgegangen. An sich ist diese Einstellung in der Pädagogik kein ungewöhnlicher Gedanke; bemerkenswert ist allerdings, daß Steiner bereits in den zwanziger Jahren dieses Jahrhunderts den geistig behinderten Menschen als intakte Individualität ansah, dem es physisch an etwas gebricht, so daß er nicht so gut denken kann. Er strebte in seiner Heilpädagogik die Auseinandersetzung mit dieser Individualität an. Mitleidiges Hinabneigen zu bedauernswerten Unfällen der Natur - als die geistig Behinderte damals in der Regel angesehen wurden- - lehnte er ab (zumindest solange sich die Behinderten nach seiner Vorstellung verhielten).

Um an der Beziehung zum geistig Behinderten zu reifen, muß die Erzieherin zuallererst an sich selbst arbeiten. Auf dem Programm stehen Selbsterkenntnis, Selbstdisziplin, Selbstkontrolle, Charakterbildung und Persönlichkeitsentwicklung - was auch immer damit gemeint ist! Um die Behinderung verstehen zu können und seelisch nachzuvollziehen, muß der Erzieher von sich selbst absehen können, selbstlos und unvoreingenommen sein. "Der Erzieher übt sich, das Wesen des Kindes in seinem Inneren nachzubilden." (Heuser, zit. nach Zeller, S.82) Es genügt nicht, nur mit dem behinderten Kind oder Erwachsenen zu arbeiten; man muß mit ihm leben. Die therapeutische Institution wird zur Lebensgemeinschaft (vgl. Zeller, S.83).

Die Arbeit im Dorf ist also viel mehr als ein Job; sie ist eine Lebensaufgabe, eine schicksalhafte Berufung, in deren Dienst man all seine Zeit und Kraft steckt - der Wink des Karmas darf nicht ignoriert werden.

3. Macht und Kommunikation

Die Dorfgemeinschaften unterstehen in der Regel formal einem Trägerverein, dessen Machtbefugnisse sich aber in Grenzen halten. In der Satzung des Trägervereins "Die Lebensgemeinschaft e.V. Schlitz-Sassen" findet sich der Satz: "Das Leben in diesen Einrichtungen bestimmt sich nach eigenen Gesetzen." (Eisenmeier, S.24) Das wird in den norwegischen Dorfgemeinschaften ebenso gehandhabt (vgl. Christie, S.100 f); die Dorfgemeinschaften verwalten sich selber. "Die ganze Macht liegt in den Händen der Internen Konferenz," sagte mir Herr P., der als Elternteil dem Vorstand des A-dorfer Trägervereins angehört hatte. Die Eltern haben sich in einem langjährigen, mühsamen Kampf gewisse Einflußmöglichkeiten ertrotzt, "aber in die Interne Konferenz sind wir noch nicht hineingekommen." (Herr P. im Interview)

Die Interne Konferenz (in Sassen heißt sie Mitarbeiterkonferenz, umfaßt aber die gleiche Gruppe von DorfbewohnerInnen wie die Interne in A-dorf) entscheidet z.B. über: "...Einstellen und Entlassen von Mitarbeitern, Umsetzen derselben, Kapazitätsänderungen in Haus und Werkstatt, Festlegen der Gehaltsordnung und -höhe, Vergabe entscheidender Aufträge an Lieferanten bei größeren Geschäften, Wahl von Architekten, Prüfern, Entscheidungen über Bauten, Grundstücksverkäufe, Anmietungen, Eingehen von Dauerverpflichtungen" (Eisenmeier, S.24 f).

Eine geregelte Hierarchie gibt es nicht; dafür ist der/die einzelne gefordert, sich soziale Fähigkeiten, Zurückhaltung und Bescheidenheit anzueignen, damit die Qualitäten und Meinungen der einzelnen zu einem gemeinsamen Willen gebündelt werden können. Eisenmeier benennt in wortreichen Beispielen diese sozialen Fähigkeiten: "Ist man engagiert beim Thema oder gelangweilt? Läßt man den anderen ausreden, sagt man selber, was man denkt oder behält es für sich oder flüstert man es nur dem Nachbarn zu?(...) Kann man Verletzendes, das doch gesagt werden muß, so sagen, daß es eben nicht verletzt, oder hält man eine Sache nicht doch besser zurück? Kann man, ohne daß es weiter in einem bohrt und wurmt, Entschlüsse, Wünsche anderer akzeptieren? (...) Weiß man, daß persönlicher Ehrgeiz, es selber (oder auch) machen zu wollen, dem Miteinander abträglicher ist als zu warten, und zwar ohne Groll, bis man gebeten wird?" - aber von wem? - Und er schließt mit den Worten: "Denn Strukturen entheben einen der Mühe, sich aber anzugleichen, kostet Anstrengung." (Beide Zitate S.18 f)

Ich werde mich nicht näher mit diesen halb sympathischen, halb anrüchigen Verhaltensvorschlägen Herrn Eisenmeiers auseinandersetzen, da ich zu viele schlechte Erfahrungen mit anthroposophischer Rhetorik habe. Da Nicht-Anthroposophen grundsätzlich als Aggressoren oder bedauernswerte Unverständige, Verbohrte angesehen werden, scheuen Anthroposophen im Gespräch mit ihnen keineswegs davor zurück, ihnen das Wort im Munde zu verdrehen, sie mit Schein-Argumenten zu übertölpeln und sich um peinliche Fragen herumzuwinden; das letzte Mittel besteht in kaltschnäuziger Abgrenzung. So verliefen *alle* Gespräche mit meiner Hausmutter und dem Geschäftsführer in A-dorf, und selbst Jahre später in B-dorf landete ich mit dem Geschäftsführer nach einer knappen halben Stunde wieder an dem Punkt:

"Außerdem meinte er, mit meiner Diskussionsfreudigkeit würde ich hier ziemlich ins Leere laufen, weil Diskussionen hier nicht angesagt sind. Dann hielt er mir einen Vortrag über den Unterschied zwischen Diskussion und Gespräch: Diskussionen würden immer etwas abschneiden, bestünden aus rhetorischen Tricks und seien nichts anderes als ein Schlagabtausch und dabei würde nichts herauskommen. Sie, d.h. die Anthroposophen, würden lieber Gespräche führen im Goetheschen Sinne, eben konstruktiv, so daß für beide Seiten dabei etwas Neues herausspringt. Komisch, daß er mich gleich als Diskussionstante im verwerflichen Sinne einstuft." (Protokoll B-dorf)

Es mag ja sein, daß die von Eisenmeier propagierten Gesprächsführungstugenden unter Anthroposophen zu dieser Goetheschen Bewußtseinserweiterung führen, aber ich bezweifle, daß Nicht-Anthroposophen davon besonders viel lernen können. Denn wenn sie gerade mal dazu ausreichen, um Einigkeit unter denjenigen zu erzeugen, die weltanschauungsmäßig ohnehin an einem Strang ziehen, und gar nicht mehr zur Anwendung kommen im Gespräch mit Andersdenkenden, dann sind vielleicht doch die von Eisenmeier verachteten Strukturen vorzuziehen.

Aber die Kommunikation in A-dorf war von diesen Idealen ohnehin weit entfernt. Aus meiner Sicht als Praktikantin stellte sich das Team und die Hierarchie folgendermaßen dar:

In meinem Aufgabenbereich (Hauswirtschaft) unterstand ich meiner Hausmutter, in deren Familie ich lebte. Nach einer gewissen Einarbeitungszeit überließ sie mir die Küche, die ich allerdings nach ihren Vorstellungen bewirtschaften sollte. Im übrigen bestimmte sie, wer was im Haushalt zu tun hatte.

Alle zwei Wochen, montag abends, hielten wir eine sogenannte Familienkonferenz ab, an der sich die Hauseltern und wir drei bis vier junge MitarbeiterInnen beteiligten. Wir besprachen Organisatorisches, d.h. regelten die Wochenenddienste, Urlaube, planten familieninterne Feste etc. Ansonsten bestand die Konferenz aus Eröffnungen und Beschlüssen, die uns die Hauseltern mitteilten, gekoppelt an die Aufforderung, ihren Entscheidungen Folge zu leisten bzw. unser eigenes Verhalten in bestimmten Punkten zu ändern. Gelegentlich hatten sie sich irgendwelche Maßnahmen für einzelne Behinderte überlegt, die wir - undiskutiert - mittragen sollten. Unsere Beziehungen untereinander kamen genauso zur Sprache wie alle größeren und kleineren Fehlleistungen, die den Hauseltern in den letzten vierzehn Tagen an uns aufgestoßen waren. Unser Protest gegen derlei Übergriffe und pädagogische Fragwürdigkeiten war schwach, die Diskussionsansätze verliefen im Sande. Für unsere Meinungen interessierten sie sich herzlich wenig, und wir fühlten uns ohnmächtig zwischen Wut und Schuldgefühlen hin- und hergerissen. Die Familienkonferenz war mehr ein Tribunal als eine Besprechung, und entsprechend fürchtete ich sie.

Nicht weniger beklommen war den meisten von uns jungen MitarbeiterInnen bei der Mitarbeiterkonferenz zumute, die ebenfalls alle 14 Tage stattfand - dienstag abends - und an der alle nichtbehinderten DorfbewohnerInnen teilnahmen. Offiziell gab es auch in A-dorf keinen Chef und keine Hierarchie, also niemand, der mehr Entscheidungsbefugnisse hatte als die anderen. Auch Mehrheitsentscheidungen und Abstimmungen fanden nicht statt. Es sollte solange über strittige Themen diskutiert werden, bis Einmütigkeit herrschte. Dieses Verfahren krankte damals an zwei Punkten:

1. Die Interne Konferenz war offensichtlich das Gremium, in dem wirklich wichtige Themen besprochen und entschieden wurden, so daß uns MitarbeiterInnen die Internen Vorsprünge durch Information und bereits gelaufene Diskussionen voraus hatten, die wir kaum einholen konnten. Da wir nur vorübergehend in der Einrichtung lebten und zum Großteil zu einer kritischen Sicht der anthroposophischen Dogmen neigten, hielt man uns im Zweifelsfall von der Entscheidungsfindung bewußt fern. Die Mitarbeiter-Konferenzen bestanden daher, wie die Familienkonferenz, aus Mitteilungen, die von oben nach unten gereicht wurden.

2. Das hohe Ideal sachlicher gemeinschaftlicher Konsensfindung stellte offensichtlich eine hoffnungslose Überforderung dar. Es gab bildungsmäßige, schichtspezifische und rhetorische Klüfte zwischen den Hauselternpaaren, die keineswegs im Eisenmeierschen Sinne ausgeglichen wurden, sondern als Machtmittel mißbraucht wurden. Außerdem fochten die Hauseltern untereinander heftige Machtkämpfe aus; ihre Antipathien, Intrigen und Fraktionsbildungen waren unübersehbar, so sehr sie sie hinter dem Harmoniegebot zu verstecken trachteten. Diese Beziehungsebene ließ sich aber nicht von der sachlichen Ebene trennen. Selten wurde es laut in den Konferenzen. Man sprach diszipliniert, leise, mit unterschwelliger Schärfe in der Stimme, scheinbar erhaben über Gefühle wie Ärger, Neid und Zorn. Die mühsam versteckt gehaltenen Rivalitäten und die Arroganz anthroposophisch aufgeblähter Besserwisserei gegenüber den jungen MitarbeiterInnen erzeugten im kuscheligen Wohnzimmer, in dem die Konferenzen stattfanden, trotz bullerndem Kachelofen ein arktisches Klima der Angst und der Leblosigkeit, wie ich es noch nie irgendwo anders erlebt habe.

Beckmannshagen trifft die Atmosphäre dieser Konferenzen ziemlich genau in seiner Beschreibung der Pädagogischen Konferenz an Waldorfschulen, die auch ohne Hierarchien zu arbeiten meinen: "Einige Kollegen, Angehörige der Lenkungsgruppe und ihre Parteigänger, reden, reden, reden; bilden ihre Kollegen und fassen Entschlüsse. Die große Mehrheit sitzt da wie eine schweigende Mauer und sagt absolut nichts. Gelegentlich (...) ist mal ein Neuling dabei, der sich mit einer eigenen Meinung in die Diskussion mischt, weil er das Wort vom 'freien Geistesleben' noch ernst nimmt. Die Schweigenden stimmen ihm vielleicht innerlich zu, aber verziehen keine Miene. Sie wissen seit Jahren, daß alles, aber auch alles vergeblich ist." (S.46)

Die Interne Konferenz fand im Wechsel mit der Mitarbeiter-Konferenz ebenfalls vierzehntägig statt. Die dort behandelten Themen sickerten nur zu einem kleinen Teil in die Dorföffentlichkeit. Wir hatten jedenfalls den Eindruck, daß es nicht nur um langfristige Planungen und Finanzgeschichten ging, sondern auch um Personalfragen, also um uns: kein angenehmes Gefühl, daß die eigenen Hauseltern sich über die schmerzlich-beschämenden Konflikte mit uns bei den anderen verbreiteten und beklagten, ohne daß wir unsere Sicht der Dinge darstellen konnten. Ich war mir jedenfalls nie darüber im klaren, wer wieviel über mich weiß.

An jedem Werktag fand nach der Steiner-Lesung eine kurze Morgenbesprechung statt, in der Organisatorisches besprochen wurde: Was in welcher Werkstatt heute ansteht, wer zu Besuch kommt etc. Die Ergebnisse wurden, kurz zusammengefaßt, den Behinderten im Morgenkreis mitgeteilt.

Die Behinderten hatten damals nur ein Gremium, um öffentlich ihre Meinung, Wünsche und Kritik kundzutun: Die Dorfkonferenz, zu der sich das ganze Dorf versammelte und die während meines ganzen neunmonatigen Aufenthalts genau einmal stattfand. Man kann sich vorstellen, inwieweit in der damals 60-köpfigen Runde die Möglichkeit für die einzelnen besteht, sich wirklich auseinanderzusetzen. In den Lebenshilfe-Wohngruppen, in denen ich gearbeitet habe, fanden Bewohnerbesprechungen sieben- bzw. vierzehntägig statt. Die meisten TeilnehmerInnen wußten dieses Forum gut zu nutzen, um ihrem Herzen Luft zu machen, Konflikte und Mißverständnisse anzusprechen, konstruktive Vorschläge anzubringen und über das Verhältnis zu den BetreuerInnen zu diskutieren.

Das Problem war, daß es keine festgeschriebenen Grenzen, was Macht- und Entscheidungsbefugnisse betraf, zwischen den verschiedenen Gruppen in A-dorf gab. Vielmehr wurde das wachsweiche Gefühl vermittelt, daß sich hier nicht Arbeitgeber und Arbeitnehmer, Personal und Insassen gegenüberstehen, sondern Geist-Seelen, Geschöpfe, die alle gleich wichtig und wert sind und entsprechend ernstgenommen werden. Jede/r sollte "gestaltend" und "wirkend" in der Gemeinschaft aufgehen, als unverzichtbares und individuelles Element sein Tun und seine Person in die Gemeinschaft hineinflechten und so zur Harmonie des Gebens und Nehmens beitragen. Und dennoch gab es Hierarchien und ausgesprochen wenig harmonische Beziehungen zwischen den Mitgliedern der Führungsgruppe, aber es wäre einer Lästerung des Gleichheitsideals gleichgekommen, diese Dinge beim Namen zu nennen. Allerdings hätte es dann immerhin zwei Möglichkeiten gegeben: Die Hierarchie kritisch nach ihren Ursachen und ihrer Legitimation zu befragen und die Konflikte so weit zu klären, daß wirkliche Gleichheit im Sinne von freier Information und basisdemokratischer Entscheidung hätte etabliert werden können - oder die Hierarchie nach ebenso kritischer Prüfung funktional zu verfestigen, Entscheidungsfindungen bestimmten Gremien zu überlassen und den unbefugten MitarbeiterInnen die Möglichkeit zu geben, sich selbst zu organisieren und ihre Interessen gegenüber der Leitung in einem geregelten Rahmen zu vertreten. Die erste Möglichkeit setzt Ehrlichkeit und einen wirklichen Willen zur Gemeinschaftsbildung voraus, die zweite basiert auf festgeschriebenen, einforderbaren Rechten und Pflichten, d.h. der Umgang miteinander könnte distanzierter werden, geradezu klassenkämpferische Züge annehmen.

Letzteres würde sich in keiner Weise mit der Idee der anthroposophischen Dorfgemeinschaft vertragen, die sich auf Werte wie Harmonie, Demut, Aufopferungsbereitschaft und Hingabe gründet. Der Gedanke allein, Demütige und Selbstlose könnten um ihre Rechte kämpfen, ist ja völlig absurd.

In A-dorf gab es weder eine offene, ehrliche, kritische Gleichheit noch eine strukturierte Ungleichheit. Ein Großteil der jungen MitarbeiterInnen und der Behinderten hatte die strenge Dorfphilosophie so weit internalisiert, daß sie sich freiwillig unterordneten, ohne daß Strukturen sie dazu zwangen, und dieser Mechanismus wurde von der offiziellen Hierarchielosigkeit verschleiert, die allen das diffuse Gefühl vermittelte, prinzipiell sei jede/r gefragt, lieb und wert.

4. Soziale Unterstützung

Pines, Aronson und Kafry unterscheiden sechs Formen der sozialen Unterstützung, die Menschen in der Arbeitssituation, besonders im sozialen Bereich, dabei helfen, mit psychisch belastenden Situationen und Streß fertigzuwerden: Zuhören, sachliche Unterstützung, sachliche Herausforderung, emotionale Unterstützung, emotionale Herausforderung und die geteilte Realität (S.145 ff):

Wenn ein anderer *zuhört*, kann man "Dampf ablassen" und Alltäglichkeiten Ausdruck verleihen; Ratschläge und Urteile des Zuhörenden sind nicht unbedingt erforderlich, können sogar stören.

Sachliche Anerkennung meint die ehrliche Würdigung eines anderen, der im betreffenden Fachgebiet kompetent ist.

Sachliche Herausforderung heißt kompetente, fördernde Kritik, die nicht abwertend sein darf.

Emotionale Unterstützung bringt einem ein nicht unbedingt fachkundiger Mensch entgegen, der zu bedingungsloser Unterstützung bereit ist, "der zu einem hält", weil der andere ihm persönlich am Herzen liegt.

Emotionale Herausforderung bedeutet kritische Anteilnahme an der Geschichte und an den Problemen eines anderen.

Geteilte Realität mit Menschen, die die eigenen Werte, Prioritäten und Ansichten teilen und vergleichbare Situationen auch schon erlebt haben oder ohnehin an ihnen mitbeteiligt sind, kann in verwirrenden, von Irrationalität dominierten Situationen sehr entlastend sein.

Die extremen Arbeitsbedingungen in den Dorfgemeinschaften, häufig noch zusätzlich von Zwietracht belastet, erfordern ein hohes Maß an sozialer Unterstützung, um Probleme zu klären, Frust zu verarbeiten, zu entspannen und wieder zu Kräften zu kommen. Manche BetreuerInnen sagen, die Arbeit mit den Behinderten würde ihnen soviel Freude machen, daß sie daraus die Kraft für den ganzen Tag schöpfen könnten. Das klingt sehr ehrenhaft. Die Aussagen meiner B-dorfer Hausmutter zu diesem Thema waren etwas wirr: "Sie sagte, die Arbeit koste unheimlich viel Kraft... aber sie kriegt auch soviel von den Behinderten... also sei es ausgeglichen..." (Protokoll B-dorf) Ich hatte eher den Eindruck, daß sie sehr viel leistete und oft entsprechend ausgepumpt war, ohne daß ihr jemand spürbar neue Kräfte einflößte.

In A-dorf war die soziale Unterstützung offizieller und inoffizieller Natur, erfolgte von der Einrichtung selbst oder von außerhalb und wurde von den MitarbeiterInnen in ganz unterschiedlicher Weise angenommen.

Wie schon beschrieben, waren die Konferenzen wenig geeignet, um für die Arbeit aufzutanken und neue Impulse zu erhalten. Hin und wieder wurden tatsächlich auch Konflikte angesprochen und manchmal sogar geklärt. In der Regel aber fühlte man sich nach einer Konferenz erschöpft und gestreßt, selten bereichert und gestärkt.

Supervision, eine soziale Unterstützung, die ich zwischen sachlicher Unterstützung und sachlicher Herausforderung ansiedeln würde (und die auch sicher ihre emotional untersützenden Anteile hat), gab es in A-dorf nicht. Der Psychologie, der gruppendynamischen Selbsterfahrung etc. stehen AnthroposophInnen äußerst skeptisch gegenüber; die tieferen Gründe dafür mögen in Steiners Abneigung gegen die Psychoanalyse zu finden sein, die Bechmannshagen anschaulich dastellt (vgl. S.70 ff). Was hätte Supervision uns allen helfen können! Der Supervisor hätte eine Lebensaufgabe gehabt. Die A-dorfer mögen mir diese freche Bemerkung verzeihen, umso mehr, da ich weiß, daß sie mittlerweile Supervisionsstunden haben, gegen die sich manch Alteingesessener anfangs mit Händen und Füßen gesträubt hat. Aber wie sagte der ehemals widerstrebende und nun eines Besseren belehrte Hausvater im Interview so schön: "Aber was einem schwerfällt, was man eigentlich nicht machen möchte, da muß man halt durch."

Der latente Widerstand kommt auch im Jahresbericht zum Ausdruck, in dem die Einführung der Supervision zwar einfühlsam erklärt und ihre Bedeutung für die A-dorfer dem Leser sehr plausibel gemacht wird, das Wort selber aber in distanzierte Anführungszeichen gesetzt ist. Ich sprach den Geschäftsführer, der den Text verfaßt hatte, darauf an, worauf er ganz verblüfft sagte, die Anführungszeichen seien ihm offenbar völlig unbewußt herausgerutscht, denn er selber hielte viel von Supervision; möglicherweise habe ihn die Skepsis eines Alteingesessenen dazu verleitet, der sich schon über das Wort an sich mokierte, "Super", d.h. "darüber", "oben", und "Vision", also "Sehen", das sei schon ein seltsames Wort, oder?

Leider kommt nur die Interne Konferenz in den Genuß dieses reflektierenden "Innehaltens"; ich meine, in den einzelnen Familien wäre sie genauso sinnvoll. Die jungen MitarbeiterInnen werden also nicht miteinbezogen, der Kreis würde dann auch zu groß, meinte der Hausvater im Interview; außerdem: "Ich würde im ganzen Kreis auch nicht über alles reden wollen, wenn jemand z.B. erst ein Jahr da ist, braucht er das nicht alles zu wissen."

Aber immerhin, ein Schritt hin zu neuen Offenheit ist gemacht. Damals beschränkte sich die fachliche Unterstützung und Herausforderung auf die gelegentlichen Besuche anthroposphischer Fachleute, z.B. wurde ein Waldorflehrer einer befreundeten heilpädagogischen Schule zu Rate gezogen; noch höheres Ansehen genoß ein Pfarrer der Christengemeinschaft, der fast wie ein Prophet behandelt wurde.

Eines Tages reiste ein wirklicher Prophet an, ein Mann mit hellseherischen Fähigkeiten. Die Hauseltern erhofften sich von ihm Hinweise zur Lösung ihrer kollegialen Krisen und Einblicke in die Zukunft der Institution. (Das ist nicht so außergewöhnlich, wie es zunächst klingen mag. Hellsehen ist in der Anthroposophie eine ganz normale Erkenntnisquelle, stützt sich doch auch Steiners Geisteswissenschaft auf Hellseherei.) Der Hellseher sprach Bedeutungsschwangeres und vollführte bei der abendlichen religiösen Zeremonie große und rätselhafte Gebärden. Offensichtlich befriedigte er die Bedürfnisse seiner Klientel, er löste aber auch einige Verwirrung aus, indem er einen relativ verträumten und weniger stark engagierten Zivi - der deshalb bis dato einige Kritik erregt hatte - zu einem außergewöhnlichen, für A-dorf besonders wichtigen Mitarbeiter erklärte, da er angeblich über drei Schutzengel verfüge (üblich ist sonst ein Schutzengel pro Person). Auch seine umstrittenen Dreadlocks seien in Ordnung, nur sollten sie Schulterlänge nicht überschreiten. Die A-dorfer erstarrten in Ehrfurcht und begannen, den betreffenden Zivi in einem ganz anderen Licht zu sehen. Sein neues Ansehen brachte ihn kurze Zeit später allerdings in Schwierigkeiten, denn als er beschloß, seiner aus A-dorf gefeuerten Freundin in die Stadt zu folgen, wurde ihm sein Weggang erheblich erschwert. Offenbar war man überzeugt von seinen "geistigen" Qualitäten, die ihm der Hellseher attestiert hatte, und hätte gerne noch ein wenig Anteil daran gehabt. Ein paar Jahre später, so kam mir zu Ohren, sind die A-dorfer von Zweifeln über die Fähigkeiten des Hellsehers erfaßt worden und haben auf weitere Konsultation verzichtet.

Nichtsdestotrotz spielt die Magie in der sozialen Unterstützung eine tragende Rolle. All den andächtig gemurmelten Sprüchen - erbaulich und zur Sittsamkeit ermutigend, haftet der Charakter von Beschwörungsformeln an, denn eine Auseinandersetzung mit ihnen fand nicht statt. Die ständige Wiederholung sollte von selbst ihre Wirkung tun, nicht etwa eine rationale Verarbeitung der Inhalte. Statt über die Beziehungen zu sprechen. wurden sie beschworen, so z.b. vor den Kofgerenzen, wenn einer den Steiner-Spruch rezitierte: "Heilsam ist nur, wenn im Spiegel der Menschenseele sich bildet die ganzu Gemeinschaft und in der Gemeinschaft lebt der Einzelseele Kraft."

Es wurde relativ wenig geredet in A-dorf, für stundenlange Gespräche war keine Zeit und die wirklich heißen Themen - z.B. die gestörten zwischenmenschlichen Beziehungen - blieben unter dem Teppich. Dafür suchte man das Heil in den endlos-verwickelten Schriften Rudolf Steiners, las jeden Morgen im mehr oder weniger trauten Kreise 20 Minuten lang über ethischen Individualismus, Erkenntnistheorie, Theosophie und ähnlich praxisnahe Themen. Die "Rudi-Lesung", wie wir sie nannten, erfüllte allenfalls die Funktion eines gemeinsamen Bezugspunktes für die friedlosen Hauseltern, brachte sie in ihren eigenen Problemen aber vermutlich keinen Millimeter von der Stelle.

Wahrscheinlich wurden all diese Rituale mit solch salbungsvollem und unbedingten Ernst vollzogen, weil man so sehr hoffte und glaubte, daß sie irgendwann ihre heilsame Wirkung entfalten würden.

Weitere fachliche Unterstützung verschaffen sich die A-dorfer neuerdings in verstärktem Maß durch anthroposophische und weltliche Fortbildung. Fortbildung und Supervision deuten darauf hin, daß die A-dorfer mittlerweile die Geschicke des Dorfes nicht nur durch rastlosen Arbeitseinsatz und die Beschwörung besserer Zeiten in den Griff zu bekommen versuchen, sondern sich auch rationaler und realitätsnaher Mittel bedienen.
So viel zur fachlichen Unterstützung.

Soziale Unterstützung, die eher auf Entspannung und Konteplation hinauslief, bestand aus Eurythmiestunden, Sprachgestaltung und Theaterproben. Bemerkenswert war die eigentlich gar nicht beabsichtigte emotionale Unterstützung, die die BetreuerInnen im kurzen und seltenen Einzelunterricht der Stimmbildnerin erfuhren. Ihre sanfte und ruhige Art, einem Stimm- und Atemübungen zu erklären und probieren zu lassen, entlockte mancher nicht nur das zweisgestrichenen c, sondern auch etliche Tränen. Vielleicht beruhte ihre Wirkung auch darauf, daß man in ihr jemanden hatte, die sich ausschließlich und ganz allein mit einem beschäftigte und sich für einen interessierte, wenn auch zunächst nur für die Töne, die man hervorbrachte. Soviel geballte Zuwendung waren wir nicht gewöhnt, so daß im Handumdrehen das ganze Elend herausbrach, das wir sonst mit Fassung trugen. Sie war sicher Geheimnisträgerin vieler Sorgen in A-dorf. Es verschaffte Erleichterung, bei ihr zu singen und zu weinen, löste aber keine Probleme. (Pines u.a. würden das übrigens als indirekt-aktive Bewältigungsstrategie von Problemen bezeichnen, S.181 f.)

Daß die magischen Momente des religiösen Lebens und der weltanschaulichen Besinnung die fachliche Kompetenz erweitern, bezweifle ich, wie gesagt, aber ein gewisses Maß an emotionaler Unterstützung erfahren diejenigen, die am religiösen Leben teilnehmen, wahrscheinlich schon. Momente der Ruhe und der Sammlung, die Besinnung auf den "großen Zusammenhang" der unendlich detaillierten Arbeit im Dorf entstehen bei gemeinsamen Bibel-Lesungen, Gebeten, Vergraben der landwirtschaftlichen Präparate etc. Meine A-dorfer Hausmutter schrieb überd den Stillen Abend im Jahresbericht 1987:
"Dieses Schweigen schafft eine Atmosphäre, die es mir so wunderbar ermöglicht, alle meine 'Anvertrauten' intensiv wahrzunehmen und jeden einzelnen in seiner Eigenart und Schwierigkeit zu bejahen! Aus dieser wöchentlichen Begegnung schöpfe ich die Kraft für meine Aufgabe."

Empfindung und Darstellung der Empfindung in einem "schönen" Jahresbericht sind sicherlich zweierlei: Trotzdem werde ich mich hüten, die beruhigende und kraftspendende Wirkung, das das feierliche Schweigen auf sie ausübt, anzuzweifeln.

Inoffizielle soziale Unterstützung, die von FreundInnen, PartnerInnen und Kontaktpersonen von außerhalb geleistet wurde, hingen von der Kontaktfreudigkeit und dem Vertrauen der einzelnen ab und gingen häufig auf Kosten der Schlafenszeit, was einem auf die Dauer die Kräfte wieder raubte.

Die geteilte Realität war zumindest für die jungen MitarbeiterInnen die wesentlichste soziale Unterstützung; die gleichen Mühen und dien gleichen Verzicht zu bewältigen, eingebettet in ein für uns letztlich unverständliches System selbst auferleger Zwänge und Verhaltensregeln, ergab eine Menge Gesprächsstoff: Gegenseitiger Trost, gemeinsame Analysen und Vergegenwärtigung einer rationaleren Welt stärkten das haltlos gewordene Selbstbewußtsein und das eigene Weltbild.

5. Leiden, Angst und Unmündigkeit

Die Gespräche, die wir MitarbeiterInnen damals nächtelang führten - und die auch jetzt noch bei gelegentlichen Treffen mit unverändertem Erkenntnisinteresse wieder aufflammen -, drehten sich um zwei zentrale Themen:
1. Warum ging es uns so dreckig? Und zwar nicht nur uns, sondern auch den meisten Mitgliedern der Internen Konferenz? Wo lag der Knackpunkt, die eigentliche Wurzel des perpetuierten Unwohlseins in A-dorf?
2. Warum haben wir uns soviel gefallen lassen? Wo hätten wir einhaken können, unsere Interessen geltend machen und eigene Bedürfnisse einfordern können? Warum haben wir so oft darauf verzichtet? Wovor hatten wir Angst? Und vor allem: Wie weit hätten "sie" noch gehen können?

Besonders im Nachhinein frage ich mich: Was hatten wir eigentlich selber für ein Menschenbild? Wir kamen doch mit humanistischen, aufklärerischen Idealen nach A-dorf: Gleichheit, Gleichwertigkeit aller Menschen - aber offensichtlich waren wir schier grenzenlos bereit, anderen Menschen soviel mehr Privilegien, Durchsetzung ihrer Wünsche und Entscheidungsbefugnisse einzuräumen als uns selber, aus Angst vor Ablehnung und Sanktionen. Die Erschütterung über meine eigene Anpassungsbereitschaft und Autoritätshörigkeit beschäftigt mich bis zum heutigen Tag - wie hätten wir uns in gefährlicheren Sekten oder Terrorsystemen verhalten?

Daß wir gelitten haben und z.T. unsere Praktika und Zivildienste dort vorzeitig beendet haben, ist zumindest ein gutes Zeichen. Immerhin: Wer eine autoritär geführte totale Institution durchlaufen hat und hinterher noch halbwegs klaren Verstandes ist, hat die Möglichkeit, anhand dieser Extremsituation herauszufinden, woran im einzelnen ihr Widerstand zerbrochen ist, warum sie freiwillig ihr Ich und ihre Würde der Arroganz anderer und einer fremden Ideologie geopfert hat und unter welchen Bedingungen sie bereit ist, ihre eigenen Gedanken und Gefühle geringzuschätzen und zu verleugnen.

Ich habe mich im Herbst 1992 mit zwei meiner ehemaligen A-dorfer Kollegen, Stefán und Thomas, getroffen, um diesen Fragen noch einmal nachzugehen. Unser Gespräch nahm marathonartige Formen an; es dauerte mit kleinen Unterbrechungen fast eineinhalb Tage, wobei ich Teile davon auf Tonband aufgenommen habe. Verbunden mit eigenen Aufzeichnungen aus der A-dorfer Zeit und einzelnen Begebenheiten, die mir weitere ehemalige KollegInnen erzählt haben, ergibt sich daraus eine hoffentlich anschauliche, schlüssige Darstellung der Problematik "Leiden" und "Autoritätshörigkeit".

Die Situation in A-dorf sah in der Mitte des Jahres 1984 ungefähr folgendermaßen aus: Die ursprünglich sehr kleine und im wahrsten Sinne des Wortes familiäre Lebensgemeinschaft hatte sich durch den Neubau zweier großer anthroposophischer Wohnhäuser dergestalt erweitert, daß nun drei Familien mit jeweils acht bis zehn Behinderten und eine Familie mit vier Behinderten dort Platz fanden. Meine Hauseltern waren neu ins Dorf gezogen und hatten dafür ihren eigenen Hof, den sie sehr liebten, verkauft. Auch für die bereits ansässigen Internen hatte sich die Situation verändert: Eine Familie zog um in den einen Neubau (im anderen wohnte meine Familie), eine weitere vergrößerte sich erheblich, weil sie nun mehr Platz hatte, und die kleine Familie konnte überhaupt erst gegründet werden. Ein älteres Ehepaar ohne Betreute gab es auch noch; da sie die Dorfgründung mitinitiiert hatten, genossen sie großen Einfluß. Die Organisation des Dorfes nahm durch die Vergrößerung ganz andere Ausmaße an, die Hauselterngruppe mußte sich auf neue Aufgaben und Räume einstellen und auch die Beziehungen untereinander aufbauen: sich eben zusammenraufen, wie man so schön sagt. Es gab langjährige Freundschaften unter den Beteiligten, aber auch Antipathien und Mißtrauen. Das Beziehungsgefüge mußte sich neu ordnen und ein Gleichgewicht finden, um die Strukturen aufrechtzuerhalten. Genau das gelang ihnen damals nur unter Wahrung äußerer Harmonie und Disziplin; unterschwellig brodelte es.

Anthroposophische Dorfgemeinschaften basieren auf einem extrem hohen Maß an weltanschaulicher Übereinstimmung. Wer sich auf längere Sicht dort niederläßt, tut gut daran, vom Rhythmusprinzip, vom pädagogischen Konzept, von der Arbeitsweise und von der Anthroposophie überzeugt zu sein, um die essentiellen Regeln und Gepflogenheiten akzeptieren und mittragen zu können. Sind erstmal zahlreiche Gleichgesinnte versammelt, steht die Überzeugung dann auch unangefochten im Raum, anthroposophische Behindertenarbeit sei das beste seit der Erfindung der Heilpädagogik, und was im Dorf geschehe, sei ein unschlagbares Therapieprogramm zum Wohl und Heil der Behinderten. Diese Überzeugung, verbunden mit einem enormen Aufwand an Zeit, Energie, Arbeit und Selbstlosigkeit, was die Verwirklichung der Dorfgemeinschaft betrifft, gibt die Sicherheit, ein sinn- und wertvolles Leben zu führen. So schlug denn auch die bescheidene Selbstlosigkeit schnell in Stolz um, wenn von der Schöpfung A-dorf die Rede war.

All dies ist durchaus dazu angetan, eine Gemeinschaftsgefühl zu stiften und grundsätzliche Konflikte über die Konzeption zu vermeiden. Vermutlich war es weniger das Konzept von A-dorf, das die Unstimmigkeiten zwischen den Internen hervorrief, sondern eher Dinge, die eigentlich nicht sein durften, weil sie dem Ich-Ideal, das jede/r dort zu verwirklichen trachtete, widersprachen: Macht- und Positionskämpfe, Verteidigung "älterer Rechte", Neid, Mißgunst. Manche schreckten auch vor übler Nachrede und Intrigen nicht zurück, so die Hausmutter meiner ehemaligen Kollegin Birgit. Birgit konnte die lästerlichen

Kommentare ihrer Hausmutter nicht ertragen und machte sich mit ihrem Protest in ihrer Familie recht unbeliebt. Schwelende Konflikte wiederum verursachen Unsicherheit, da man nie weiß, was der andere im Schilde führt, was er über einen denkt und mit wem er gegen einen opponiert. Dadurch verstärken sich das Mißtrauen und die Vorurteile übereinander, die Fronten verhärten sich.

Es gab damals in A-dorf keine Streitkultur und kein Forum zur Aufarbeitung dieser tatsächlich wichtigen gruppendynamischen Prozesse. Inwiefern die Konfliktscheu in der Anthroposophie verankert ist, arbeitet Suchanek heraus: "Daß es Gegensätze gibt, ist nach anthroposophischer Weltanschauung Ausdruck zwar notwendiger, aber doch niederer und überwindbarer Entwicklungsstufen. Sie stehen der vollen Entfaltung des 'edlen Schönen und ewig Wahren' entgegen..(...) Die ethischen Werte, die sich aus einem solchen Menschenbild ergeben, müssen sich gegen Konfliktbereitschaft und gegen die Formulierung eigener Interessen sperren. (...) Gegenüber Lust und Schmerz ist Gelassenheit zu bewahren; man darf zwar beides empfinden (eine Konzession an die Realität?), soll sich aber wie der Stoiker darüber erheben, um ihre wahren Ursachen zu durchschauen..." (S.48)

Da das Beziehungsgefüge so labil war und ständig umzukippen drohte, wurde der Zusammenhalt der Gemeinschaft über die strenge Wahrung der Form, d.h. die Regeln des Zusammenlebens forciert. Die Einhaltung der Prinzipien, Pflichten und Rituale stellte die einzige Möglichkeit dar, die Stabilität der Einrichtung zu garantieren und nahm bisweilen geradezu zwanghafte und panische Züge an. Meine Hausmutter hatte z.B. erhebliche Skrupel, die im Winter bisweilen unterbeschäftigte Hauswirtschaftsgruppe nachmittags zum Schlittenfahren gehen zu lassen, und zwar weniger, weil sie eine gewisse Freizügigkeit für pädagogisch schädlich hielt, sondern weil sie Angst hatte, jemand von den Hauseltern könnte unser Treiben im Schnee beobachten und ihr mangelnde Organisationsfähigkeit vorwerfen. Überhaupt versuchte jede/r, den anderen durch unerbittliche Aufopferung und Selbstausbeutung zu beweisen, daß er/sie trotz Mißtrauen und Anfeindungen in der Gemeinschaft unentbehrlich war, und ihnen dadurch die Angriffsfläche für Kritik zu entziehen.

Stefan: "Es war so eine Stimmung in A-dorf, so 84, 85, wo möglichst kein offener Streit in den Konferenzen bei den Internen aufkommen sollte (...) Ja nicht das kleine Pflänzchen kaputt treten durch irgendwelche persönlichen Sympathien oder Antipathien. Das sollte man ja alles beiseite lassen, das waren ja diese angelesenen Rudi-Theorien: 'Naja, das sind halt die geistigen Kämpfe zwischen uns, verursacht durch geistige Wesenheiten.' Die waren ja gar nicht so drauf, um auf ganz normale Konflikte zu reagieren. Das war ja scheint's ein paar Jahre bei denen überhaupt nicht angesagt. Und deswegen hat sich bei denen alles so angestaut."

Die gnadenlose Selbstausbeutung, die durch die Arbeitsbedingungen und den Wertekodex der Anthroposophie vorgezeichnet ist (und im übrigen auch von Steiner selbst vorgelebt wurde, vgl. Beckmannshagen, S.49) und im Fall A-dorf durch die Konkurrenzsituation auf die Spitze getrieben wurde, blieb übrigens nicht ohne gesundheitliche Folgen. Chronische Erkältungen, regelrechte Zusammenbrüche bei der Arbeit und Unfälle kamen in A-dorf auffallend oft vor. Grippe, Erkältungen und Menstruationsbeschwerden wurden von den meisten ignoriert und verbissen mit Arbeit bekämpft. Die Betreffenden hielten sich und ihre Arbeit für so unentbehrlich, daß sie sich körperliche und psychische Schwächen nicht zugestehen wollten. Manche brachen dann wirklich zusammen und setzten sich so wider Willen wochenlang außer Gefecht. Überspitzt formuliert, war krank und abgearbeitet - "ausgebrannt" - zu sein gewissermaßen Ehrensache, besonders, wenn man der Krankheit nicht nachgab. Die Krankheit war eine Art Beweis für "wahres" Engagement. Sich krank ins Bett zurückzuziehen hätte überdies bedeutet, die Kontrolle und den Einfluß in der Familie oder in der Werkstatt vorübergehend abzugeben, und das konnte man sich nicht leisten. Was die Krankheiten betraf, wurde die Selbstlosigkeit auf die Spitze getrieben: Man opferte in der langen Arbeitszeit nicht nur seine psychischen und individuellen Bedürfnisse, sondern auch seine körperlichen. Dramatisch ausgedrückt, kommt dieses Verhalten einer Selbstvernichtung gleich. Von diesem Mechanismus waren die Frauen stärker betroffen als die Männer; ihre Aufgaben als Familienoberhäupter und Hausfrauen waren weniger prestigeträchtig, gleichförmiger und zeitlich noch schwerer eingrenzbar als die der Männer in den Werkstätten, im Garten und in der Landwirtschaft, und kosteten daher mehr Kraft und Nerven.

Nun waren die A-dorfer Hauseltern nicht allein mit ihrer Selbstüberforderung und ihren Beziehungsproblemen. Im Zuge der Erweiterung des Dorfs waren sie mehr denn je auf tatkräftige Unterstützung von jungen PraktikantInnen und Zivildienstleistenden angewiesen. Bei der Aufnahme von Arbeitsverhältnissen mit uns machten sie den Fehler, die Bedeutung der Übereinstimmung mit anthroposophischen Überzeugungen zu unterschätzen.

Manche von uns hatten städtische Waldorfschulen besucht und stammten aus bekannten anthroposophischen Familien - aber das allein schuf überhaupt keine gemeinsame weltanschauliche Basis, da sich der Besuch der Waldorfschule - so sehr ich davon abraten möchte - weltanschauungsmäßig noch verhältnismäßig liberal und verspielt ausnimmt im Gegensatz zu einem Ausgeliefertsein an ein 150-prozentiges anthroposophisch-totalitäres Dorfregime.

Thomas: "In der Steiner-Schule habe ich von Anthroposophie was mitbekommen, womit ich was anfangen konnte und hatte dadurch ein Grundvertrauen, daß das auch wieder so sein müßte in A-dorf. Deshalb habe ich mich auf diese komischen Bedingungen im Arbeitsvertrag eingelassen." Es ist für A-dorf wohl sogar ein gewisses Risiko, ehemalige WaldorfschülerInnen zu beschäftigen, da man sie bei Mißfallen nicht so leicht wieder los werden kann, wenn ihre Eltern in der Szene bekannt oder vielleicht sogar zahlende Mitglieder im Trägerverein sind.

Der überwiegende Teil von uns aber hatte von Anthroposophie keine Ahnung (und uns wurde versichert, das würde nichts ausmachen) und wußte vor allem nicht, wie stark sie den Alltag prägt. Ich meine, einem halbwegs intelligenten Mneschen ist eigentlich nicht zuzumuten, dreimal am Tag sonderbare, befremdlich-anfechtbare Tischgebete und andere Sprüche aufzusagen, seine literarischen Interessen auf Märchen und moralinsaure Theaterstücke zu reduzieren, sich kritiklos mit gespreizten Steiner-Formulierungen überschwemmen zu lassen, auf Kaffee und Pfeffer zu verzichten, den Behinderten Berührungen zu verbieten und sich zu allem Überfluß in sein Sexualleben hereinreden zu lassen - ohne wenigstens die Gründe für all diese Maßnahmen zu kennen. Leider hatten wir durch unsere eigene Erziehung und besonders in der Schule allzugut gelernt, uns Zuständen und Anforderungen zu unterwerfen, die keineswegs mit unseren Bedürfnissen und Meinungen übereinstimmten; dadurch kommt einem leicht das Gefühl für die ureigensten Interessen abhanden. Insofern mag es verständlich sein, daß wir unsere Verwunderung über die Anthroposophen zunächst nur in tastenden Gesprächen und durch Fragen artikulierten.

Hinzu kam, daß wir die Anthroposophen in A-dorf - von deren Anspruch auf unbedingte Wahrheit, der in der Erkenntnistheorie Steiners wurzelt, wußten wir ja noch nicht - völlig falsch einschätzten. Wir selbst waren in der Schulzeit tendenziell friedensbewegt, machten uns Sorgen um den sauren Regen, dachten über unsere eigene Zukunft in einer durch Profitgier immer zerstörteren Umwelt nach, lehnten Karrieregeilheit, Statussymbole und die Anhäufung materieller Güter als Lebenszweck ab; dafür träumten wir von einer besseren Welt, in der es humaner, freundlicher und gerechter zugehen sollte, in der die Natur pfleglich behandelt wird und in der Geld und Konsum nicht alles ist. Nach der Schulzeit war der Augenblick gekommen, den eigenen Beitrag zur Humanisierung der Gesellschaft zu leisten bzw. Alternativen zum Bestehenden auszuprobieren.

A-dorf schien der ideale Ort zu sein, um durch praktische Arbeit an der Basis mit der Verwirklichung der Ideale zu beginnen. Die lange Arbeitszeit schreckte uns nicht, wahrscheinlich deshalb, weil wir uns keine Vorstellung davon machen konnten. Ich zumindest dachte, soviel Gutes und Wichtiges zu tun, würde mich dermaßen befriedigen, daß ich auf Privatvergnügungen verzichten könnte. Die Anthroposophen in A-dorf hielt ich für Leute, die in der Realisierung meiner Ideale schon einen wesentlichen Schritt weitergekommen waren: die auf dem Land lebten und dort Landwirtschaft und Gärtnerei ohne Chemie betrieben, die sich um eine Randgruppe kümmerten, die auf kompensatorischen Konsum verzichteten und sich aufs Wesentliche konzentrierten (nur daß sie darunter etwas ganz anderes verstanden als ich!),; ferner nahm ich an, daß sie antiautoritär und links waren, über Politik, Kultur und Lebensvorstellungen diskutierten, einen repressionsfreien Umgang pflegten und sich für unsere alternative Jugendkultur interessierten. Daß sie sich eine kleine Welt aufgebaut hatten, in der das alles möglich war, was ich in der Schulzeit und in meinem gesellschaftlichen Umfeld vermißt hatte.

Stefan: "Mein erster Eindruck von meinen Hauseltern war: fitte Leute, die freiwillig da sind und die Anthroposophie locker verwirklichen wollen, nicht als Ersatzreligion oder Krücke, sondern weil sie es wirklich toll finden; die keine Angst vor der Zukunft haben und vor Schwierigkeiten, die zu bewältigen sind, die A-dorf lebendig weiterentwickeln. Aber so war's halt nicht, bei niemandem in ganz A-dorf, es war dogmatische Ersatzreligion, damit irgendwelche Schwächen nicht brutal hervorbrechen, was weiß ich, was das alles war, und noch viel schlimmer! Ich hab schon in den ersten Wochen gedacht: War das wirklich so gemeint, das kann doch nicht wahr sein, das gibt für mich einen Kloß im Hals oder Magenschmerzen."

Die Erfahrungen, die ich von der ersten Berührung mit A-dorf an machte, sprachen gegen diese ursprüngliche Einschätzung, aber ich wollte lange nicht von ihr abrücken. Zunächst war es die unterkühlte Atmosphäre in meiner Familie, der verkrampfte Umgang miteinander, der Mangel an Interesse und Gesprächen, was mich befremdete. Ich hatte mir mehr Herzlichkeit und Diskussion erwartet, und auch mehr Zusprunch und Zuwendung, denn immerhin war ich neu dort, weg von zuhause, konfrontiert mit völlig ungewohnten Aufgaben und lauter unbekannten Leuten. Als nächstes schockierte mich das Ausmaß des religiösen Lebens, das mit wesentlich mehr Inbrunst und Pathos praktiziert wurde als ich es von den konfessionellen Kirchen kannte. Eine Zeitlang mußte ich mich täglich mit neuen Absurditäten auseinandersetzen, die ich niemals dort vermutet hatte: Mein Zivikollege wurde unter Druck gesetzt, sich seine Dreadlocks abzuschneiden (er sei sonst kein Vorbild für die Behinderten; weiß der Kuckuck, was wirklich dahinterstecken mochte!), was er schließlich und zum Glück nicht tat, obwohl er mit Entlassung bedroht wurde; Arbeitszeiten wurden sklavisch eingehalten, Leiden war karmisch bedingt und insofern zu erdulden, Fernsehen und Radio wurden verteufelt, die Matratzen waren mit schätzungsweise einer halben Tonne Stroh gefüllt, so daß sogar die kurze Nachtruhe von peinlicher Askese begleitet war, und morgens gab es im ganzen Dorf lauwarmen gesalzenen Brei - ich werde nie vergessen, wie mir meine Hausmutter einmal über den Tisch hinweg zurief: "Gell, so ein bißchen Salz in der Früh macht einen richtig munter!" Ich träumte von Kaffee!

Im Grunde spielte sich dort das in noch potenzierter Form ab, wovor ich eigentlich geflohen war: ein spießiger, ultrabürgerlicher und kleingeistiger Lebensstil, verbunden mit einem tabubeladenen, entemotionalisiertem und verkrampften Umgang miteinander. Dagegen waren die heimatlichen Kleinstadtfamilien geradezu dekadente Tollhäuser.

Anfangs diskutierten wir mit den Hauseltern, bzw. wir versuchten es, bis wir allmählich merkten, daß die Sonderlichkeiten mit ihrer Auffassung von Anthroposophie zu tun hatten und daß sie nicht bereit waren, einen Millimeter von ihren Überzeugungen abzuweichen. Es dauerte ziemlich lang, bis wir begriffen, daß diese Diskussionen nicht konstruktiv waren und nur zu Belehrungen seitens der Hauseltern führten.

Stefan: "Ich hatte vorher eigentlich nur mit Menschen zu tun, mit denen man reden konnte."

Thomas: "Ich habe ewig gebraucht, um das zu kapieren: Daß man mit denen nicht reden kann."

Umgekehrt begannen die Hauseltern nach einer gewissen Einarbeitungszeit, *uns* zu kritisieren. Soweit sich ihre Kritik auf praktische Probleme bezog, die einfach auf mangelnder Sachkenntnis unsererseits beruhten, war sie leicht zu ertragen. Wir waren ja jung und unerfahren, kannten uns in den Werkstattbereichen, Haus und Garten nicht aus und hatten geistig Behinderte bisher noch nicht aus der Nähe gesehen. Natürlich litten die Gespräche auch unter diesem Ungleichgewicht, was Erfahrung und Sachkenntnis betraf. Der anthroposophische Schnickschnack über Pädagogik war schwer zu widerlegen, wenn man nur ein diffuses Unbehagen dabei empfand, aber keine fachlich fundierten Gegenargumente parat hatte. Ich merkte den Unterschied vor allem letztes Jahr in B-dorf, wo ich mit Praxisbeispielen aus der Lebenshilfe und mit meinem theoretischen Wissen über Pädagogik und Psychologie kaum eine anthroposophische Maßnahme oder Theorie über Behinderte unwidersprochen hinnehmen mußte. Entsprechend anders wurde ich dort auch behandelt: neugierig und geradezu respektvoll, auch wenn man mir sicher keine Träne nachweinte, als ich mich auf Nimmerwiedersehen verabschiedete, denn es ist anstrengend, sich pausenlos in Diskussionen verteidigen zu müssen.

Die Kritik der Hauseltern wurde an den Punkten belastend, wo sie versuchten, uns innerlich oder zumindest äußerlich auf ihre Linie zu bringen, um den reibungslosen Arbeitsablauf zu garantieren. Ihre religiöse bzw. weltanschauliche Toleranz, die sie uns anfangs suggerierten, war eine Lüge. Es genügt nicht,

Leuten das Recht einzuräumen, zu glauben und zu denken, was sie wollen, wenn man ihnen gleichzeitig übelnimmt, daß sie dann auch sagen, was sie denken und nach ihren Überzeugungen handeln wollen. Religiöse Toleranz fällt leicht, solange man die Macht hat, Andersgläubigen den eigenen Lebensstil aufzudrängen. Dabei glaubten wir ja noch nicht einmal etwas anderes, sondern waren einfach noch nicht festgelegt in unserem Weltbild.

Unser inneres Ringen um Werte, Welt- und Menschenbild war den Hauseltern egal. Man konnte auch nicht konstruktiv mit ihnen darüber reden, weil sie ohnehin alles besser wußten. Meine Hausmutter tat meine Fragen, Zweifel und Argumente mit der Bemerkung ab, sie und ihr Mann hätten bereits den Katholizismus, den Marxismus, die antiautoritäre Erziehung, die Makrobiotik und noch einige andere weltanschauliche Phasen erst enthusiastisch gelebt und schließlich abgelegt, um sich - und diesmal endgültig - der Anthroposophie zuzuwenden; sie würde also alle meine Ideen und Theorien kennen, und noch viel mehr, und könne mir gleich sagen, daß das alles nichts tauge. Meine Hauseltern gaben im Outfit, Sprache, Geschmack, Verhalten bis zu der durchdringenden Art, andere Menschen anzuschauen, anthroposophische Prototypen ab; ihre bewegte Vergangenheit schimmerte nur ganz selten durch. Leider weiß ich nicht, was aus ihnen geworden ist, seit sie A-dorf verlassen haben.

Die Kritik der Hauseltern blieb häufig nicht konstruktiv und sachbezogen, sondern wurde pauschal und zielte auf die ganze Person ab. Es hieß, wir seien nicht pflichtbewußt genug, uns fehle das Verantwortungsgefühl - wenn wir den Betreuten Sachen erlaubten, die sie nicht hätten durchgehen lassen. Wir hätten nicht die richtige Arbeitseinstellung - wenn wir eine Malzkaffeepause mit den Betreuten etwas dehnten, weil effektiv nicht viel zu tun war (was im Winter gelegentlich vorkam), oder wenn wir in der Ferienzeit, wenn die Behinderten ohnehin nicht in A-dorf waren, auf ein paar Urlaubstage außerhalb von A-dorf bestanden. Wir seien egoistisch, weil wir unsere Beziehungen untereinander nicht diskret genug abwickelten, wenn sie schon überhaupt sein mußten. Besonders ich sei unreif in religiösen Fragen und meine Gebetverweigerung würde die Betreuten verunsichern und sei deshalb nicht tragbar. Die pauschal abwertenden Vorwürfe waren bitter: zum einen, weil sie nicht zutrafen, denn wir hatten die Masche "Selbstausbeutung für Anerkennung" von den ansässigen Anthroposophen längst übernommen und waren kaum mehr fähig, eigene Bedürfnisse zu formulieren - aber wie kann man das beweisen? Zum anderen zielten sie auf die Demontage des Selbstbildes ab. Denn ich *wollte* ja gerne nett, fleißig, hellwach, umsichtig und belastbar sein, erstens weil diese Eigenschaften diffus meinen eigenen Idealen entsprachen, und zweitens, weil ich so gerne Anteil gehabt hätte am elitären Image selbstlosen sozialen Engagements.

Ich habe Jahre gebraucht, um zu begreifen, daß sich Ideale und eigene Bedürfnisse nicht ausschließen müssen und daß sinnvolles soziales Engagement nicht von Leuten geleistet werden kann, die ihm ihr eigenes Ich opfern.

Das permanente Gefühl des Nicht-Genügens ruinierte den Selbstwert und spornte darüberhinaus zu vermehrter Arbeitsleistung an, um Rehabilitierung zu erfahren.Genauso schlimm war die ständige Selbstverleugnug, die sich im Verzicht auf die eigene Meinug, Gefühle und Interessen niederschlug.

Auch Beckmannshagen ist dieser inneren Zerrissenheit in seiner Eigenschaft als Schulpsychologe begegnet: "Ich habe erwachsene *anthroposophische* Männer (Waldorflehrer, d.V.), Familienväter, in der Beratungsstelle weinen sehen, weil sie den Konflikt zwischen ihrem Verlangen nach Selbstachtung und dem ständigen Zwang nach Selbstverrat nicht mehr ertrugen." (S.47)

Der Konflikt zwischen Selbstbehauptung und Selbstverleugnung war in A-dorf nicht lösbar. Im Endeffekt gab es nur zwei Möglichkeiten: sich anzupassen und das eigene Selbst dadurch zu ruinieren - oder zu gehen, bzw. wegen Aufsässigkeit gefeuert zu werden. Aber wir wollten nicht gehen. A-dorf war auch *unsere* Welt, zwar nur zu einem geringen Teil, vieles war aber auch uns trotz allem lieb und vertraut geworden: das Leben in einer reizvollen Landschaft, die Lernmöglichkeiten in den Werkstattbereichen, die Behinderten, die FreundInnen in A-dorf - und sogar mit den Hauseltern gab es manchmal hinreißend vertraute Momente. Die Außenwelt nahm bei zunehmender Dauer des Aufenthalts auch für uns schemenhafte Formen an, man konnte sich nicht ohne weiteres vorstellen, das alles so plötzlich zu verlassen und sich "draußen" wieder neu zu orientieren. Außerdem hätte dem vorzeitigen Aufhören in A-dorf der überaus fade Nachgeschmack des Scheiterns angehaftet, denn der moralische Druck verhallte ja nicht völlig wirkungslos bei uns. Selbst wenn wir stundenlang die Fakten, mit denen wir konfrontiert waren, analysierten, blieb doch ein Schuldgefühl, ein schlechtes Gewissen: Vielleicht treffen die Vorwürfe in meinem Fall *doch* zu, vielleicht bin ich ja wirklich faul und unfähig und zu nichts zu gebrauchen. Dieser Komplex prägte ja auch die Zeit nach A-dorf.

Im übrigen schüchterte das Engagement der Hauseltern auch ein. Immerhin lebte ich ja in einem bezaubernden Dorf, wo dutzende geistig Behinderter im großen und ganzen gut versorgt wurden; die Leistung, so etwas zu initiieren und aufzubauen, schien für soviel Idealismus, Freundlichkeit, Sachverstand und warme Klugheit zu sprechen, daß es wider besseres Wissen schwer war, die Fehler, Borniertheiten und seelischen Grausamkeiten der Hauseltern zu registrieren und selbstbewußt anzuprangern.

Ein paar Worte noch zum Einfluß unserer persönlichen sozialen Umfelder: Wie reagieren Eltern, FreundInnen und Bekannte, wenn eine/r aus ihrer Mitte frohen Herzens in eine anthroposophische Dorfgemeinschaft zieht, um dort von morgens bis abends Gutes zu tun? Die meisten finden es "toll" und sind voll der Bewunderung; vor allem deshalb, weil sie sich selber vor geistig Behinderten insgeheim grausen. Nur diejenigen, die soziale Arbeit nicht als per se bewunderungswürdig einstufen, stellen genaue Fragen und sind fähig zu Kritik. Manche meiner BesucherInnen in A-dorf reagierten sehr empfindlich und beklommen auf die dortige "verkrampfte Atmosphäre", wie sie es formulierten, und ließen sich keineswegs, wie von den Hauseltern selbstverständlich erwartet, in die Arbeitsabläufe miteinspannen.

Obwohl ich mir an den freien Wochenenden den Mund fusselig redete über meine Probleme dort, reagierten fast alle, trotz großer Anteilnahme, mit ihren Urteilen sehr zurückhaltend. Niemand konnte sich mein Leben dort wirklich vorstellen, und außerdem sind überzogene Leistungsanforderungen und berufliche und persönliche Fremdbestimmung den meisten Menschen sehr vertraut - so etwas gibt es eben nicht nur in anthroposophischen Dorfgemeinschaften -, ohne daß ihnen die Zumutungen wirklich bewußt werden und sie Widerstand dagegen leisten. So hieß es dann, nun ja, insgesamt sei es wohl doch eine gute Sache, die Anthroposophen seien vielleicht etwas schrullig, aber doch harmlos, da müsse ich eben durch, und Lehrjahre seien nunmal keine Herrenjahre etc. Nur eine Freundin nahm einen wirklich radikalen und eindeutigen Standpunkt ein: Sie kritisierte meine Anpassungsbereitschaft und mein latentes Märtyrertum und empfahl mir kompromißlos, meinen Dienst dort zu quittieren, weil sie A-dorf als reale Gefahr für mich einschätzte. Alle anderen gaben bis zum Schluß, auch als die Situation sich dort unerträglich zugespitzt hatte, Durchhalteparolen aus, oder es wurde mir unterschwellig vermittelt, das sei mein Problem und meine Entscheidung, niemand wolle mir da 'reinreden. Ist das die neue Individualisierung oder erfolgt dieses Denken aus falschverstandener Trivial-Sozialpädagogik, daß jede/r mit seinen Problemen selbst zurechtkommen muß, weil das für ihn/sie selbst das Beste sei? Befreit das die anderen von der Verantwortung, mitzudenken und mitzufühlen und vor allem eine eigene Meinung zu entwickeln und sie zu äußern, Einfluß zu nehmen und sich einzumischen?

Die meisten von uns haben lange gebraucht, sich von A-dorf auch innerlich zu distanzieren, den "Wurstsalat" (Sven) aus dem Kopf zu kriegen und zu den eigenen Wurzeln zurückzufinden. Manche haben die Gewohnheit, sich im alternativen oder anthroposophischen Bereich ausbeuten und erniedrigen zu lassen, beibehalten, einige sind psychisch krank geworden und begaben sich in psychiatrische Behandlung, einer suchte sein Heil in einer "richtigen" Sekte. An alledem sind nicht die Anthroposophen allein schuld, es lagen natürlich entsprechende Dispositionen vor, sonst hätten sich die Betreffenden auch nicht so leicht nach A-dorf oder in andere Dorfgemeinschaften verirrt. Aber die

Anthroposophen schlugen genau in diese Kerbe, und *nichts*, keine ihrer Maßnahmen zur Lebensgestaltung erwies sich als geeignet, diesen Prozessen der schleichenden Ichlosigkeit entgegenzuwirken oder sie wenigstens trost- und sinnreich auszugleichen. Und die anderen schauen zu und halten das alles eigentlich für ganz normal (weil es ja überall vorkommt) und jeden für seines Glückes Schmied. Es lebe die Toleranz.

Aber ich habe den Ereignissen etwas vorgegriffen. Noch waren wir in A-dorf, rückten immer enger zusammen in unserer "Hütte", sprachen über unsere Probleme und Gefühle und befreundeten uns aufs Beste. Subkultur schlich sich in A-dorf ein.

Die Situation mit den Hauseltern spitzte sich nach einer Latenzzeit allmählich zu. Unsere Argumente waren zwar besser und selbstbewußter geworden - durch die Diskussionen und den Halt der Gruppe -, aber letztendlich wagten wir kaum, sie mit Druck zu vertreten. Wir hatten z.B. den Wunsch nach einem ganzen freien Tag in der Woche, d.h. das freie Wochenende schon am Freitag abend nach "Dienstschluß" zu beginnen und nicht erst am Samstag mittag. Das hätten wir im Gegenzug natürlich auch den Hauseltern angeboten (es ging ja darum, die Abwesenden zu vertreten). An dem Abend, als wir diese reizvolle Idee entwickelten und sie Stück für Stück argumentativ absicherten, fühlten wir uns großartig und siegessicher. Etliche Tage später nahte dann die Mitarbeiterkonferenz, der wir unseren Vorschlag unterbreiten wollten. Wir sprachen untereinander schon gar nicht mehr darüber, hatten auch keinen Sprecher auserkoren, und schließlich, fünf Minuten vor Beginn der Konferenz, bliesen wir das Thema ab, versicherten einander, daß heute kein guter Tag für soetwas sei, und entschuldigten uns beieinander mit "Müdigkeit" und "Genervtsein" etc. Hinterher aber ärgerten wir uns doch über unsere Feigheit und rüsteten uns für die nächste Konferenz, zwei Wochen später. Als es so weit war, faßte sich einer von uns ein Herz und trug unser Anliegen vor und noch ein paar Argumente und Verfahrensvorschläge. Der Geschäftsführer zog nur kurz die Augenbrauen hoch und pustete uns mit zwei Sätzen um: Ob wir unsere Arbeitsverträge nicht gelesen hätten? - Hier sei immer schon Samstags gearbeitet worden und das würde auch in Zukunft so sein, und dabei werde jede/r von uns gebraucht.

Wir, das verantwortungslose und feriensüchtige Pack - so fühlt man sich jedenfalls nach einer solchen Abfuhr -, pendelten mal wieder zwischen Wut und Scham.

Die Hauseltern fühlten sich offensichtlich bedroht von der Gruppe; sie fürchteten, ihr Projekt "Dorfgemeinschaft" würde ihnen aus dem Ruder laufen durch die bloße Existenz der abendlichen Mitarbeitergemeinschaft.

Stefan: "Die Hauseltern hatten so eine Grundangst, daß sich etwas Anarchistisches einschleicht, was A-dorf kaputtmacht, auf der Stufe, auf der es gerade stand. Nur ja nicht, daß es auseinanderbricht, nur ja eine Form wahren, nur nichts einreißen lassen. Samstags frei - um Gottes Willen - die Haare vom Martin und irgendwelche freie Liebe in der Hütte oben - die abstrusesten Geschichten! Im Grunde war es nur eine Angst vor der Freiheit, die Angst, etwas zuzulassen, was eigentlich ganz normal ist."

Vorgeschoben wurde übrigens meistens das Totschlagargument, alles drehe sich schließlich um das Wohl der Behinderten, denen wir ein Vorbild zu sein hätten - deshalb die strengen Auflagen. In Wirklichkeit ging es längst nicht mehr um die Behinderten, sondern um Machtkämpfe, für die sie instrumentalisiert wurden.

Im März '85 spitzten sich die Konflikte in allen Haushalten gleichzeitig zu und führten kurzfristig zu der von den Hauseltern befürchteten Blockbildung. Sie erwogen daraufhin allen Ernstes ein Zutrittsverbot für die "Hütte" für all diejenigen, die sie nicht bewohnten (und das waren nur drei Zivis). Die Auseinandersetzungen erfolgten in vielen Gesprächen zwischen den Beteiligten, z.T. zogen die Hauseltern neue, noch neutrale junge MitarbeiterInnen ins Vertrauen bzw. auf ihre Seite; massive Unterstellungen und Vorwürfe wurden mit verstärktem moralischen Druck aufs Tapet gebracht, Kündigungen lagen allen auf der Zunge und wurden nur noch nicht ausgesprochen. Das ganze Dorf erbebte förmlich vor maßloser Angst und Wut. Aber wieder war unser Widerstand nicht geballt, sondern verzettelte sich in einzelnen Streitereien mit einzelnen Hauseltern. Letztlich zogen wir uns zurück, jede/r haderte für sich allein mit den demoralisierenden Vorwürfen der Hauseltern, mit Schuldgefühlen und Angst vor der kalten, geschlossenen anthroposophischen Logik, die eigentlich nur in der Aussage bestand: Das ist *unser* Dorf und wir machen es so, wie *wir* es für richtig halten, und wem's nicht paßt, kann ja "nach drüben" gehen. Dabei ging es uns gar nicht primär darum, unsere eigenen Arbeitsbedingungen zu humanisieren, sondern im weitesten Sinne um den Entwurf der Utopie, derentwegen wir nach A-dorf gekommen waren: ein humaneres, zwangloseres Zusammenleben mit Behinderten auf dem Lande einschließlich der naturverbundenen und -schonenden Arbeitsmöglichkeiten, d.h. für alle Beteiligten wünschten wir uns erfreulichere Lebensbedingungen. An eine solche Diskussion war aber nicht zu denken.

Die Unterwerfung unter die Macht der Hauseltern mit all ihren selbstverleugnenden Konsequenzen war bitter und brachte letzten Endes für niemanden irgendwelche Vorteile. Ich war die erste, die dem Druck nicht mehr standhielt und kündigte. Im Laufe des darauffolgenden halben Jahres schlossen sich alle jungen MitarbeiterInnen aus meinem Haushalt diesem Entschluß an und verließen A-dorf vorzeitig. Diese Ablöseprozesse zogen sich lange hin und waren in ihrer unerbittlichen Konsequenz und Unversöhnlichkeit fast nicht zu ertragen.

Ich denke, die weltanschaulichen Unterschiede waren tatsächlich zu groß, um auf die Dauer miteinander leben zu können. Andererseits lag auf der Hand, daß die Konflikte unter den Internen auf uns verlagert wurden. Sie stilisierten uns geradezu hoch zu einer Bande, die ihr Dorf in Sodom und Gomorrha verwandeln wollte. Gemeinsame Feinde stärken das bröckelnde Gruppengefühl - eine Binsenweisheit. Hinzu kommt das Phänomen "Selbstreinigungsprozeß", den auch Beckmannshagen in anthroposophischen Einrichtungen beobachtet hat. Die schwelenden Machtkämpfe und andere Teamprobleme werden auf eine oder mehrere Personen projiziert, die als Sündenböcke für alle Probleme verantwortlich gemacht werden. Indem man sie wegschickt oder sie so weit bringt, daß sie freiwillig gehen, gibt man sich dem guten Gefühl hin, die Quelle des Leids liquidiert zu haben - bis sie sich unvermeidlich wieder bemerkbar macht.

In A-dorf wurden die Arbeitsbedingungen für die jungen MitarbeiterInnen etwas liberalisiert, allerdings erst nach unserer Zeit. Möglicherweise saß den Internen doch ein Schock in den Knochen, den die massive Krise mit uns ausgelöst hatte, so daß sie sich zu kleinen Veränderungen aufrafften: Erstens ließen sich die MitarbeiterInnen dadurch befrieden, so daß es in Zukunft zu keinen solchen Eklats mehr kommen würde; und zweitens merkten sie wahrscheinlich, daß kleine Zugeständnisse den Bestand des Dorfes doch nicht ernsthaft in Frage stellten.

Später erzählten mir A-dorfer Eltern, man bemühe sich in A-dorf verstärkt, nur noch linientreue AnthroposophInnen als PraktikantInnen und Zivis zu rekrutieren.

Jedenfalls kehrten die Konflikte in den folgenden Jahren zurück zur Hauselterngruppe, wo sie letztendlich auch hingehörten, und das Sündenbockphänomen fand in den eigenen Reihen statt.

1990 kam ich nach langer Zeit zum ersten Mal wieder nach A-dorf, um das Interview mit H.V. zu führen, also keineswegs in freundschaftlich-versöhnlicher Absicht, und besuchte nachher auch meine Hausmutter. Zu meiner großen Überraschung hieß sie mich willkommen wie eine verlorene Tochter: Sie sei so froh, daß ich wiedergekommen sei, sie müsse sich doch bei mir entschuldigen. Wir ließen uns im neuen, aber wiederum pastellfarbenen und kuscheligen Wohnzimmer nieder - sie war mit ihrer Familie in ein neues Wohnhaus gezogen -, und sie erklärte mir ihr damaliges Verhalten: Sie habe damals unter einem enormen Anpassungsdruck gegenüber den alteingesessenen A-dorfer Hauseltern gestanden und deshalb hohe und eigentlich unrealistische Anforderungen an uns gestellt. Wir erörterten keine Details mehr. Ich erzählte ihr von meinen neueren Erkenntnissen, die ich über meine Zeit in A-dorf gewonnen hatte, vor allem kritisierte ich die weichen Strukturen und die allgemeine Unfähigkeit, Konflikte auszutragen und betonte, wie wichtig sozialpädagogische Fachlichkeit in derlei Institutionen sei. Sie hörte mir aufmerksam zu und pflichtete jeder meiner Ausführungen bei. "Und, wie waren die letzten Jahre so", fragte ich. "Sehr schwer", sagte sie seufzend, "noch schwerer als vorher." Aber das habe alles an dem Geschäftsführerpaar gelegen, die hätten diese unangenehme Stimmung verbreitet, aber die seien ja jetzt zum Glück weg, und jetzt hoffe man auf neue Menschen mit neuen Impulsen - was auch immer sie darunter verstand -, dadurch würde sicher alles leichter und besser u.s.f. Offenbar hatte just wieder eine Selbstreinigung stattgefunden, ohne daß man sich im mindesten über die eigentlichen Probleme klar geworden war. Sie sah genauso aus wie damals, müde, abgearbeitet, gefaßt; mit schwermütigem Blick saß sie aufrecht, ohne sich anzulehnen, allein auf dem Sofa, direkt unter einem Madonnenbildnis.

Sie tat mir leid, und trotzdem: Warum waren die Ansprüche an qualifizierte Behindertenarbeit und Teamarbeit so niedrig, so daß es möglich war, PraktikantInnen und Zivis einzustellen und Behinderte zu betreuen, wenn man keine Ahnung hat von Konfliktbewältigung, Gruppendynamik und Personalführung und sich weigert, im Notfall sinnvolle Hilfe zu holen? Sicher, Anthroposophen haben ihre eigene sozialpädagogische Theorie, die sich aus "wahrer Menschenkenntnis" ergibt und die sich über weltliche Fachlichkeit erhaben glaubt. Aber sehen sie denn nicht, zu welch hilflosen Zuständen ihre Theorie führen kann? - Es war eine Erleichterung, zu erfahren, daß mittlerweile sozialpädagogische Theorie und Praxis in A-dorf Einzug gehalten hat. Im Interview (Februar 93) schienen sich der jetzige Geschäftsführer und der anwesende Hausvater dazu nicht bekennen zu wollen. Sie sagten, A-dorf habe sich zwölf Jahre in der Aufbauphase befunden; jetzt sei die Zeit gekommen, die Früchte der mühsamen Jahre zu ernten. Der Reiz der Zahlenmystik scheint den kritischen Blick auf die Vergangenheit zu verstellen.

Stefan, Thomas und ich gelangten am Ende unseres Gesprächs jedenfalls zu der Erkenntnis, daß nichts Gutes dabei herauskommt, wenn man seine Meinungen und Gefühle einer Überzeugung unterordnet, die man nicht teilt. Diese Art der scheinbar rücksichtsvollen Selbstverleugnung führt zur Unterwürfigkeit und Selbstauflösung und hat nichts mit Toleranz, Noch-lernenwollen und dem Respekt vor Andersdenkenden zu tun. Außerdem verführt man dadurch die anderen zu Selbstherrlichkeit und Machtmißbrauch und hemmt auch sie in ihrer Weiterentwicklung, was letztlich der ganzen Gemeinschaft schadet.
Stefan: "Man hätte sagen können, Leute, so geht's nicht, so was macht man nicht mit uns, was stellt ihr euch eigentlich vor, wie das menschlich abgehen soll? (...) Es war ihnen auch teilweise nicht bewußt, wie sie sich zu uns verhalten haben, denn dann hätten sie schon Skrupel gehabt."

Ich glaube, daß unsere Schwäche sie tatsächlich provoziert hat. Meine ehemalige Kollegin Birgit hatte jedenfalls weniger Angst, sich zu behaupten und erzählte mir von einem Konflikt mit ihrem Hausvater, in dem es ihr gelang, ihren Willen durchzusetzen:

Als sie längere Zeit krank war und sich deshalb bei ihren Eltern aufhielt, kam ihr zu Ohren, daß ein Hausvater sich für ihr Zimmer interessierte, das sich etwas abseits von A-dorf in einem kleinen Haus befand, und daß dieser Hausvater vorgeschlagen hatte, Birgit solle doch für den Rest ihres Praktikums in ein leerstehendes, sehr kleines Zimmer im Haus der Familie umziehen, in dem sie ohnehin arbeitete. Birgit schrieb daraufhin ihrem Hausvater, sie werde sich auf keinen Fall aus ihrem Zimmer drängen lassen, denn sie brauche den räumlichen Abstand zu A-dorf und ihrer Familie. Der Hausvater antwortete - natürlich -, A-dorf sei durchaus nicht so konzipiert, daß man Abstand zum Dorf haben solle, vielmehr sei es der Idealzustand, mit seiner Familie und den Behinderten unter einem Dach zu leben (das galt für den anderen Hausvater, der sich für Birgits Zimmer bewarb, offenbar nicht.). Von der Logik des Dorfes her hatte er die Argumente auf seiner Seite. Aber Birgit machte nicht den Fehler, diese Logik gegen ihr Gefühl und gegen ihre eigenen Bedürfnisse zu internalisieren, sondern nahm den Kampf auf. Sie fuhr nach A-dorf und vertrat ihr Interesse gegenüber dem Hausvater mit *ihrer* Logik. Sie legte ihre Einstellung zu A-dorf und ihrer Dorffamilie dar, zeigte ihre Gefühle, regte sich auf und stellte Bedingungen: Sie sei gern in A-dorf und akzeptiere die Arbeitsbedingungen, aber um den Alltag durchzustehen, brauche sie eine Rückzugsmöglichkeit in Form dieses Zimmers, und wenn ihr die genommen würde, könne sie nicht mehr in A-dorf bleiben. Der Hausvater war offen genug, sich auf ihren individuellen Standpunkt einzulassen; anscheinend fühlte er mit, empfand "Sympathie" (siehe dazu das nächste Kapitel) und fand sich bereit, Birgit, so wie sie war, zu respektieren. Er ließ ihr das Zimmer und bat den anderen Hausvater, mit seinen Umzugsplänen bis zum Ende von Birgits Praktikum zu warten.

Es gab also durchaus Situationen, in denen die Hauseltern überraschend nachgaben, wenn man seine Interessen selbstbewußt und mit Nachdruck vertrat - allerdings brauchte man einen langen Atem, und der Erfolg war keineswegs garantiert. Und es waren nur vereinzelte MitarbeiterInnen, die es darauf ankommen ließen. Aber im Großen und Ganzen hatten wir ihre Logik längst gefressen, und deshalb verhielten wir uns so defensiv. Andererseits - was hatten wir zu verlieren? Selbst wenn sich die Internen geweigert hätten, auf Gefühlsoffenheit und Diskussionsansätze unsererseits einzugehen, hätten wir in der Auseinandersetzung zumindest die eigene Identität bewahrt, und ein Weggang von A-dorf wäre konsequent, vielleicht auch schmerzlich, aber keine persönliche Niederlage gewesen.

Die Frage, ob die Problematik in A-dorf Seltenheitswert hat oder ob sie typisch ist für anthroposophische Dorfgemeinschaften, kann ich alleine nicht beantworten. Anschließen möchte ich allerdings meine Eindrücke über die MitarbeiterInnen in B-dorf.

Auf den ersten Blick schien alles locker und unkompliziert zu sein. Meine Hausmutter war jung - nur zwei Jahre älter als ich -, freundlich, humorvoll, interessiert, gesprächig, bediente sich eines allgemeinverständlichen Wortschatzes und war tatsächlich die erste pädagogisch qualifizierte Hausmutter, der ich bis dato begegnet bin. Das heißt, qualifiziert war sie damals noch nicht, aber sie absolvierte gerade das dritte Seminarjahr der Ausbildung zur Sozialtherapeutin. Da vor einigen Monaten in der Besetzung mit Hauseltern ein Engpaß aufgetreten war, hatte sie die alleinige Verantwortung für die Familie übernommen. Ihr Arbeitsalltag kann somit als gut ausgelastet bezeichnet werden.

Unterstützt wurde sie von einem sehr jungen Praktikanten, von dem ich allerdings nicht viel mitbekam, weil er am Tag nach meiner Ankunft in Urlaub ging, und von dem Zivildienstleistenden Florian. Zwischen Florian und mir entwickelte sich sehr schnell ein vertrauensvoller Kontakt. Er hatte bis vor kurzem in einem anderen Haushalt in B-dorf gearbeitet, wo die Stimmung wesentlich angespannter war. "Er sprach davon, daß dort jede Zeit als Arbeitszeit angesehen worden wäre, d.h., es sei ununterbrochen etwas getan worden, auch richtig schwachsinnige und überflüssige Arbeiten. Hier sei das anders. - Florian spricht viel von 'eigenen Grenzen, an die man stößt, wenn einen alles nervt.' Ideal sei, daß jeder beim anderen erspürt, wann der nicht mehr kann; das würde aber leider nicht klappen. Ich wandte ein: 'Wäre es dann nicht einfacher, wenn jeder seine Grenzen selber formulieren?' - Nein, das sei egoistisch. Dann würde jeder nur nach Lust und Laune arbeiten." (Protokoll B-dorf)

Seine anthroposophische Sozialisation, die ich seinen Aussagen entnahm - Waldorfschüler war er auch gewesen -, nützte ihm aber auch in diesem Haushalt nicht viel. Am nächsten Morgen berichtete er weiter: "Im Haus, wo er seinen Zivildienst begonnen hatte, habe er sich sehr schlecht mit seiner Hausmutter verstanden, deshalb sei er auch in die andere Familie übergewechselt. Allerdings hat er auch hier das Gefühl, nicht zu genügen, und glaubt, daß er die Probezeit nicht bestehen wird. Er scheint sehr unsicher zu sein, wieviel er bringen muß, um akzeptiert zu werden. Mit der Hausmutter könne er nicht offen reden. Er habe überlegt, sich an den Geschäftsführer zu wenden, der im Dorf als eine Art Vertrauensperson gilt. Supervision o.ä. scheint es dort nicht zu geben. (...) Zweites Frühstück mit Florian und der Hausmutter. Ich fragte letztere, wie sie ihre Rolle als Chefin des Haushalts sieht. Sie protestierte gleich, sie sei hier nicht die Chefin, sondern die Hausmutter. Auf einen qualitativen Unterschied der beiden Bezeichnungen wollte sie sich aber nicht festlegen. Durch das Zusammenfallen von Arbeit und Privatleben seien ihr manche Bereiche im Haus so wichtig, daß sie dort keinen anderen Stil als ihren eigenen erträgt. Das sei auch genau das, was ihr bei Florian Schwierigkeiten bereite. Sie hatte mir auch vorher schon gesagt, daß sie mit Florian nicht gut klar kommt." (Protokoll B-dorf)

Die Konflikte schienen sich während meines Aufenthalts zuzuspitzen, jedenfalls nahmen ihre Klagen übereinander kein Ende. "Die Hausmutter ist relativ aggressiv oder gleichgültig zu Florian. Zu mir sagte sie heute: Daß sie sich nicht verstehen, würde dauernd Mißverständnisse erzeugen, an denen die Arbeitsaufgaben dann scheiterten. Ich schlug vor, mehr miteinander zu reden und Absprachen zu treffen, aber sie meinte, das ginge nicht, dazu fehle ihr die Kraft, dann würde sie lieber alles alleine machen.

(...) Ich warnte den Florian eindringlich davor, sich hier einem falschverstandenen Idealismus zuliebe fertigmachen zu lassen. Ich weiß nicht, ob er mich verstanden hat, er ist so jung und unsicher. Er beklagte sich, daß er hier so selten Lob und feed-back bekommt. Er könne schuften wie er wolle und bekäme doch bloß zu hören, daß er's nicht bringt. Da klafft wirklich ein Widerspruch: Alles wollen sie 'erspüren', aber die normalen Adoleszenzkrisen kriegen sie nicht mit, hacken sogar noch auf ihm 'rum." (Protokoll B-dorf)

Mit der Einstellung der Hausmutter ist eine fruchtbare Zusammenarbeit schwerlich realisierbar. Wie kommt es dazu? War die Hausmutter objektiv überlastet, so daß sie sich nicht mit dem Zivi auseinandersetzen konnte? Wenn ja, wie wollte sie dann seine Arbeit zusätzlich bewältigen? Oder wollte sie ihm seine Nutzlosigkeit vor Augen führen, indem sie seine "paar" Aufgaben locker nebenbei miterfüllt und ihn damit demütigen? Oder lag es an ihrer völligen Unwissenheit über Arbeitsorganisation, Personalführung und Gruppenleitung? Warum bringt man diese Dinge den SeminaristInnen, den einzigen "Fachleuten" im Dorf, nicht bei? Anstatt von einem 19-jährigen Schulabgänger zu erwarten, daß er mit perfekter Umsichtigkeit die rechte Hand der Hausmutter verkörpert, hätte sie ihm doch, zumindest für den Anfang, feste Arbeitsaufträge übergeben können, deren Schwierigkeitsgrad allmählich, seinem Lernstand entsprechend, gesteigert wird. Oder war er ihr einfach unsympathisch? Warum lebte sie dann mit ihm zusammen? Das kam mir aus A-dorf sehr bekannt vor: jugendliche MitarbeiterInnen nur als funktionierende oder versagende Arbeitstiere anzusehen und mit der diffusen Kritik, gepaart mit der Unfähigkeit, die Arbeitssituation konstruktiv zu verbessern, den ganzen Menschen zu verurteilen.

Die jungen MitarbeiterInnen sind abgesehen von den Behinderten die schwächsten Glieder im Beziehungs- und Machtgefüge des Dorfes. Sie sind jung und unqualifiziert, d.h. sie haben kein professionelles Selbstbewußtsein; ihre Zukunftspläne sind meistens vage und stellen einen zusätzlichen Unsicherheitsfaktor dar; sie dürfen bzw. können nirgendwo mitreden, sind der Einrichtung aber trotzdem zeitlich und räumlich ausgeliefert. Es war unmenschlich, Florian von Haushalt zu Haushalt zu schicken und ihm das Gefühl des Versagens zu vermitteln, ohne sich ernsthaft um Lösungsmöglichkeiten zu bemühen. Und es ist unsinnig und kontraproduktiv, mit "Arbeitnehmern" Wand an Wand zu leben und den Tag von morgens bis abends miteinander zu teilen, ohne sich über die Lebensbereiche und Persönlichkeitsanteile auszutauschen, die über die gemeinsamen Betreuungs- und Arbeitsaufgaben in Haus und Garten hinausgehen. Sinnlos, weil der eigentliche Anlaß des *Zusammenlebens* damit negiert wird, und kontraproduktiv, weil man vieles Persönliche übereinander wissen sollte, um vorhandene Fähigkeiten, Abneigungen, Ängste und Unsicherheiten abzuklären und darauf eine faire, zumutbare Arbeitsabsprache und -aufteilung aufzubauen. Ist das nicht der große Vorteil, ja der eigentliche Sinn eines Kollektivs?

Florian war hingegen als Persönlichkeit für das Funktionieren des Dorfs uninteressant und daher mit seinen Gefühlen, diffusen Idealen und Minderwertigkeitskompexen auf sich selbst zurückgeworfen. Er hatte nicht einmal die Chance, in einem offenen Gespräch herauszufinden, ob er die Arbeit überhaupt mag. Der Traum vom Zusammenleben war in dieser B-dorfer Familie wie auch fast überall in A-dorf auf halber Strecke steckengeblieben: Die Form stimmte, denn sie lebten ja zusammen, aber Köpfe und Herzen fanden nicht zueinander, bzw. wurden bewußt voneinander ferngehalten. Diese Form der Abgrenzung entspricht einem Notprogramm: Wie halte ich mir den anderen vom Leibe, der mir fremd und unsympathisch ist, wie reduziere ich den Kontakt mit ihm auf das Nötigste? Daß sich im "Restkontakt" dann 1000 Mißverständnisse, Mißtrauen, Unterstellungen, Gereiztheiten und pauschale Kritik ergeben, die die Antipathie steigern, liegt auf der Hand; vor allem dann, wenn man sich vergegenwärtigt, wieviele Ärgernisse durch eine vertraute und verständnisvolle Atmosphäre vermieden werden können. Wenn man nicht bereit ist (bzw. "nicht die Kraft hat"), die Nähe der Menschen zu suchen, mit denen man sein Leben in fast jeder Hinsicht teilt, sollte man wirklich nicht in eine Dorfgemeinschaft ziehen.

Was Sassen betrifft, stehen mir nur die Aussagen Herrn Eisenmeiers, also des Geschäftsführers, zur Verfügung. Sie entsprechen seiner Sichtweise, vielleicht auch seinem Ideal; wie die Mitarbeitersituation in Sassen wirklich aussieht, kann ich also nicht sagen.

Ich fragte Herrn Eisenmeier nach den Anforderungen und Zugeständnissen, die die MitarbeiterInnen zu gewärtigen haben.

Herr Eisenmeir sagte, jede/r könne sich seine Zeiten für Ruhe und Entspannung nehmen, die er/sie bräuchte: "Meine Frau hat ihre Mittagszeit, und wenn die ihr nicht reichen würde, bräuchte sie halt mehr. Also wenn man keine festen Arbeitszeiten vereinbart, dann muß das einfach möglich sein."

K.T.: "Man setzt also voraus, daß die MitarbeiterInnen, auch die jüngeren, ihre Ruhebedürfnisse kennen und auch aussprechen."

Eisenmeier: "Da muß man sich nach ihnen richten. Also wir haben da Zivildienstleistende, die sind so im Einsatz, die können wir gar nicht bremsen. Einfach toll, aber auch nicht ungefährlich." - Hier spielte er vermutlich auf Überarbeitung und übertriebenen Ehrgeiz an, der einem Menschen auch schaden kann. - "Es gibt auch andere, die sind ganz exakt, die sagen, sie wollen ihre Dienstzeit haben." Das zu hören, überraschte mich. In A-dorf gab es diese Möglichkeit, Dienst nach Vorschrift zu leisten, nicht, und wenn, hätte sie niemand wahrgenommen, weil die soziale Ächtung unerträglich gewesen wäre. Eisenmeier: "Man muß beweglich sein, einsehen, daß eine Ausnahme möglich sein muß. Menschen sind so verschieden. Der eine ist stark, der andere so schwach von seiner Konstitution her... außer jemand ist einfach faul. Man kann von einem Menschen nicht mehr erwarten als er bringen kann."

In seinem Büchlein über die Sozialgestalt der Lebensgemeinschaft Sassen-Richthof heißt es weiter: Und wenn einer wirklich nicht mitmachen will, was dann? Nun, er wird die Gemeinschaft früher oder später verlassen und sich einen Platz suchen, der ihm entspricht. Einen solchen Wunsch oder eine solche Notwendigkeit kann man ja gut verstehen. Schwierig wird es natürlich, wenn er es selber nicht merkt und wahrhaben will. Das schmerzt dann natürlich, auf beiden Seiten, aber hier muß sich der Stärkere zurückhalten, und das ist in der Regel die Gemeinschaft. Da muß man es eben fertigbringen, mit einem Menschen so lange zu leben, mit all den Problemen, die er in die Gemeinschaft bringt, bis er es selbst gemerkt hat, daß er nicht dazu gehört und die Konsequenz zieht. Es gehört viel Geduld dazu und ist mitunter schwer zu ertragen." (S.19)

Diese Einstellung ist ein anthroposophisches Special, dem man theoretisch öfter begegnet, das in der Praxis aber, wie ich mit den Waldorf-Kritikern übereinstimmend feststelle, wenig Bedeutung hat. Ich kann in dieser scheinbaren Toleranz auch nicht den geringsten Sinn erkennen - außer, daß es eine Konfliktvermeidungsstrategie sein könnte. Aber schließlich ist es egal, ob man vehement kritisiert und schließlich gefeuert oder ob man schweigend ertragen wird - allein und auf sich selbst gestellt ist man auf jeden Fall, wenn man in Konflikt mit der Dorfphilosophie gerät. Die Grenzen zwischen viel und wenig Arbeit, dem Bedürfnis nach Ruhe und Faulheit scheinen fließend zu sein. Der einzelne wird zu nichts gezwungen, aber es kann ihm passieren, daß er am Ende als einer dasteht, der "gar nichts kapiert hat."

Versuch einer Psychologie der anthroposophischen Dorfgemeinschaften

1. Tiefenpsychologische Deutung der Anthroposophie

1.1. Größenwahn als sozialpsychologisches Phänomen

Die Anthroposophie steht nicht für sich allein. Wer sich kritisch mit ihr befaßt, findet ihre Einzelelemente an allen Ecken und Enden der abendländischen Philosophiegeschichte wieder. Das Christentum, östliche Reinkarnations- und Karmalehre und bürgerliche Werte, die das psychosoziale Umfeld Steiners bildeten, vervollständigen die Liste. Nicht umsonst wird der Anthroposophie Verbrämung beliebiger Denk- und Glaubensinhalte und schamloser Eklektizismus, den Steiner als Eigenleistung ausgegeben hat, vorgeworfen.

Um der Anziehungskraft der anthroposophischen Weltanschauung auf die Spur zu kommen, werde ich versuchen, sie in einen größeren philosophisch-psychologischen Zusammenhang zu stellen. Möglicherweise wird sich zeigen, daß sich die Charakteristika der Anthroposophie gar nicht so stark von weitverbreiteten Wertvorstellungen des gesellschaftlichen Durchschnitts - so man von einem solchen sprechen kann - unterscheiden. Zumindest die gleichen Wurzeln des Gedankenguts sollten sichtbar werden.

Horst E. Richter hat in seinem Buch "Der Gotteskomplex" die These aufgestellt, daß der Mensch - und das heißt nahezu uneingeschränkt bis zum heutigen Tag: der Mann - nach seiner allmählichen Loslösung aus der kindlichen Abhängigkeit von Gott unter dem Zwang steht, sich selbst mit Gottes Allmacht zu identifizieren: "Sich aus der Verlorenheit in die absolute Selbstsicherheit, aus der hilflosen Kleinheit in die unversehrbare Größe und Stärke zu retten." (Richter, S.80)

Während des Mittelalters war der Mensch Gottes Omnipotenz unterworfen und zu absolutem Gehorsam verpflichtet, er sollte sich der Erkenntnis, Erforschung und Veränderung seiner Lebensbedingungen weitgehend enthalten und war im Hinblick auf ein Leben nach dem Tode abhängig von ewiger Verdammnis oder Auserwähltheit, die er aber selber kaum beeinflussen konnte. Die menschliche Lebenszeit nahm von Gott ihren Ausgang und endete auch wieder bei ihm.

Als der Mensch sich allmählich aus der totalen Herrschaft Gottes zu befreien begann - nicht umsonst nennt man die betreffende Epoche Renaissance - bedeutete das, psychologisch betrachtet, nicht nur einen Schritt ins Erwachsenendasein, im Sinne von Mündigkeit und Selbstbestimmung, sondern auch einen freien Fall in Schutzlosigkeit und Angst. Das Preisgegebensein an das kosmische Nichts führte zu einer Überkompensation, die in der Identifizierung mit göttlicher Allmacht bestand. Der Mensch mußte die Natur erforschen und kontrollieren, d.h. in den Griff kriegen, um keine Angst mehr vor unbekannten Mächten zu haben. Intelligenz, Aktivität, Einfallsreichtum und Forschergeist waren gefragte Werte. Nichts durfte dem Zufall oder der Entscheidung fremder Mächte - und das konnten auch andere Menschen sein - überlassen werden. Jedes in der Natur auftauchende Phänomen mußte berechnet und kontrolliert werden, jede Situation handhabbar sein.

Richter spricht von einem starren Egozentrismus, der den neuzeitlichen Menschen kennzeichnet: Seit er sich mit Gottes Allmacht und Stärke identifiziert, betrachtet er sich als abgeschlossene Einheit, die jederzeit selbst mit allen Problemen und Schwierigkeiten fertigwerden kann - und es deshalb auch muß.

Von den Produkten menschlich-männlichen Größenwahns sind wir heute reichlich umgeben. Daß es dabei selten allein darum ging, sich mit neuen technischen Errungenschaften das Leben zu erleichtern, sondern vielmehr um eine unersättliche narzißtische Selbstbestätigung der angeblich grenzenlosen (und dabei gerne überschätzten) menschlichen Möglichkeiten, wird sichtbar an der Weigerung der heute forschenden und herrschenden Drahtzieher, die menschheitsbedrohenden Folgen ihrer Welt-Aneignung überhaupt ernsthaft gegen den tatsächlichen Gewinn an Lebensqualität abzuwägen.

Schon lange vor dem Mittelalter und der Renaissance begann im Denken die Spaltung der Einheit von Geist, Seele und Körper. Der Geist errang das Primat über die Materie, da er mittels der Schrift bleibende Zeugnisse seiner Tätigkeit hinterlassen kann; die Materie gilt als vergänglich und daher als minderwertig. "Der Geist, die Seele sind das eigentlich "Wirkliche". Sie formen den Körper, verwandeln formlose Materie in eine sinnlich wahrnehmbare Realität, die als Abbild des Geistes verstanden wird." (v.Braun, S.103 f) Der Körper, bestehend aus Materie, ist damit der schwächste Punkt des nach Unsterblichkeit und Allmacht strebenden Menschen: sterblich, anfällig für Krankheiten, einem Alterungsprozeß unterworfen und voller Bedürfnisse, die befriedigt werden müssen. Auch "die Emotionalität mit all ihren Erscheinungen des Leidens" (Richter, S.98) wurde der körperlichen und damit schwachen und abhängigen Seite des Menschen zugerechnet. Passivität, Leidenschaften, Krankheiten, Leiden und Tod kann sich der omnipotenzwütige Mensch nicht mehr leisten.

Die Philosopohiegeschichte spiegelt den Kampf gegen die innere Schwäche eindrucksvoll wider; bei Nietzsche gelangt er im Übermenschen-Konzept zu einer extremen Form: Die absolute Freiheit und Selbstbestimmung, die totale Macht läuft auf die Verachtung und unerbittliche Unterwerfung jeglicher Schwäche hinaus (vgl. Richter S.51 ff). Allerdings meldeten sich auch immer wieder andere Stimmen zu Wort, die versuchten, die Gefühle, das "Gemüt" und den Körper in das logozentrische Menschenbild zu reintegrieren. Zum Beispiel vertrat der Renaissance-Philosoph Pomponazzi die Auffassung, die Seele sei ohne Körperliches nicht denkbar, da sie für Tätigkeit auf die Mitwirkung von Sinneseindrücken angewiesen sei. Im übrigen sei ihre Unsterblichkeit aus Vernunftgründen nicht zu beweisen (Kunzmann u.a., S.99). Pascal fordert die Menschen auf, das Schwanken zwischen dem Gefühl der Nichtigkeit und dem Wunsch nach Allmacht aufzugeben und dafür zu lernen, "etwas" zu sein (vgl. Richter, S.85 ff).

Im Gesamtergebnis zeichnet sich aber ab, daß der Geist über die "äußere und innere Natur einschließlich der passiven Seelenzustände" (ders., S.98) dominiert. Der als minderwertig erklärte "Schatten" des Menschen wurde und wird abgespalten, verdrängt, unterdrückt und verachtet. Auch die Projektion der unerwünschten Eigenschaften auf andere spielt eine große Rolle. Unübersehbar sind z.B. die Versuche, den "Schatten" an die Frau zu deligieren: "Im mythischen Denken ist sie, als 'Sünde' und 'Lüge', das Symbol des falschen Lebens, das Tod bedeutet. Dasselbe spiegelt sich in der säkularen Vorstellung der 'weiblichen Rolle' wider. Deren Umschreibung sind allesamt Synonyme für den Tod: Passivität, Schwäche, Stummheit, Ich- und Willenlosigkeit etc." (v.Braun, S.118) Allzu vertraut ist bis zum heutigen Tage das Klischee typisch weiblichen Einfühlungsvermögens, Gefühlsbetontheit und Fürsorglichkeit: Eigenschaften, die sich Männer im harten Konkurrenzkampf um Macht, Geld und Ansehen nicht erlauben können.

Der Größenwahn hat in der Geschichte und besonders in der Gegenwart die vielfältigsten Blüten getrieben. Imperialistische Feldzüge, Rassenideologien, Overkill, Gentechnologie, Raumfahrt bis hin zum unbeschränkten motorisierten Individualverkehr sind auch Folgen davon. Durch die Beherrschung der Natur bzw. deren Ersetzung durch eine zweite, "bessere" (vgl. v.Braun) versucht der Mensch, seine Existenz zur wichtigsten und einzigen der Erde zu machen und sie möglichst weitgehend abzusichern. Das hat auch Folgen für den individuellen Lebenslauf: Da nur die mittlere, produktive Lebensphase für die wirtschaftliche und wissenschaftliche Höherentwicklung brauchbar ist, wird die Kindheit, Jugend und das Alter zum lästigen Sozialfall. Behinderungen gar werden zu Mißgeschicken der Natur und zum Störfaktor für die Gesellschaft der Tüchtigen, und je nach Zeitgeist werden sie auf Sozialhilfe-Niveau toleriert oder verachtet und liquidiert: Der Unterschied ist rein quantitativ.

1.2. Narzißtische Störung

Richter hat mit dem oben skizzierten Ansatz das individualpsychologische Phänomen der narzißtischen Störung auf die Sozialpsychologie übertragen. Es erscheint daher sinnvoll, die individuelle Narzißmusproblematik kurz darzustellen, bevor ich die anthroposophische Weltanschauung auf den Allmacht-Ohnmachts-Komplex hin überprüfe. Ich beziehe das Wissen für dieses Kapitel aus dem "Gotteskomplex" von Richter und den "Hilflosen Helfern" von Schmidbauer.

Eine narzißtische Störung entsteht bei einem Menschen, der als Kind nicht die Möglichkeit hatte, seine altersgerechten Bedürfnisse und Gefühle auszuleben, weil seine Lebensäußerungen von den Eltern, anderen Erziehungsinstanzen und im weitesten Sinne vom gesellschaftlichen Umfeld nach bestimmten Wertvorstellungen zensiert wurden. Die Eltern vermitteln dem Kind Ideale, deren Erreichen die Ausbildung bestimmter Charaktereigenschaften, Tugenden und Fähigkeiten voraussetzen; die Ideale schließen aber Bedürfnisse und Gefühle aus, die vital im Kind vorhanden sind. Traditionell sind es die Aggressionen, Trauer, Angst, Unlust und Körperwünsche, die negativ besetzt werden und daher auf dem kindlichen, undifferenzierten Niveau stehen bleiben. Die positiv bewerteten, willkommenen Persönlichkeitsanteile differenzieren sich hingegen aus und werden immer leistungsfähiger und "vorzeigbarer". Im Laufe des Heranwachsens können die ungeliebten Bedürfnisse, Affekte und Eigenschaften regelrecht verloren gehen.

Das Kind merkt bald, daß es eine Seite von sich verbergen muß, weil es als vollständige Person mit all seinen Persönlichkeitsanteilen nicht angenommen wird. Um sich seiner Existenz und Bedeutung zu versichern, muß es seine "Schokoladenseite" zeigen und perfektionieren, auch wenn damit seine vitalen Bedürfnisse nicht erschöpfend ausgedrückt werden können. Liebe und Anerkennung kriegt das Kind nicht "umsonst", nicht um seiner selbst, sondern um dieser Leistung willen.

Ein sicheres Selbstgefühl kann aber nur in einer integrierten, vollständigen Person entstehen. Mitscherlich definiert entsprechend die Identität als eine "Verfassung, in dem es der bewußten Ich möglich ist, gleichermaßen seine Leistungsvorgänge wie sein elementar triebhaftes und gemüthaftes Sein als eigenes und eines zu erkennen und zu kontrollieren." (Mitscherlich) Die Identität muß von den Bezugspersonen gespiegelt, d.h. anerkannt werden, sonst ist sie in ihrem Wert in Frage gestellt. Das mangelnde Selbstgefühl wird dann kompensiert durch ständige Leistungen und Anstrengungen, die die anerkannten Persönlichkeitsanteile hervorbringen.

Die von den Eltern vermittelten Ideale (z.B. Fleiß, Hilfsbereitschaft, Selbstlosigkeit, stete Freundlichkeit, Leistung, Ehrgeiz, Tapferkeit) sind der scheinbar sichere Schlüssel zu Anerkennung und Bestätigung. Deshalb laufen sie Gefahr, im Kind und heranreifenden Erwachsenen starr und unhinterfragt zu bleiben, denn sie bilden zumindest ein sicheres Terrain, auf dem man sich halbwegs zu bewegen oder immerhin zu orientieren vermag. Selbst wenn man später im Leben hinsichtlich der negativen Bewertung der verschütteten Bedürfnisse umdenkt, so bleiben sie doch verschüttet, unterentwickelt und somit nicht lebbar. So haben z.B. viele Menschen Schwierigkeiten, mit ihren Aggressionen umzugehen, obwohl sie durch rationale Prozesse durchaus zu der Erkenntnis gelangt sind, daß Aggressionen und Wut nichts Schlechtes sind. Nur haben sie nie einen Umgang mit Aggression gelernt, weil dieses Gefühl allzu frühzeitig unterdrückt worden ist, und so fürchten sie, die Agression könnte archaisch-übermächtig aus ihnen herausbrechen, wenn sie sie zulassen sollten - und das ist dann tatsächlich häufig so.

An der Kompensation des mangelhaften Selbstgefühls durch leistungsfähige Tugenden setzt der Allmacht-Ohnmachts-Komplex an. Mißerfolge verhindern die gesuchte Bestätigung der eigenen Existenz und bewirken Gefühle der Selbstauflösung und der totalen Ohnmacht. Gehäufte Erlebnisse dieser Art manifestieren ein Selbst-Unwertgefühl, das sich lähmend und schließlich zersetzend auf die Person niedersenkt: die Depression. Die Angst vor der Ohnmacht kann eine Person aber auch zu enormen Leistungen und Erfolgen anfeuern, wobei die Leistung nur Mittel zum Zweck ist. Die erfolgte Anerkennung darf nie versiegen, da das Grundproblem der unvollständigen Persönlichkeit ja nicht durch Anerkennung nur der geliebten und gehätschelten Persönlichkeitsseite gelöst werden kann. Stete Anerkennung setzt aber Leistungssteigerung voraus, und in der Größenphantasie des narzißtisch Gestörten entsteht leicht der Glaube, es liege allein an ihm und seinem Willen, noch wunderbarere Taten zu vollbringen, auf daß sich die Welt in seinem Licht erhelle und sich zu ihm emporrecke mit den Worten: Ja, du bist unübertrefflich, großartig und unvergeßlich! Und das ist eigentlich nur die übersteigerte Antwort auf die Frage des kindlichen, seiner Vollständigkeit beraubten Ichs: Bin ich wirklich da? Bin ich erlaubt? Trotz meines schlechten Charakters, auf den meine Eltern so wütend sind?

Da jede Betätigung des Ichs vorrangig die Bestätigung der eigenen Existenz sichern soll, läuft sie Gefahr, in ihrem Wesen falsch eingeschätzt zu werden: Wenn man sich nur genügend anstrengt, d.h. seine ehrgeizig entwickelten

Fähigkeiten optimal einsetzt, ist alles machbar. Dieser omnipotente Anspruch an die Machbarkeit aller anstehenden Aufgaben ignoriert die Strukturen, Ressourcen und Grenzen des Tätigkeitsfeldes genauso wie eigene Schwächen, Leistungstiefs und Erschöpfungszustände, die eigentlich ganz normal und "menschlich" sind, gerades deswegen aber nicht akzeptiert werden können. Denn die Allmachtsphantasie setzt Unabhängigkeit von Strukturen, anderen Personen und den eigenen Grenzen voraus; also muß auch die Absicherung aller Lebensbereiche alleine geleistet werden. Diese enorme Eigenforderung macht den Einzelnen zu einem leicht verfügbaren Objekt für Herrschende aus allen Sparten. Wer immer bereit ist, von sich selbst Höchstleistungen zu verlangen, achtet nicht auf die sozioökonomischen Zusammenhänge, in denen er lebt und die ihn, zumindest in bestimmten Positionen dieses Systems, fortdauernd strukturell schädigen.

Der Wunsch nach Omnipotenz produziert mitunter Phantasien über eine besondere Zauberkraft, die von einem selber ausgeht und wie von selbst große Taten vollbringt - und zwar völlig unabhängig von tatsächlichen Fähigkeiten und Kenntnissen. Wer ist nicht schon mal schlecht vorbereitet in eine Prüfung gegangen und hat sich trotzdem der Illusion hingegeben, man werde kraft irgendeinen Geistesblitzes schon irgendwie durchkommen - und zwar deshalb, weil man einfach "gut" ist? Umgekehrt läßt sich das Beispiel genauso anwenden: Manch eine/r traut sich auf bestimmten Gebieten überhaupt nichts zu, auch wenn er/sie objektiv viel gelernt hat, weil er/sie sich pauschal als faul und unintelligent, eben als Versager, vorverurteilt. Die narzißtische Brille verstellt oftmals den Blick auf die Realität - und im Arbeitsbereich - auf die praktische Problemstellung.

Die Erfüllung der Ideale wird zum Dreh- und Angelpunkt des Selbstwertgefühls. Richtig gut und wert kann man sich folglich nur fühlen, wenn Momente der Vollkommenheit spürbar werden. Das Verlangen nach Vollkommenheit und Überlegenheit ist also prinzipiell und nicht an einen bestimmten, sondern grundsätzlich austauschbaren Inhalt gebunden: "Ob einer ein Künstler, der erste in seinem Fache oder ein Haustyrann sein will, ob er Zwiesprache mit seinem Gotte hält oder die anderen herabsetzt, ob er sein Leid als das größte ansieht, dem alle sich beugen müssen, ob er nach unerreichbaren Idealen jagt oder alte Götter, alte Grenzen und Normen zerbricht - auf jedem Teil seines Weges leitet und führt ihn seine Sehnsucht nach Überlegenheit, sein Gottähnlichkeitsgedanke, sein Glaube an seine besondere Zauberkraft." (Adler, S.24 f)

Folgerichtig muß man Situationen meiden, die man nicht kontrollieren kann, ebenso Momente des Nicht-Wissens, der Schwäche und des Leids. Denn in solchen Augenblicken verwandelt sich die Allmacht im Nu zur Ohnmacht, und das Minderwertigkeitsgefühl überschattet in gigantischen Ausmaßen die ganze

Person und ihr Leben. Der Größenwahn ist also nur die andere Seite der Depression; beide Neurosen sind bestimmt vom Alles-oder-Nichts-Prinzip. Der oder die andere, dessen oder deren unbedingte Nähe ursprünglich dringend gesucht wurde, ist in erster Linie als Publikum, Claqueur interessant (ganz gewiß jedenfalls nicht als KritikerIn); ansonsten ist er oder sie KonkurrentIn um Anerkennung und Vollkommenheit. Eine reife und nahe Beziehung zu einem anderen Menschen wird erschwert durch den Mangel an Selbstvertrauen und entsprechend Vertrauen zu anderen, durch die verdrängte oder unterdrückte Emotionalität, durch Konfkliktunfähigkeit (in Ermangelung eines selbstbewußten Standpunkts) und durch die hohen Ideale, die an den/die PartnerIn gestellt werden. Beziehungsfallen und Kollusionen (das ist das Zusammenspiel zweier PartnerInnen, das die neurotischen Anteile beider in der Beziehungsdynamik gegenseitig verstärkt, vgl. Schmidbauer, S.112) sind somit Tür und Tor geöffnet.

Es klingt eigentlich paradox, wenn eine desintegrierte, unvollständige Persönlichkeit mit Denkhemmungen, Beziehungsängsten, Wahrnehmungsstörungen, was die Realität betrifft, magischen Vorstellungen über die eigene Bedeutung und ausgesprochen unterentwickelten und daher unberechenbaren Persönlichkeitsanteilen, die außerdem extrem abhängig vom Lob und der Anerkennung durch andere ist - wenn also eine solch zutiefst "unvollkommene" Persönlichkeit ihre ganze Energie ausgerechnet daran setzt, ein glaubwürdiges Bild der eigenen Vollkommenheit zu vermitteln, und diese ihre mehr als beschnittene, sich selbst um so viele Erlebnismöglichkeiten beraubende Existenz zu allem Überfluß ad infinitum zu verlängern trachtet. Aber das ist eben das Charakteristische an der narzißtischen Störung: Das Leiden an der spürbaren Unvollständigkeit führt eher zu einer maßlosen Aufblähung der favorisierten Restpersönlichkeit, mit all ihren 1000 Umwegen zu kurzen Momenten der Zufriedenheit, als auf die Suche nach verschütteten Gefühlen und Bedürfnissen, die die Erlebnis- und Gemeinschaftsfähigkeit vervollständigen könnten - wenn auch auf Kosten der Vollkommenheitsidee, die dann aber an existentieller Bedeutung verlieren würde.

1.3. Merkmale des Allmacht-Ohnmacht-Komplexes in der Anthroposophie

1.3.1. Einleitung

Bei vielen abendländischen Philosophen der Neuzeit ist die kollektive narzißtische Störung - vorderhand ausgelöst durch die Emanzipation von einem als überstreng erlebten Gott - an ihren Themen, Prioritäten, Wunschvorstel-

lungen und Erkenntnissen deutlich abzulesen. Nicht anders als in der Anthroposophie finden sich folgende narzißtische Überzeugungen:
- Der Mensch strebt nach Omnipotenz bzw. wird aufgefordert, seine Energie auf dieses Ziel zu richten.
- Der einzelne ist ein in sich abgeschlossenes Individuum, das sich in jeder Hinsicht perfektionieren soll; die menschliche Beziehungs- und Gemeinschaftsfähigkeit wird unterschätzt, genauso wie die darin liegenden Chancen zur gegenseitigen Ergänzung.
- Die Emotionalität wird miß- bzw. verachtet, das führt zur Abspaltung der Gefühle und verschiedenen Mechanismen zur Verdrängung der Schwäche und des Leidens.
- Der Körper und die "Triebnatur" werden als Hindernis zur freien Entfaltung wahren Menschseins angesehen.
- Die Materie ist bedeutungslos oder feindlich; sie wird ignoriert, bekämpft oder durch eine geist-geschaffene und deshalb bessere, vermeintlich kontrollierbarere zweite "Natur" ersetzt.

Ich werde versuchen, an diesen einzelnen Themen zu zeigen, daß sich die Anthroposophie weder inhaltlich noch von der psychologischen Disposition her wesentlich vom Mainstream westlich-neuzeitlichen Denkens unterscheidet - jedenfalls, was das Phänomen "Gotteskomplex" betrifft.

1.3.2. Der einzelne als Kosmos - der Kosmos als Mensch

"Anthroposophie basiert auf der schlichten Konzeption: Der Mensch und der Kosmos sind in ihrem Aufbau strukturgleich organisiert. Der Mensch ist im Kleinen ein Kosmos, der Kosmos ist im Großen ein Mensch. Natur, kulturelle Lebenswelt und Kulturgeschichte sind ein Analogon der Menschenschöpfungsgeschichte; der Mensch ist ein Analogon von Stein, Pflanze, Tier und Schöpfungsgeschichte." (Meyer-Bendrat, S.186)
   Das Konzept mag schlicht sein; die detaillierten Zusammenhänge zwischen den Substanzen, Elementen, Flora, Fauna und Menschheitsgeschichte zu durchschauen erfordert jahrelange Steinerlektüre. Diese wird erschwert durch zahlreiche immanente Widersprüche; z.B. gliederte Steiner den Menschen im Laufe seiner schriftstellerischen und Vortragstätigkeit mal in drei, in vier, sieben, neun und zehn Instanzen. Die damit verbundene Begriffsvermengung und Verwirrung vermochten auch Steiners Schüler nicht zu befriedigend zu erklären (vgl. Schneider, S.132). Interessant und ideenreich sind die ausdifferenzierten Erklärungen zur Entstehung der Welt und der Entwicklung

des Menschen als Repräsentant des Kosmos allemal, deshalb verweise ich abermals auf deren Aufarbeitung durch Prange, Meyer-Bendrat, Schneider, Treher etc.

Hier interessiert aber vor allem die Parallele zum Gedankengut der Philosophie der Renaissance und der Theorie von Leibniz. Diese Denker kamen ebenfalls auf die Idee, daß die einzelne Person mit dem Universum identisch sei und die Vollständigkeit des Universums widerspiegele. So vertraten Böhme und Weigel die Auffassung, daß der Mensch die leibliche Verdichtung aller materiellen Dinge darstellt (vgl. Richter, S.33). Giordano Bruno entwarf die Monadentheorie, die Leibniz später wieder aufgriff und verfeinerte: Monaden enthalten als kleinste und einfachste Einheiten der Materie das Wesen der Dinge; obzwar individuell verschieden, repräsentiert jede einzelne Monade das göttliche Sein in unterschiedlicher Deutlichkeit, sie sind eine "endliche Existenzform der unendlichen Essenz" (ders., S.33). Zwischen den Monaden herrscht prästabilierte Harmonie, d.h. daß die physischen Vorgänge im All vorprogrammiert und aufeinander eingestellt sind. Darüber hinaus haben sie einen inneren Trieb, sich zu vervollkommnen, wodurch Veränderungen im äußeren Erscheinungsbild der Welt möglich werden. Aber die prästabilierte Harmonie zwischen den Monaden sorgt dafür, daß dabei das Gleichgewicht gewahrt wird. Die Monaden stehen miteinander in Beziehung, ohne sich dessen bewußt zu sein, denn es ist Gottes Lenkung zu verdanken, "daß sich die perspektivischen Zustände aller Monaden entsprechen." (Kunzmann u.a., S.113) Richter stellt zwei Punkte heraus, an denen der Wunsch nach Omnipotenz deutlich wird:

1. Die prästabilierte Harmonie, von Leibniz mit dem "Uhrengleichnis" erläutert, macht Gott in seiner Funktion als Lenker der Weltgeschichte und Erlöser der Menschheit überflüssig. Er ist dann nur noch Erfinder der großen Monadenmaschinerie, die sich aber ohne seine Hilfe von selbst steuern kann. Der Mensch tritt allmählich an Gottes Stelle, indem er dessen Macht reduziert und für sich selbst beansprucht: zunächst einmal als eine Monade unter vielen.

2. Die Monaden können ihre Beziehungen untereinander nicht selbst steuern. Ihr Aufeinanderangewiesensein ist im "Betriebsplan" vorgegeben und von vorneherein auf bestimmte Funktionen begrenzt. Jede Monade enthält ja bereits für sich die Vollständigkeit der Welt und ist aufgerufen, diese Vollständigkeit durch Selbsterkenntnis zu optimaler Ausdruckskraft zu steigern. Ein freier Austausch, eine kreative Gemeinsamkeit mit anderen Monaden ist dabei aber weder nötig noch möglich.

In der Anthroposophie fällt ein lenkender und erlösender Gott ebenfalls weg - der Kosmos reguliert sich selber - und die Abhängigkeiten zwischen Mensch, Natur, Kultur, Geschichte und Weltall sind in ihrer Entwicklung vorgegeben, ohne daß eine freie Berührung zwischen den einzelnen Elementen notwendig ist. "Wir suchen den Kern des Daseins in dem Menschen selbst. Ihm offenbart niemand eine dogmatische Wahrheit, ihn treibt niemand beim Handeln. Er ist sich selbst genug. Er muß alles durch sich selbst, nicht durch ein anderes Wesen sein. Er muß alles aus sich selbst schöpfen. Also auch den Quell für seine Glückseligkeit." (Steiner, S.117)

Die Aufgabe des Menschen besteht also darin, die "prästabilierten" Zusammenhänge des Kosmos zu begreifen und sich als Einzelkämpfer im All zu vergeistigen.

1.3.3. Egozentrismus und Beziehungslosigkeit

Die Tendenz zur Vereinzelung des abendländischen Menschen zeichnet sich schon lange vor dem Beginn der Neuzeit im Monotheismus ab. Gott, der Schöpfer aller Dinge, produziert im Alleingang; er vereinigt gewissermaßen Mann und Frau in seiner Person und produziert parthenogenetisch (vgl. v.Braun, S.234). Wenn der Mensch, respektive der Mann, sich im Prozeß der Säkularisierung mit Gottes Schöpfungsmacht identifiziert, dann wird er sich auch am Ideal des einsam an der Spitze stehenden, allein und allmächtig schaltenden und waltenden Schöpfers orientieren und den positiven Wert des Anderen, der Gemeinschaft geringschätzen. Richter weist darauf hin, daß der Monotheismus kein Modell für kollektive Beziehungen darstellt, wie es in den Göttergemeinschaften des Alten Orients und der Antike der Fall war (S.35). Der Monotheismus kann aber nicht als Ursache der Geringschätzung einer aufeinander angewiesenen Gemeinschaft Gleichgestellter angesehen werden, sondern vielmehr als Folge davon. Die Abkehr vom "common sense" muß also zu einem wesentlich früheren Zeitpunkt stattgefunden haben.

Die marxistische Sozialpsychologie spricht von der anthropologischen Grunddisposition der "sprachvermittelten Perspektivenverschränkung": Es sei eine spezifisch menschliche Fähigkeit, sich in andere hineinversetzen zu können (vgl. Ottomeyer, S.20), mitzufühlen, mitzuleiden und sich mit dem anderen zu freuen und damit über die Begrenztheit der eigenen Gefühls- und Gedankenwelt hinauszugehen. Dieses Phänomen - Richter bezeichnet es als "Sympathie" - kommt einem Instinkt gleich, es ist weder ableitbar noch erklärbar, ermöglicht aber gegenseitige Hilfe, Solidarität und das spezifisch menschliche Zusammenleben in Gruppen.

Sympathie setzt die Gleichrangigkeit der Menschen ebenso voraus, wie sie sie produziert. Wer sich ohne Ressentiments gefühlsmäßig auf andere einläßt, wer seine Schwächen und emotionalen Bedürfnisse jeder Couleur ebenso teilen und mitteilen kann wie seine Stärken, Fähigkeiten und Freuden, kann sich als vollständig erleben, ohne vollkommen sein zu müssen. Denn der Wunsch nach Vollkommenheit erwächst aus einem defizitären Selbstgefühl, das gezwungen wurde, vitale Lebensbedürfnisse von sich abzuspalten, zu verschweigen und sich zu schämen. Wenn man sie aber an sich und anderen wahrnehmen und weiterentwickeln kann, ist die Kompensation der Unvollständigkeit durch das Vollkommenheitsideal nicht mehr nötig. Das Selbstverständnis kann sich "auf mittlerer Höhe zwischen kläglicher Insuffizienz und überkompensatorischer narzißtischer Großartigkeit" stabilisieren (Richter, S.24 f).

Das primäre Miteinander, das auf Sympathie gegründet ist, schließt Machtstreben und hierarchische Gliederung der Gesellschaft aus, denn beides zersplittert die Gemeinschaft in Einzelkämpfer, deren Positionen aus eigener Kraft, Klugheit und Raffinesse verbessert werden können - selbstverständlich auf Kosten anderer. Heute ist das Sympathieprinzip offensichtlich dem Machtprinzip untergeordnet (vgl.Richter, S.249). Sympathische Regungen werden in Bereiche zurückgedrängt, in denen man sie sich erlauben kann: private Bereiche, die dem Konkurrenzkampf weitgehend entzogen scheinen. Aber auch in der Privatsphäre sieht man es vielfach als Risiko an, sich vertrauensvoll zu öffnen, Verständnis zu zeigen und zu helfen, denn der andere könnte die Schwäche ausnutzen oder sich ohne Gegenleistung an der Stärke des einen bereichern. Abgesehen davon sind die "schwachen", emotionalen, passiven und "körperlichen" Persönlichkeitsanteile bei den meisten Menschen, besonders bei Männern, so negativ besetzt und daher unterentwickelt, daß in diesen Punkten gar kein konstruktiver Austausch möglich ist.

Die narzißtische Identifizierung mit einem allmächtigen Gott also manifestierte ein individualistisches Menschenbild: "Ein Haufen total vereinzelter Menschen", jeder potentiell ein "göttlicher Funke" (Richter, S.33 und Bühler, S.9), ein Abbild des Kosmos, eine abgeschlossene, unabhängige Einheit, mit der Aufgabe, sich zur Vollkommenheit zu entwickeln, die Natur zu beherrschen, einmalig, unsterblich, unvergeßlich zu werden. Die anderen Menschen werden zu Störfaktoren; entweder hemmen sie durch Unwissenheit, Schwäche oder Weiblichkeit (was gleichbedeutend war mit Geistlosigkeit) die Entwicklung zum Höheren oder sie erweisen sich als beinharte Konkurrenz. Kein Wunder, daß der Mensch zu des Menschen Wolf erklärt wurde (Hobbes). Seine narzißtische Kompensation der Angst vor Ohnmacht und Verlassenheit, die ihn zum Einzelkämpfer werden ließ, führte ja tatsächlich zu einem Verhalten, das im Zweifelsfalle egoistisch und skrupellos war. Prompt erklärten Philosophen wie Hobbes diesen Egoismus zur natürlichen Anlage - denn sie garantiert ja die Selbsterhaltung -, und so kreisten die Überlegungen der Philosophen um die Frage, wie das unvermeidliche Aufeinanderprallen der einzelnen Egoisten in halbwegs zivilisierte Bahnen zu lenken sei, um ein gewisses Gemeinwohl zu garantieren. Dazu später mehr.

Was den meisten Menschen wahrscheinlich nicht mehr bewußt ist: der hohe Preis, den sie für den reizvollen Gedanken zahlen, alles allein bewältigen zu können (und damit auch zu müssen). Es ist nicht nur die Beschneidung der Gefühlswelt, die Unfähigkeit, sich mit Leiden und Passivität auseinanderzusetzen, die Verwechslung von Illusion und Wunschdenken mit der Realität, sondern auch der Verzicht auf Beziehung zum anderen, tiefe Kommunikation, konstruktiven Austausch, gegenseitige Hilfe, Solidarität und Liebe, die nicht mit Machtspielchen jongliert und in der Beziehungsfalle erstickt.

Das primäre Miteinander, das auf Sympathie gegründet ist, findet in den Grundlagen der Anthroposophie keinen Niederschlag. Der Mensch "ist sich selbst genug. Er muß alles durch sich selbst, nicht durch ein anderes Wesen sein. Er muß allein aus sich selbst schöpfen. Also auch den Quell für seine Glückseligkeit. "(Steiner, S.117) Das ist die Phantasie von einem "völlig Losgelösten", der von niemandem abhängig ist. Der Wunsch, andere zu berühren und von ihnen berührt zu werden, ist verschüttgegangen - und er taucht, kompensiert und modifiziert, in den Verschmelzungsideen mit dem kosmischen Geist wieder auf. Mit dieser Idee hat Steiner eine Berührung phantasiert, die im Gegensatz zu zwischenmenschlichen Beziehungen harmonisch und sicher und vollkommen ist.

Auch Schneider hat sich mit der Beziehungslosigkeit in der Steinerschen Theorie auseinandergesetzt. Für die Ethik aus der "vorkarmischen" Phase Steiners stellt er fest: "Der ethische Individualismus ist zugleich die Handlungstheorie des einsamen Ich.(...) Der andere ist ja nicht nur derjenige, der *neben* meinem Handeln steht, sondern dieses Handeln fordert, es begleitet oder auch verunmöglicht. Deswegen ist der andere - legt man Steiners absoluten Freiheitsbegriff zugrunde - die Einschränkung, Bedrohung oder sogar Verhinderung meiner Freiheit, keinesfalls aber ihr konstitutiver Begleiter, selbst wenn - im Idealfall - der andere in ähnlicher Weise handeln würde wie ich." (Schneider, S209) Der andere spielt in der Ethik also keine Rolle; eine solche Ethik ist noch etwas autistischer und weltfremder als die eines Hobbes oder Kant, die zwar nicht gut vom Nächsten dachten, ihn aber immerhin nicht ignorierten.

Die Karmalehre selbst ist ihrem Wesen nach Einzelkämpfertum in Reinkultur: Jeder ist seines Schicksals Schmied (vgl. Bühler, S.25). Steiner schrieb über die Liebe und ihren Nutzen in der Karmagestaltung: "Alles, was wir aus Liebe tun, stellt sich so heraus, daß wir damit Schulden bezahlen! Okkult gesehen, bringt alles, was aus Liebe geschieht, keinen Lohn, sondern ist Ersatzleistung für bereits verbrauchtes Gut." - "Liebe erweckt keine Hoffnung auf die Zukunft,

Liebe ist Abschlagszahlung für die Vergangenheit." (Zit. nach Schneider, S. 249 f und S.250) Schneider analysiert diese und vergleichbare Aussagen von Steiner so: Die Liebe stellt eine Möglichkeit unter vielen dar, das Karma zu beeinflussen, und sie ist eine Leistung, die an der Skala des karmischen Gesetzes gemessen werden kann. Die Liebe geschieht nicht um ihrer selbst willen. Die Beziehung an sich ist nicht interessant, sondern ihre karmische Verwertbarkeit. Der andere, der Geliebte, ist also nicht "Zweck" der liebevollen Zuwendung, sondern Mittel zur karmischen Selbstvervollkommnung des Liebenden. Der andere als Person kommt nicht vor. "Er ist höchstens Objekt meiner Liebe und, daraus folgend, Objekt meiner karmischen Ersatzleistungen oder Abschlagszahlungen. (...) Der Dreh- und Angelpunkt der Begegnung des Individuums mit dem anderen ist das *eigene Ich* und der Weltplan." (Schneider, S.251)

Die Anthroposophie zieht sich in der für die abendländisch-neuzeitliche Philosophie typische Weise, vielleicht sogar noch extremer, auf den einzelnen, den vereinzelten Menschen zurück. Von diesem Standpunkt aus werden vorsichtige Versuche unternommen, den anderen wahrzunehmen:
- Das anthroposophische Menschenbild legt den Menschen mit seiner komplizierten Architektur (d.h. seine verschiedenen Glieder bzw. Leiber, sein Zusammenspiel mit dem Kosmos und seine Einordnung im Weltenplan) und der Temperamenten- und Entwicklungslehre fest. Dadurch wird der andere, so wie man selbst, überschaubar und berechenbar.
- Die Liebe erhält einen eng umrissenen Platz im Leben: Sie soll sich von Trieben und Leidenschaften freimachen (vgl. Steiner, S.77), selbstlos sein in der physisch-sinnlichen Welt (vgl. Bavastro, S.23) und zur Vergeistigung beitragen. "In der geistigen Liebe ist dieses persönliche, individuelle Element, man möchte sagen, dieses egoistische Liebeselement voll berechtigt, denn es entreißt den Menschen der Sinneswelt, es führt ihn hinauf in die geistige Welt, es leitet ihn an, die notwendige Pflicht zu erfüllen, sich immer vollkommener und vollkommener zu machen." (Steiner, zit. nach Bavastro,S.23)
- Die soziale Dreigliederung, die Steiner 1919 als Vorschlag zu einer Neugestaltung der Gesellschaft entwarf, "postuliert" eine "problemfreie Zone", wie Prange es formuliert (S.159), so daß der *Weg* in eine solche Gemeinschaft völlig unklar bleiben muß. Das Miteinander wird als unproblematisch und reibungslos, also "ideal" vorausgesetzt, sonst brechen die vagen Strukturen zusammen. "Wenn alle vernünftig und anthroposophisch sind, wird auch die rechte Welt da sein." (Prange, S.159) Das wäre schön: Eins werden mit den anderen, ohne sich mit ihrem Anderssein auseinandersetzen zu müssen. Anthroposophen suchen die Gemeinschaft, sonst

würden sie keine Lebensgemeinschaften wie die Behindertendörfer gründen. Es liegt sicher nicht nur an der Vereinzelungstheorie ihres geistigen Vaters, daß sich in den Dörfern so große zwischenmenschliche Probleme ergeben; allerdings bietet die Anthroposophie schon ihrem Wesen nach keine große Hilfe an, wie man besser miteinander zurechtkommt und die kreativen Möglichkeiten eines Kollektivs im Sinne sympathischen Miteinanders nutzen kann.

1.3.4. Wissensverdrängung

Auf den ersten Blick kann man weder Steiner noch der neuzeitlichen Wissenschaft einen Mangel an Wissensdurst vorwerfen. Aber die immense Fülle an aufgehäuftem Wissen wirkt universaler und vollständiger als sie ist: Es hat immer Themen gegeben, deren Erforschung trotz theoretisch erwartbaren Erfolgsaussichten brachlagen, weil das neue Wissen aufklärerisch und damit gefährlich und beängstigend war. Die Frage nach der Zeugung des Kindes und damit nach der Vererbung körperlicher Merkmale und Begabungen mag als ein Beispiel dafür dienen: Jahrtausendelang hielt sich der Mann für den alleinigen Schöpfer des Kindes, der den "Samen" (das Wort spricht für sich!) wie einen kleinen fertigen Menschen der bloßen Nährsubstanz des weiblichen Uterus überläßt, auf der sich der kleine männliche Geist materialisierern kann. Anstatt dem Kind einfach ins Gesicht zu sehen, um darin die Züge von Vater *und* Mutter zu entdecken, gab sich der Forschergeist lieber dem Wunschdenken hin, sich als Mann allein im Kind ein bißchen Unsterblichkeit zu verschaffen, indem er im Kind fortlebt, und der Frau den Geist abzusprechen und sie mit der Materie, die er selbst überwinden will, gleichzusetzen. Erst im 19. Jahrhundert, als man im Zuge naturwissenschaftlichen Fortschritts um die Entdeckung der weiblichen Eizelle nicht mehr herumkam, wurde der Frau eine gleichartige Beteiligung an der Zeugung zugestanden.

Steiners Phantasien über die "Befruchtung" gleichen dieser Ausformung der Wissensverdrängung aufs Haar, wenngleich er sie in sein spezielles System übertragen hat und sie daher ihre eigene, originelle Plausibilität erhalten sollen: "Das, was von der weiblichen Natur herrührt, der Ätherleib, der sonst nur Kopien gestalten würde, wird durch den männlichen Einfluß verdichtet, und dadurch wird er der Bildner der neuen menschlichen Individualität. Die Fortpflanzung besteht in der Kopie des weiblichen Ätherleibes; dadurch, daß er durch die Befruchtung in einer gewissen Beziehung verhärtet wird, abgetötet, wird er zugleich individualisiert." (Steiner, zit. nach Bavastro, S.23) Und

Bavastro weiter: "Durch das Hereinwirken des männlichen Impulses wird der allgemeine Typus zum Individuellen' gestaltet." (S.23)

Es gibt eine Vielzahl von Beispielen für Wissen, das Steiner mit leichter Hand lächerlich gemacht oder zu den Akten gelegt hat: den Marxismus, die Psychoanalyse etc. Seine eigene Entwicklungs- und Charakterlehre sind ausgesprochen bescheiden ausgefallen (vgl. Beckmannshagen, S.29 f), und bis zum heutigen Tag haben sich die Waldorfschulen - von Ausnahmen abgesehen - nicht von neueren psychologischen Erkenntnissen befruchten lassen: Die Ignoranz wird fortgesetzt.

Christina v. Braun vertritt die These, daß mit der Erfindung der Schrift ein Abstraktionsprozeß eingeleitet wurde, in dessen Verlauf sich der Mensch auf der Suche nach Erkenntnis immer weniger an die sinnlich wahrnehmbare, ihn unmittelbar umgebende Natur gehalten hat. Er verdrängte die "Anerkennung der Sterblichkeit wie auch der 'Unvollständigkeit' des Menschen, Wissen um die Geschlechtszugehörigkeit und die Abhängigkeit vom anderen, Kenntnis der Natur und die Unterwerfung unter ihre Gewalt." (v.Braun, S.91) Dafür ging er immer mehr dazu über, an das nicht Sichtbare zu glauben, "also an das, was man nicht wissen *kann*." (v.Braun, S.91) Wunschvorstellungen und Utopien rückten an die Stelle der Wahrnehmung menschlicher und natürlicher Möglichkeiten und Grenzen, die Träume kreisen um: "Befreiung aus der Abhängigkeit vom anderen; Verdrängung des Wissens um die Sterblichkeit, Überwindung der Natur." (v.Braun, S.91) Hier klingen die von Richter beschriebenen Charakteristika des neuzeitlichen Menschen wieder an: Naturbeherrschung, Kontrolle über alle Lebensvorgänge, Unsterblichkeit, Vollkommenheit, Abgeschlossenheit des Individuums, Verzicht auf Kollektivität und "Sympathie".

Richter stellt ebenfalls fest: "...das auf die technische Naturbeherrschung fundierte Machtgefühl verleugnet seit je die tatsächliche infantile Abhängigkeit von eben dieser Natur (...) Da die Ohnmachtsangst nur durch unkritische Selbstüberschätzung, die passive Auslieferung nur durch gewaltsame Überaktivität in Schach gehalten wird, hat sich eine verhängnisvolle Unfähigkeit fixiert, noch diejenigen natürlichen Abhängigkeiten zu registrieren und zu akzeptieren, welche die menschliche Existenz begrenzen." (Richter, S.30)

- Die "Befreiung aus der Abhängigkeit vom anderen" ist Steiner theoretisch gelungen (s.o.).
- Die "Verdrängung des Wissens um die Sterblichkeit" verläuft in der Anthroposophie auf der religiösen Schiene. Menschen haben unterschiedliche Wege gefunden, ihre Sterblichkeit und Endlichkeit zu verleugnen. Heutzutage versucht man, das Altern und den Tod möglichst weit in die unbestimmte

Zukunft zu verschieben und den Lebenszyklus so lange wie möglich auf jenem leistungsstarken Niveau anzuhalten, den man Lebensmitte nennt, und die Gentechnologie ersetzt den allmählich verschüttgehenden Glauben an die Auferstehung nach dem Tode, indem sie an krankheitsimmunem Genmaterial für den perfekten Menschen bastelt und über geklonte Ersatzorgane für den unsterblichen Menschen nachdenkt. Kult um Jugendlichkeit, Fitnessprogramme und Verdrängung von Krankheit, Leid und Tod sind nicht die erklärten Ziele der Anthroposophie, wenngleich sie Krankheit als Folge eines unsachgemäß behandelten Karmas wertet und somit von einer Integration der Krankheit als natürliches Ereignis in der menschlichen Existenz nicht gesprochen werden kann. Aber Anthroposophen dürften sich wie alle Religiösen leichter tun, auf ewige Diesseitigkeit zu verzichten, den Lebenszyklus mit seinen ansteigenden und abfallenden Kurven zu akzeptieren und dem Tod ins Auge zu sehen, denn ihr Problem mit der Sterblichkeit hat Steiner mit dem Versprechen ewiger Wiedergeburt und der Entwicklung des unsterblichen menschlichen Geistes im Weltenplan gelöst. Dieses Konzept basiert aber, genau wie alle anderen Methoden der Verdrängung, auf der Nicht-Akzeptanz der menschlichen Endlichkeit und weist somit keine andere psychologische Qualität auf.

- "Überwindung der Natur": Anthroposophen sind bekannt und geschätzt wegen ihres pfleglichen Umgangs mit der Natur, berühmt für den biologisch-dynamischen Anbau ihrer Erzeugnisse aus Landwirtschaft und Garten. Auch die Verwendung von natürlichen Materialien für Kinderspielzeug, Kleidung und Kosmetika deutet eher auf die Anerkennung der Natur hin denn auf die Absicht, sie zu beherrschen, auszuplündern oder durch eine "bessere", synthetische zu ersetzen. Meines Erachtens haben sie eine andere Methode gefunden, die Natur zu überwinden und zu ersetzen: Die fortschreitende Vergeistigung des unsterblichen Menschenkerns geht ja mit der Entmaterialisierung der Welt einher. Die sinnlich wahrnehmbare Welt, und damit auch die Natur, ist nur ein vorübergehendes Stadium, ein Begleitumstand der Geistseele auf ihrem derzeitigen Entwicklungsniveau, der im Zuge der Evolution zum "Reingeistigen" verschwinden wird. Von der Anerkennung der Natur als dauerhaft zum Menschen gehörendes Lebensumfeld, von einem Einssein von Natur und Mensch kann also in der Anthroposophie keine Rede sein.

Das Denken in utopischen Wunschvorstellungen ist in der Anthroposophie besonders ausgeprägt; es wimmelt von "geistigen Tatsachen", die empirisch nicht faßbar und sinnlich nicht wahrnehmbar sind. "Denn von Wahrheiten, deren Verwirklichung für den Menschen erst in der Zukunft liegt, ist es wohl selbstverständlich, daß er sie in der Gegenwart nicht als Tatsache auffinden kann. Es gibt nur einen Weg, sich von ihrer Wirklichkeit zu überzeugen; und der ist, sich anzustrengen, *um diese Wirklichkeit zu erreichen."* (Steiner, S.97) Steiner hat seine Denkmodelle nie zur Glaubensfrage erklärt, und Religionsstiftung lag ihm fern, so sehr er auch das Vorstellungsvermögen seiner Anhänger strapaziert hat (siehe v.a. die "Akasha-Chronik"). Nein, die "Geistesforschung" in den "höheren Welten" fand nach streng wissenschaftlichen Kriterien statt; Kriterien freilich, die Steiner in seiner hausgemachten Erkenntnistheorie selbst bestimmte. Ich erinnere nochmal an die vier Stufen des Erkenntnisweges, die Steiner seinen SchülerInnen als jederzeit nachvollziehbar anbietet, und auf dessen letzter Stufe - der "Intuition" - er absolute Erkenntnis beansprucht: "Denn mit ihr ist nicht nur die Welt der sinnlichen Wahrnehmung verlassen, die Erfahrung (...) demnach nicht länger Probierstein der Begriffe und somit der Wahrheit, sondern auch die Welt der Begriffe selber, so daß nur noch das Ich ohne Ansschauung und ohne Begriffe, d.h. auch ohne *Denken* der Orientierungspunkt von Erkenntnis sein soll. Welcher Art diese Erkenntnis sein soll, ja, welches Phänomen damit überhaupt gemeint sein soll, muß vom Ansatz her völlig unerfindlich bleiben, da es sich ja dabei selber um einen begriffslosen Begriff handelt, der ohne jegliches Maß ist, bzw. dessen Maß nur er selber ist. (...)

Das Maß der *absoluten Erkenntnis* wird so paradoxerweise das Ich Rudolf Steiners. (...) Seine Spekulation über die Stufen der Erkenntnis haben mit einer seriösen Erkenntnistheorie (...) nicht das mindeste mehr zu tun." (Schneider, S.83)

Folgerichtig muß Steiner sich auch bei der Geschichtsforschung nicht mit historischen Fakten und Quellenarbeit abplagen (vgl. Schneider, S.85 f). Der Wunsch nach Sicherheit und Kontrolle drückt sich bei Steiner aber nicht nur in seinem Anspruch auf Allwissenheit aus. Bei ihm fällt auf, daß er dieses Wissen sozusagen parthenogenetisch aus sich selber schöpft: Die Intuition, die Hellseherei machen es möglich. "Ich nahm von alter Weisheit nichts an; was ich an Geist-Erkenntnis habe, ist durchaus Ergebnis meiner eigenen Forschung. Nur wenn sich mir eine Erkenntnis ergeben hat, so ziehe ich dasjenige heran, was von irgendeiner Seite an 'altem Wissen' schon veröffentlicht ist, um die Übereinstimmung und zugleich den Fortschritt zu zeigen, der der gegenwärtigen Forschung (gemeint ist seine eigene "Geisteswissenschaft", d.Verf.) möglich ist." (Steiner, zit. nach Prange, S.49)

Steiner erhebt nicht nur Anspruch auf absolute Erkenntnis, sondern auch auf völlige Originalität derselben: Niemand anderes hat bei der Forschung mitgewirkt. Prange spricht von Steiners Geisteswissenschaft als "Ein-Mann-Unternehmung", die auch nach Steiners Tod nicht von anderen fortgeführt wurde. Das wäre auch gar nicht möglich, "denn das anthroposophische

Sinnangebot besteht ja darin, "ganze, volle Wesenserkenntnis zu liefern, nicht ein Fragment inhaltlicher Forschung, sondern endgültige Wahrheit. Ginge die Geistesforschung weiter, wäre das ein Hinweis auf ihre Unvollständigkeit." (Prange, S.31) Rudolf Steiner ist es gelungen, sich mit einer vollständigen, original von ihm und nur von ihm stammenden Theorie, die sich durch esoterische Erkenntnismethoden über das wissenschaftliche Fußvolk erhebt, eine Illusion omnipotenter Allwissenheit und Wahrheit zu errichten, von der andere Denker und Forscher nur träumen können. Psychologisch formuliert, ist Steiner in seinem Allmachtskomplex nur einen Schritt weiter gegangen, er hat nicht wie ein Neurotiker heimlich gedacht: Ich wäre gern so stark wie Gott, sondern er hat es "psychotisch" laut ausgesprochen: Ich allein weiß. Ich allein kann. Folgt mir nach.

Nicht umsonst bezeichnete man ihn im trauten Kreise der VerehrerInnen als "Menschheitsführer" (Wagemann, S.58 u. Prange, S.31). Durch sein Charisma als Redner und seine persönliche Ausstrahlung gelang es ihm, Sinnsuchende in ansehnlicher Zahl um sich zu scharen. Das Verhältnis zwischen Meister und SchülerInnen ist symmetrisch: Er gibt Weisheit, stiftet Sinn, läßt sie an seiner Allwissenheit und Macht teilhaben. Sie bestätigen ihn dafür in seiner Grandiosität. Es ist die Arroganz dieses aufgeblähten Pseudowissens, an die sich Anthroposophen anhängen, und sie macht den Umgang mit ihnen in der gleichen Weise problematisch wie es die Arroganz der Technokraten und Herrschenden tut, die sich dem Machbarkeitswahn verschrieben haben. Der Unterschied ist nur: Anthroposophen kann man meiden - damit hat sich das Problem erledigt, denn was sie tun, bedroht die Außenstehenden nicht. Der Allmachtswahn hingegen, der den Zeitgeist der "zivilisierten" Welt bestimmt, ist ein überaus komplexes System, dem man sich kaum entziehen kann und das kurz davor steht, unsere Existenzgrundlage durch ein ökologisches und ökonomisches Inferno zu vernichten.

1.3.5. Verschmelzen mit dem Geist

Ein kosmischer Geist-Materie-Dualismus und die absolute Vormachtstellung, ja, Verherrlichung des Geistes sind weitere Kennzeichen der Anthroposophie, und auch das ist kein neuer Gedanke; vielmehr prägt er die abendländische Philosophie von der Antike bis tief in die Neuzeit.

Suchanek konstatiert auffallende Parallelen zwischen dem deutschen Idealismus, wie Fichte ihn vertrat, und dem Denken Steiners (S.96). Fichte hat den menschlichen Geist vollkommen in den Mittelpunkt des Universums gerückt: "Es existiert nur das Ideelle, das Geistige, das Ich in seiner Freiheit.

Die Realität der Welt dagegen ist uns nur in unseren Vorstellungen gegeben; aber eben diese Vorstellungen werden nicht von der Welt geschaffen, sondern wir selber bringen sie hervor." (Weischedel, S.196) Das Ich bringt also die Wirklichkeit hervor und nicht umgekehrt. Weischedel kommentiert, ganz im Sinne Richters: "Hier ist die Macht des Menschen über die Wirklichkeit, die zu erringen das große Bemühen der Neuzeit ist, in ihr Extrem gelangt." (S.196 f) Und Steiner: "Die Ideenwelt ist der Urquell und das Prinzip allen Seins. (...) Das Sein, das sie mit ihrem Lichte nicht beleuchtete, wäre ein totes, wesenloses, das keinen Teil hätte am Leben des Weltganzen. (...) Die Idee ist der in sich klare, *in* sich selbst und *mit* sich selbst genügende Geist. Der Einzelne muß den Geist in sich haben, sonst fällt es ab, wie ein dürres Blatt von jenem Baume und war umsonst da." (S.75)

Der Mensch hat gleichsam göttliche Fähigkeiten erhalten: Indem er mit de Geist verschmilzt, trennt ihn nichts mehr von göttlicher Allmacht, er kar. Realitäten schaffen und wieder verschwinden lassen, ganz nach Belieben: "All Wirklichkeit wird ihm zur Tat des Ich." (Weischedel über Fichte, S.196) De Geist beherrscht die Materie so total, daß sie in Bedeutungslosigkeit versinkt Fichte nahm von der Vorstellung der totalen Entmaterialisierung der Wirklichkeit und einem entsprechend "freien", aber entleibt-entleerten Ich wieder Abstand und entdeckte die Endlichkeit des Menschen, die gleichrangig neben seiner Absolutheit steht. Die Bedingung für den endlichen Menschen ist der andere, der Mitmensch, genauso wie die Wurzel der Freiheit, die von einer ursprünglichen Notwendigkeit gekennzeichnet ist. Der Mensch darf sich also keiner beliebigen Freiheit oder seinem freien Willen überlassen, sondern muß das "Sterbliche in sich sterben lassen", um "im Grunde seiner Selbst das wahrhaft Absolute" zu erkennen: die Gottheit (Weischedel, S.199). Wenn "der Mensch durch die höchste Freiheit seine eigene Freiheit und Selbständigkeit aufgibt und verliert, wird er des einigen wahren, des göttlichen Seins... teilhaftig." (Fichte, zit. nach Weischedel, S.199) Dafür muß er aber seine Eigenmächtigkeit radikal abtöten: "Das Ich muß gänzlich vernichtet sein." (Fichte, ebd. S.199)

Dieser Gedanke findet sich auch bei Steiner wieder: "Dabei hat er (der Mensch,d.V.) die Sehnsucht nach der Idee eingepflanzt. Diese Sehnsucht treibt ihn an, die Einzelheit zu überwinden und den Geist in sich aufleben zu lassen, dem Geiste gemäß zu sein. Alles, was selbstisch ist, was ihn zu *diesem* bestimmten, einzelnen Wesen macht, das muß der Mensch in sich aufheben, bei sich abstreifen, denn dieses ist es, was das Licht des Geistes verdunkelt. Was aus Trieb, Begierde, Leidenschaft hervorgeht, das will nur dieses egoistische Individuum. Daher muß der Mensch dieses selbstische Wollen in sich abtöten, er muß stattdessen, was *er* als Einzelner will, *das* wollen, was der Geist, die

Idee in ihm will. (...) *Ertötung aller Selbstheit* (Hervorhebung von mir, K.T.), das ist die Grundlage für das höhere Leben. (...) Wir sind in dem Maße unsterblich, in welchem Maße wir in uns die Selbstheit ersterben lassen. (...) Wer aber im Geiste lebt, lebt frei." (Steiner, S.75 ff)

Eine Freiheit, die sich erst in der überindividuellen Verschmelzung mit einem Geist oder Gott entfaltet, läßt dem einzelnen hienieden also wenig Spielraum, seine Persönlichkeit, sein Denken, Bedürfnisse, soziale Kontakte und seine Lebensplanung frei zu entwickeln. Denn die "Vernichtung des Ichs" (Fichte) bzw. die "Ertötung aller Selbstheit" (Steiner) scheint nicht gerade die Basis für eine liberal-tolerante Einstellung im Umgang mit sich selbst und anderen zu sein. Wahrscheinlich ist es völlig naiv, diesen philosophisch verwendeten Begriff einer "Freiheit im Geiste" mit der ganz alltäglichen Vorstellung von freier Meinungsäußerung, freier Selbstverwirklichung und Handlungsautonomie überhaupt in Zusammenhang zu bringen. Aber genau diese Verwechslung der Freiheitsbegriffe hat meinen FreundInnen und mir in A-dorf solches Kopfzerbrechen bereitet: Wir fanden uns in ein absurdes Zwangssystem eingekeilt, in dem ständig von Freiheit die Rede war.

Es ist nicht oder nicht nur bewußte Täuschung, wenn Anthroposophen und andere "Sekten" wie Scientology und die AAO-Kommune sich "Freiheit" auf die Fahnen schreiben und damit das oft diffuse Bedürfnis nach freier Selbstentfaltung in potentiellen Gefolgsleuten ansprechen. Denn sie meinen mit Freiheit tatsächlich etwas anderes, eine Art höherer Freiheit, die nur unter der Bedingung der Selbstauflösung spürbar wird. Die Chefs und Führungscliquen der "Sekten" haben im Gegensatz zum Fußvolk freilich die Möglichkeit, diesen Mangel an persönlicher Freiheit durch die Macht über ihre Getreuen, durch Extra-Räume, Privilegien und Luxus auszugleichen.)

Fichte jedenfalls war konsequent und "propagierte...in seiner Staatsphilosophie ein ziemlich rigoroses Zwangssystem. (...) Der einzelne sollte sein 'eigenes, persönliches Wohlsein' aus Vernunftgründen zurückstellen hinter das 'Leben des Ganzen' und es diesem aufopfern." (Richter, S.50) Das wiederum trifft genau das Grundprinzip, dem sich der und die einzelne in A-dorf zu unterwerfen hatte. Auch wenn Steiner selbst hinsichtlich gesellschaftlichen Zusammenlebens zu keiner vergleichbaren Formulierung gelangt sein sollte, hat er die Verbundenheit des Menschen an seinen Körper und an die Realität genug geschmäht, so daß die ständige Aufforderung, sich selbst zurückzunehmen, nur folgerichtig ist.

Psychologisch betrachtet ist der Preis hoch: Die Phantasie eines vergeistigten Menschen nährt zwar den narzißtischen Größenwahn, aber dafür muß der Mensch sich innerlich von allem befreien, was ihn an die Natur, die Materie und die Sterblichkeit bindet, und das ist, wie Fichte und Steiner selbst sagen, nicht weniger als sein Selbst: die Individualität und Vielfalt der einzelnen

Persönlichkeit. Die absolute Freiheit absorbiert die individuelle Person, und das heißt im Endeffekt: Der einzelne wird nicht nur angehalten, sich zu entleiben (d.h. seinen Körper und seine Körperwünsche zu abstrahieren und abzustreifen), sondern auch, seinen Geist zu veräußern, sofern man unter Geist das Gesamt des eigenen Denkens, Fühlens und Meinens versteht, und der untrennbar mit der eigenen Geschichte verquickt ist. Die Trennung von Geist und Körper läuft hier auf eine Auflösung beider Elemente hinaus im "überpersönlichen Dienst am Fortschritt der Menschheit" (Bühler, S.10). Auch keine einzigartige Idee: Die Aufopferung des eigenen Selbst für ideale, d.h. fiktive Ziele findet pausenlos statt in Karrieren, Familien, in Sekten, in der Politik, im Krieg. Es droht immer höchste Gefahr, wenn man sich einer fremden Idee unterwirft und ihr die eigenen Gedanken und Gefühle opfert, denn wenn die eigene Urteilsfähigkeit dahin ist, wird man für die Ideenstifter frei verfügbar. Damit hat man seine - begrenzten - menschlichen Möglichkeiten weit unterschritten!

"Und der einzelne könnte sich zum Trost dafür, daß er selbst im Widerspruch zum Omnipotenzideal kaputtgehen muß, sagen, daß er wenigstens indirekt auch an jener permanent aufsteigenden Kurve der Menschheit teilnimmt, die sein individuelles Leben überformt." (Richter, S.231)

Verschmelzen mit dem Geist - in diesem Konzept fehlt wieder der Mitmensch. Sollte der Verschmelzungsgedanke eine versuchte Kompensation der Beziehung zum anderen sein? Oder eine Regression zum ozeanischen Muttergefühl, dem "Urgrund" aller Harmonie und seliger Ruhe (vgl. Steiner, S.75) im Mutterleib? Die Partnerschaft zum Geist findet jedenfalls auf völlig sicherem Terrain statt, denn der reine Geist ist "clean", ohne Endlichkeit, Schwächen und Zweifel wie das menschliche Gegenüber. In der Beziehung zum Geist kann der Mensch den Körper und die Unvollkommenheit endgültig hinter sich lassen. Die Beziehung zum reinen Geist ist tatsächlich "bereinigt" - und das bis zur totalen Inhaltslosigkeit. Das war wohl die Leere und die kalte Einsamkeit, die Fichte an seiner eigenen Idee entdeckte und ihn den Rückzug zu Gott antreten ließ (vgl. Weischedel, S.199).

1.3.6. Entwicklung zum Höheren

Der Wunsch nach Vervollkommnung impliziert den Gedanken der Höherentwicklung. In der zweiten Hälfte des 19. Jahrhunderts wurde es durch die Darwinsche Entwicklungstheorie möglich, den bislang geistig-abstrakten Entwicklungsgedanken zu materialisieren. Nicht nur die geistige, moralische und sittliche Vervollkommnung des Menschen war denkbar, sondern auch seine körperliche Vollendung. Parallel dazu verbreitete sich durch den Kapitalismus und die Industrialisierung die materielle Wachstumsideologie, unterstützt durch den wissenschaftlichen Fortschrittsglauben. Die endgültige Lösung aller materiellen und sozialen Probleme der Menschheit schien zum Greifen nahe und nur noch eine Frage der Zeit zu sein.

Steiner selbst war weder ein Verfechter materiellen noch naturwissenschaftlichen Fortschrittsglaubens. Seine Idee der geistigen Höherentwicklung schloß allerdings eine durchaus fragwürdige Rassentheorie mit ein. In der "Akasha-Chronik" schildert Steiner den Aufbau, die Merkmale und den Werdegang einer Unzahl menschlicher Rassen, die einander ablösen. Einige Male geschieht das durch die geistige Führung eines Auserwählten, die die neue Rasse bilden, während die "große Masse in dumpfem Zustande" dem Aussterben geweiht ist. "Es wird nämlich gar nicht lange dauern, bis wir von Steiner erfahren, daß ein ständiges Hinabsteigen und Verkümmern von 'Rassen' die Bedingung eines ebenso unablässigen Aufstiegs anderer 'Rassen' darstellt." (Treher, S.53 f) Im gleichen Zusammenhang stellt Treher fest: "In diesen Sätzen haben wir, lange vor Hitler, eine komplette schizophrene Rassentheorie vor uns." (S.58)

Die Steinersche Rassentheorie zeigt Parallelen zu der der Theosophen, denen er von 1902 bis 1913 angehörte. Der massive "kosmische" Rassismus, hier formuliert von der Gründerin der Theosophischen Gesellschaft, H.P.Blavatsky, ist nichts anderes als eine Rechtfertigung des Völkermords: "Ein Decimierungsvorgang findet über die ganze Erde statt unter jenen Rassen, deren Zeit nun ist... Es ist ungenau, zu behaupten, daß das Aussterben einer niederen Rasse ausnahmslos eine Folge der von den Kolonisten verübten Grausamkeiten oder Mißhandlungen sei. (...) Rothäute, Eskimos, Papuas, Australier, Polynesier usw. sterben alle aus. (...) Die Flutwelle des inkarnierten Egos ist über sie hinausgerollt (...) und ihr Verlöschen ist daher eine karmische Notwendigkeit." (Blavatsky, zit. nach Schweidlenka, S.20)

Jutta Ditfurth hat bei Steiner vergleichbare Passagen aufgetan, die manchen Anthroposophen jetzt sehr peinlich sind (vgl. Höfer, S.8 ff) (und es ist doppelt peinlich, wenn Anthroposophen ihren Steiner weniger gründlich lesen als Außenstehende). Von Anthroposophen selber ist mir allerdings kein offen rassistisches Denken oder Verhalten bekannt.

Das grenzenlose Höher-Hinauf - ob materiell, geistig oder "rassisch" - entspringt eher einer narzißtischen Unersättlichkeit nach Größe und Stärke als dem Wunsch, das Leben in der Gesellschaft humaner, angenehmer, freundlicher und friedlicher zu gestalten - wenngleich der Nutzen für das Gemeinwohl natürlich pausenlos als Argument angeführt wird, sobald viel Geld in ein ehrgeiziges Projekt gesteckt werden soll.

Diese neurotische Eigendynamik, die in jedem inhaltlich entleerten Drang nach Höherem steckt, hat bei Steiner so extreme Gestalt angenommen, daß man bisweilen den Eindruck gewinnt, er wolle den Ehrgeiz seiner Zeit parodieren, indem er ihn maßlos übertreibt. Es ist aber davon auszugehen, daß seine Weltanschauung ernst gemeint war. Seine Übertreibung markiert vielmehr den Übergang von neurotischem zu psychotischem Denken. Dafür sprechen folgende Argumente:

1. Steiner ist davon überzeugt - unbelastet von historischem Quellenstudium - über Millionen Jahre die Geschichte, die verschiedenen planetarischen Zustände der Welt und zahlreiche menschliche Rassen in der Vergangenheit und Zukunft nachvollziehen zu können. Damit schwingt er sich zum Medium der Akasha-Chronik auf, die nur "Eingeweihte" und "Erleuchtete" zu lesen vermögen. Er verwirklicht den neurotischen Wunsch nach Überlegenheit - in diesem Falle, Herr über die Zeit zu sein -, ohne irgendwelche Konzessionen an die Wirklichkeit einzugehen.

2. Als "Geistesforscher" ist er nur einer Methode verpflichtet, die er selbst erkoren hat und die seiner Auffassung nach niemand nachprüfen kann, der sich nicht seiner - totalitären - Anleitung unterwirft. Damit läßt er ebenfalls die Wirklichkeit hinter sich. Nur er und seine Schüler sind zur wahren Welterkenntnis fähig, die Kritik ist ausgeschaltet.

Der Psychiater Wolfgang Treher hat sich der Mühe unterzogen, die "Akasha-Chronik" in ihren Details auf Merkmale schizophrenen Denkens hin zu untersuchen und ist dabei mehr als fündig geworden. Es würde den Rahmen dieser Arbeit sprengen, Trehers Studie zusammenzufassen oder fortzusetzen; diese Arbeit sollte sinnvollerweise auch eher von einer Psychologin oder einem Psychiater geleistet werden.

Es geht mir auch gar nicht darum, Steiner als Geisteskranken hinzustellen und damit zu diskreditieren. Ich denke, der Sprung von der Neurose zur Psychose ist ohnehin meist nur ein quantitativer, denn im Denken von Psychotikern spiegeln sich nur in übersteigerter Form die Wert- und latenten Wahnvorstellungen einer Kultur wider, die täglich von gesellschaftlichen Institutionen verbreitet werden.

"Der eigentliche Sinn der sich wiederholenden Erdenleben ist also die Höherentwicklung der Individualität; durch die Reinkarnation wird ihr der erforderliche Zeitraum zur Verfügung gestellt." (Bühler, S.19) Die derzeit auf Erden wandelnde Menschheit gehört laut Steiner der arischen Wurzelrasse an. Wie muß sich nun der und die einzelne entwickeln, auf daß der Weltenplan zügig voranschreite?

Der Mensch ist im Augenblick durchaus nicht vollkommen, sagt der Anthroposoph Bühler (S.9). Die irdische Verbundenheit zieht ihn hinab;

Egoismus, Begierden und Triebe drohen ihn vom geistgemäßen Weg abzubringen. Er läuft ständig Gefahr, sich in allzu weltlichen Einzelheiten zu verlieren und sich nicht ausreichend aufs "Wesentliche" zu konzentrieren. Dabei schlummert in jedem Menschen "die Geistigkeit der Welt", die in ihm individualisiert wird (vgl. Bühler, S.8), der "eigentliche, unsterbliche, göttliche Kern" (ders., S.8). Hier hat Steiner einen Gedanken der Mystiker Böhme und Weigel aufgegriffen. Beide "sahen im Menschen einerseits die leibliche Verdichtung aller materiellen Dinge. Daher sei ihm (dem Menschen, d.Verf.) die gesamte materielle Welt einsichtig. Genauso nehme er an der geistigen Welt in ihrer Ganzheit teil und könne sich als 'göttlicher Funke' als Ebenbild des göttlichen Wesens erfassen." (Richter, S.33)

Im göttlichen Funken liegt eine Aufforderung: Der heiße Draht zur göttlichen Vollkommenheit und Unsterblichkeit muß zumindest zur "Geistesflamme" (Bühler, S.10) angeheizt werden, und zwar durch die Bemühungen und die Selbsterziehung des Menschen "aus Einsicht und in Freiheit" (Bühler, S.9) (Das ist wieder so eine Freiheit, der die Einsicht vorangehen muß!) "Das göttlich-geistige *Urbild*, auf das hier hingedeutet wird, ist das höchste Ziel des Menschseins. Ihm nachzustreben und es auf Erden, dieser 'Pflanzstätte der Geister', wie J.G.Herder sagt, immer mehr zu verwirklichen, ist der eigentliche tiefere *Sinn* unseres Lebens." (Bühler, S.9)

Der Mensch hat im göttlichen Fünklein die Möglichkeit, Gottes Allmacht zu teilen, also steht außer Frage, daß er sein Leben in den Dienst dieser Möglichkeit stellen muß. Bühler behauptet, das Leben als schlichtes Leben auf Erden sei sinnlos. "Jeder Lebensweg endet dann (im Falle des Todes, d.Verf.) ohne individuelles Ziel und ohne Sinn in einer Sackgasse. Von allen menschlichen Erlebnissen, allen erkenntnismäßigen und moralischen Bemühungen bliebe ebensowenig übrig, wie von der Menschheit als Ganzes bei einem etwaigen Ende irdischen Lebens. (...) Der Tod löscht ohne Unsterblichkeitsvorstellung alle Sinngebung aus." (Bühler,S.7)

Aber wenn ein begrenztes, diesseitiges Leben keinen Sinn aus *sich* schöpft, warum sollte dann ein ewiges Leben automatisch sinnvoll sein - nur weil es nicht aufhört? Damit die moralischen Bemühungen nicht einfach beim Teufel sind im Falle des Ablebens, muß nicht nur die Seele unsterblich werden, sondern die moralischen Bemühungen müssen einer höheren Bestimmung zugeführt werden.

Wenn man allerdings am Sinn höherer Bestimmungen und am Sinn göttlicher Allmacht zweifelt, weil man sie als narzißtischen Selbstläufer durchschaut, dann erscheinen einem die Tips und Tricks zur sinnvollen moralischen Lebensführung, die Bühler der LeserIn erteilt, ebenfalls als völlig wertlos. Die "Lebensweisheit", die "Vertiefung des Gemüts", die "Fähigkeit zu Interesse,

Hingabe und Mitleid", die "Erkraftung des Willens zur Charakterfestigkeit, Selbstbeherrschung und Selbstlosigkeit" (alles S.9), die der Mensch im Laufe seines irdischen Lebens entwickeln soll, sind ja ausschließlich jenseitig orientiert. Bühler geht sogar so weit, daß er schwierige Lebenssituationen empfiehlt, an denen sich der Mensch reifend abarbeiten soll. "Schwirge und unglückliche Zustände bedeuten immer auch eine besondere Entwicklungschance für die Individualität, fordern sie doch die Geistesgegenwart in einer Weise heraus, wie es in anderen Lebenslagen selten der Fall ist. Alle schweren Lebenslagen können so als lebensnotwendige *Prüfungen* aufgefaßt werden." (S.11 f)

So richtig der zugrundeliegende Gedanke ist, dem Leid und den Problemen der menschlichen Existenz nicht auszuweichen, sondern sie ins Leben zu integrieren, so unsinnig, freudlos und geradezu zynisch ist es, die Schattenseite des Lebens zum Prüfstein für jenseitige individuelle Seelenverbesserung hochzustilisieren und sie daher als unverzichtbar zu erklären. Mit dieser Einstellung geht es nicht primär darum, Mißstände, ausbeuterische Verhältnisse und Ungerechtigkeiten zu beseitigen, und auch nicht darum, zu helfen und zu trösten, wenn es jemandem schlecht geht, und zu leiden und nach Lösungen zu suchen, wenn etwas Schlimmes passiert ist - sondern ein "Entwicklungsertrag", bestehend aus dem Zuwachs geistiger und moralischer Qualitäten, muß in nachtodlichen Welten abgeliefert werden. Die Belohnung fürs Artigsein besteht in der Beteiligung am reinen Geist, in einem hochwertigen Karma und im klammheimlichen Gefühl elitären Menschseins.

In diesen Zusammenhang kann übrigens auch die Motivation zum öffentlichen sozialen Engagement der Anthroposophen gestellt werden.

1.3.7. Pflicht und Gefühle

Die zunehmende Selbstüberschätzung, die Größenphantasien und der Egozentrismus waren nicht nur die Voraussetzung für alle möglichen technischen und wissenschaftlichen Errungenschaften, sondern auch Ursache für eine durchaus antisoziale und egoistische Lebenseinstellung, die sich in Machtdenken und Konkurrenzkampf niederschlug. Wenn Philosophen über gesellschaftspolitische Konzepte nachdachten, gingen sie entsprechend vom Bild des schlechten, egoistischen und triebhaften Menschen aus (siehe z.B. Hobbes und Bacon). Es stellte sich das Problem, den Egoismus des einzelnen zu befriedigen, seinen ökonomischen und wissenschaftlichen Ehrgeiz zu nutzen und ihn gleichzeitig gesellschaftsfähig zu machen, um Exzesse der Habgier und Rücksichtslosigkeit zu vermeiden. Der Glaube an bzw. das Wissen um natürliche Gemeinschaftsgefühle war versiegt. Kant entwarf mit dem kategorischen Imperativ ein absolutes Prinzip als Leitlinie moralischen Verhaltens (Richter, S.43): "Handle so, daß die Maxime deines Willens jederzeit zugleich als Prinzip einer allgemeinen Gesetzgebung gelten könnte." Das moralische Handeln geschieht allein aus Pflicht; natürliche Neigungen und emotional bestimmte Handlungsmotivationen sind Kant so suspekt, daß er schon allein die Möglichkeit moralischen Handelns aus diesen Beweggründen ablehnt. Denn "die natürlichen Neigungen beruhten auf physischen Ursachen und müßten stets zum Konflikt mit der Pflicht führen." (Richter über Kant, S.44) Hier zeigt sich wieder die Angst vor unkontollierbaren, körpernahen Regungen: Sie werden pauschal als schlecht und gefährlich eingestuft. "Tugend, das ist moralische Gesinnung im Kampfe", sagt Kant (zit. nach Richter, S.44), denn ihm ist klar, daß diese Art der Selbstdisziplinierung weh tut und nicht der menschlichen Natur entspricht. Seine triebhafte Seite muß der Mensch der Pflicht zuliebe unterdrücken, dadurch wird das Leben zur Selbstdisziplinierungsmaßnahme, bestimmt von Begriffen wie Gehorsam, Strenge, Opfer, Disziplin der Vernunft, Schuldigkeit, Selbstzwang (Richter, S.46). Emotionale Bedürfnisse haben daher keinerlei Existenzberechtigung. Richter weist auf die Gefahr hin, daß diese Art pflichtbewußter Askese, verbunden mit übertriebener Triebunterdrückung zu zwangsneurotischen Symptomen führen kann (vgl. S.46; vgl. dazu auch den Abriß über Kants Biographie bei Weischedel, S.177 ff.) Eine formale Übererfüllung der Pflicht tritt an die Stelle der inhaltlichen Forderung. So entsteht der "lebensferne Formalismus des rein abstrakten Moralprinzips." (Richter, S.46)

Fritz Beckmannshagen hat in seiner tiefenpsychologischen Studie über Steiners Denken eine mit Kant vergleichbare Unterdrückung aller emotionalen und triebhaften Anteile des Menschen herausgearbeitet: "Es ist Steiner gewiß nicht entgangen, daß der Mensch kein bloßes Gedanken- und Ideenwesen ist, doch sieht er seine geistesgeschichtliche Aufgabe konsequent darin, den Menschen so zu "fördern", daß er, "Gefühlswogen" meidend, ein reines Ideenwesen wird." (S.74)

Die Abspaltung des als minderwertig erachteten Gefühls vom Denken läßt sich bei Steiner vielfach belegen, ebenso wie der Appell, triebhafte Anwandlungen zu unterdrücken. Zum Beispiel schlägt er in seinem Text "Grundbedingungen für ein meditatives Üben" vor: "Im dritten Monat soll als neue Übung in den Mittelpunkt des Lebens gerückt werden die Ausbildung eines gewissen Gleichmutes gegenüber den Schwankungen von Lust und Leid, Freude und Schmerz. Das 'Himmelhochjauchzend, zu Tode betrübt' soll mit Bewußtsein durch eine gleichmäßige Stimmung ersetzt werden. Man gibt auf sich acht, daß keine Freude mit einem durchgehe, kein Schmerz einen zu Boden drücke, keine Erfahrung einen zu maßlosem Zorn oder Ärger hinreiße, keine Erwartung einen mit Ängstlichkeit oder Furcht erfülle, keine Situation einen fassungslos mache, usw, usw." (S.42) - "Es ist recht viel Konzentration zu dieser Übung notwendig und vor allen Dingen ein Anerkennen der Tatsache, daß alles Stürmische, Leidenschaftliche, Affektreiche völlig vernichtend auf die angedeutete Stimmung wirkt." (Steiner,S.45) Beckmannshagen schreibt über Steiner: "Fast immer hat er die Neigung, das Wort 'Gefühl' mit herabsetzenden Beiwörtern wie 'unbestimmt', 'bloß', 'dunkel', 'mystisch' u.ä. zu versehen." (S.74)

Diese Art der Gefühlsabwehr deutet auch auf das Phänomen der Leidensabwehr hin, das Richter als die "Kehrseite des Dranges nach narzißtischer Omnipotenz" (S.129) bezeichnet. Leiden macht passiv, es erinnert an die Endlichkeit und Sterblichkeit des Menschen. Es gibt verschiedene Techniken, sich dem Leiden scheinbar zu entziehen. Die in unserer Kultur besonders gängige Leidensflucht (d.h. Leiden zu vermeiden und zu überspielen) lag dem asketischen Steiner weniger als die Leidensverachtung, mit der der Mensch versucht, "sich über das Leiden zu erheben, es in heroischer Weise zu überwinden." (Richter, S.130)

Um sich des Leidens zu entledigen, wird eine stoische Gemütshaltung angestrebt, die sich über die Emotionalität und Erregbarkeit überhaupt erhebt, um den Blick auf das angeblich Wesentliche der menschlichen Existenz zu richten. Nietzsche charakterisiert die stoische Lebenseinstellung folgendermaßen und trifft meines Erachtens damit auch den Kern anthroposophischer Abgehobenheit: "Das Wesentliche dieser Gemütsart (...) ist das Verhalten gegen den Schmerz und die Unlustvorstellungen: (...) *Starrheit* und *Kälte* sind der Kunstgriff, Anästhetika also. Hauptabsicht der stoischen Erziehung ist, die *leichte Erregbarkeit* zu vernichten, die Zahl der Gegenstände, die überhaupt *bewegen* dürfen, immer mehr einschränken, Glauben an die Verächtlichkeit und den geringen Wert der meisten Dinge, welche erregen, Haß und Feindschaft gegen die Erregung, die Passion selber, als ob sie eine Krankheit oder etwas unwürdiges sei: Augenmerk auf alle häßlichen und peinlichen Offenbarungen der Leidenschaft - in summa: *Versteinerung* als Gegenmittel gegen das Leiden, und alle hohen Namen des Göttlichen, der Tugend fürderhin der Statue beilegen. Was ist es, eine Statue im Winter umarmen, wenn man gegen Kälte stumpf geworden ist? - was ist es, wenn die Statue die Statue umarmt!(...) Diese Denkweise ist mir sehr zuwider: sie unterschätzt den Wert des *Schmerzes* (er ist so nützlich und förderlich als die Lust), den Wert der *Erregung* und *Leidenschaft*, er ist endlich gezwungen, zu sagen: Alles, wie es kommt, ist mir recht, ich will nichts anderes, - *er beseitigt* keinen Notstand mehr, weil er die Empfindung für Notstände getötet hat. Das drückt er religiös aus, als volle Übereinstimmung mit allen Handlungen der Gottheit." (Nr.589, S.226 f)

Die schon mehrfach zitierten Triebe, Leidenschaften und Begierden werden auf lange Sicht aus der Persönlichkeit des Menschen verschwinden. So beschreibt Steiner die Entwicklung durch viele Inkarnationen hindurch: "Der primitive Mensch handelt ganz so, wie es seinen Begierden entspricht. Und er nimmt die Erlebnisse, die er mit solchem Handeln gemacht hat, hinüber in die übersinnlichen Zustände. Hier werden sie zu höherer Fertigkeit. Und in einer weiteren Verkörperung wirkt in ihm nicht mehr die bloße Begierde, sondern sie wird bereits mitgelenkt durch die Wirkungen der vorher gemachten Erfahrungen. Und viele Verkörperungen sind notwendig, bis der ursprünglich ganz den Begierden hingegebene Mensch seiner Umwelt das geläuterte moralische Gesetz gegenüberstellt, das Kant als etwas bezeichnet, zu dem man mit ebensolcher Bewunderung wie zu dem Sternenhimmel aufblickt." (S.94)

In der "Akasha-Chronik" bestätigt sich dieser Vorgang, denn jede "Unterrasse", die sich ihre egoistischen Begierden befriedigt, ist laut Steiners Berichten dem Untergang geweiht, zumal ihre Triebhaftigkeit mit der Weigerung einhergeht, die Denkkraft auszubilden. Nur die kleine Schar, die sich diesem Trend widersetzt, darf zusammen mit dem geistigen Führer überleben und die neue Rasse begründen. Treher deutet diese Vorstellung ähnlich wie Beckmannshagen: "Die egoistischen 'Angehörigen dieser Rasse', die ihre 'eigensinnigen Wünsche und Begierden befriedigen', sind nichts weiter als seine (Steiners, d.Verf.) eigenen, von ihm abgespaltenen und daher als feindlich empfundenen Seelenfragmente, deren Aggression er zu erdulden hat." (S.55)

Der Mensch war also in Steiners Interpretation zu keinem Zeitpunkt seiner Entwicklung ein Wesen, das Gefühle, Triebe und Körperwünsche mit der Vernunft und moralischem Verhalten vereinbaren konnte.

Der Anthroposoph Bühler bestätigt dieses pessimistische Menschenbild: "Der zweifellos auch im Menschenreich herrschende 'Kampf ums Dasein' ist verursacht durch die begierdenhafte niedere Natur des Menschen." (S.21)

Nichts anders haben meine KollegInnen und ich in A-dorf empfunden. Walter resümierte die Diskussionen mit seinen Hauseltern folgendermaßen: "Du mußt die mal vorstellen, von welchem Menschenbild damals ausgegangen worden ist. Eigentlich: Der Mensch ist grundsätzlich schlecht, wir natürlich auch, man tut irgendwelchen Begierden und Leidenschaften *nachgehen* - mußt du dir mal vorstellen, nicht die Begierden und Leidenschaften sind ein Teil deiner Persönlichkeit, sondern stehen außerhalb und ziehen dich immer wieder abwärts."

Dagegen hilft nur die Abspaltung der "negativen" Seite des Menschen: "Daher muß der Mensch dieses selbstische Wollen in sich abtöten ... Ertötung aller Selbstheit..." (Steiner, S.75 f)

Beckmannshagen stellt mit Zitaten von C.G.Jung und E.Neumann ausführlich dar, daß in unserer Kultur die Abspaltung der als inadäquat und moralisch minderwertig empfundenen Persönlichkeitsanteile einerseits und die Idealisierung von Tugenden, die die Seele mit der Absolutheit und Ewigkeit verbinden, andrerseits - daß diese Abspaltung also äußerst verbreitet ist und Steiner somit nur ins Horn seiner Zeit stößt. *Welche* Werte idealisiert und welche unterdrückt werden, obliegt bis zu einem gewissen Grad dem Zeitgeist bzw. dem Geschmack einzelner Autoritäten. Die narzißtische Störung, die ich eingangs beschrieben habe, läßt wiederum als kollektives und kulturstiftendes Phänomen grüßen.

Jedenfalls entstehen durch die Spaltung zwei psychische Systeme im Menschen, "wovon das eine meistens gänzlich unbewußt bleibt, das andere zu einem wesentlichen Teil unter aktiver Beteiligung des Ich und des Bewußtseins gebildet wird." (E.Neumann, zit. nach Beckmannshagen, S.87) Psychische Gesundheit aber ist nur möglich, wenn es dem Menschen gelingt, beide Systeme bewußt in seine Persönlichkeit zu integrieren. Das ist ein mühevoller Prozeß, da die Schattenseite ungeliebt, undifferenziert, nicht bewußt und unentwickelt brachliegt, während die Ideale zahlreiche Fluchtwege öffnen, dem Gefühl der Unvollkommenheit auszuweichen und sich und der Welt eine grandiose Persönlichkeit zu präsentieren. Dafür muß man in Kauf nehmen, ständig strenge Kontrolle über sich auszuüben, sich zu überwinden, zu mäßigen, anzustrengen, zusammenzunehmen, damit nur ja nicht die dunkle, unbekannte, bedrohlich-riesige Gefühls- und Triebaufwallung durchbricht.

Eine Passage aus Steiners Beschreibung des Weges, den die Geistseele nach dem Tod und vor der nächsten Inkarnation durchmacht: "Die Begierde bleibt in meiner Seele wie die Vorstellung in meinem Gedächtnisse. Und wie zunächst das Vorstellungsbild in meinem Gedächtnisse durch jeden neuen gleichartigen Eindruck verstärkt wird, so die Begierde durch jede neue Handlung, die ich unter ihrem Einflusse vollziehe." (S.91)

Je mehr ich einer Begierde nachgebe, desto verlangender wird sie in mir, da heißt: desto heftiger könnte sie aus mir hervorbrechen und mich überschwemmen. Hier spiegelt sich die Angst vor dem übermächtigen, als antisozial empfundenen Triebwunsch wider.

Das "Böse" wird übrigens in der Anthroposphie ausdrücklich dämonisiert. Die teuflischen Mächte Luzifer und Ahriman versuchen, den Menschen "nach rechts und links in den Abgrund herunterzuziehen" (Bühler a, S.133). Der Mensch wandelt nämlich - gemäß dem aristotelischen Grundsatz, nachdem die Tugend zwischen zwei Lastern zu setzen sei - auf dem schmalen Grat, dem "goldenen Mittelweg", zwischen Geiz und Verschwendung, Ängstlichkeit und Tollkühnheit, Hochmut und Minderwertigkeitsgefühlen, Träumerei und Starrsinn (vgl. Bühler a, S.131 f). Es sind die Teufel, die zu Extremen verleiten, und erst durch ihre Überwindung wird "die Entwicklung einer wahrhaft freien, der eigenen Entscheidung fähigen Ich-Wesens möglich." (Bühler a, S.144) Daß der Hang zu den bezeichneten Extremen einer ganz anderen Motivation entspringt als das Mittelmaß, so daß von einem quantitativ zu messenden Ausgleich gar nicht die Rede sein kann, ist Bühler offenbar genauso wenig wie Steiner in den Sinn gekommen.

Die Tugenden haben im anthroposophischen Weltbild geradezu magische Kräfte, denn wenn man sie besitzt, verbindet sich die "Seele auch nachtodlich mit der geistig-göttlichen Welt, der sie verwandter geworden ist." (Bühler, S.22) Diese göttlich-geistige Welt nimmt sich des Tugendzuwachses an und verwandelt sie in Anlagen und "positive Keime" für die nächste Inkarnation. Mehr noch - der ganze Weltenplan steht und fällt mit dem moralisch einwandfreien Denken, Fühlen und Wollen der Menschen, die sich ja allmählich in den Vergeistigungsprozeß eingliedern sollen. Die Werte sind also so wichtig, daß sie Unsterblichkeit erlangen und die kosmische Entwicklung voranzutreiben vermögen - mächtiger kann ein Ideal eigentlich nicht mehr werden. So gesehen betreibt die Anthroposophie Vergötterung ihres eigenen Ich-Ideals, so wie sie ihren Schatten verteufelt. Himmel und Hölle finden schon auf Erden statt.

Luzifer und Ahriman führen den Menschen direkt weg von seinem Lebensziel: "Hingegen verdunkeln Irrtum und Lüge, Interesselosigkeit und Haß, egoistisches, rücksichtsloses oder gar verbrecherisches Handeln nicht nur unser Ich, sondern entfremden uns auch der geistigen Ursprungswelt. Die notwendige Zurückweisung und Verarbeitung eines solchen geist-verneinenden Verhaltens führt zu einem Ungleichgewicht in unserer Gesamtkonstitution und zu einer Disharmonie in unserem Wesen, also zu Schwächen, Krankheitsanlagen und Hemmnissen im kommenden irdischen Schicksalsverlauf." (Bühler, S.22) Damit ist eindeutig bestimmt, daß das individuelle Durchfechten der Werte und Ideale mit Stärke gleichgesetzt, das Ausleben der Schattenseite aber mit Schwäche und Krankheit bestraft wird. Insofern ist die anthroposophische Behindertenarbeit ein gnädiges Hinabneigen zu den verwirkten Karmen in den Kranken und Behinderten, in der Absicht, ihr jetziges Leben so zu steuern und zu beeinflussen, daß die nächste Inkarnation wieder eine höhere Qualität bekommt.

2. Anthroposophen als Gruppe

Die Anthroposophie manifestiert die klassische abendländische Persönlichkeitsspaltung in ein hehres Ideal und eine ungeliebte Schattenseite in extremer und von heutigen Erkenntnissen der tiefenpsychologischen Narzißmus-Forschung völlig unbeleckter Weise. Steiner selber mied die Psychoanalyse folgerichtig, denn er ignorierte das unbewußte Seelenleben, wertete Gefühle ab und forderte die "Ertötung aller Selbstheit", d.h. aller persönlicher Bedürfnisse, bei sich selbst genauso wie in seinem allgemeingültigen Menschenbild. Seine Anthroposophie läuft auf eine inhaltsentleerte Höherentwicklung zum reinen Geist hinaus, wo Gefühle und Unterbewußtes genau wie Leidenschaften und Triebe nur stören können; zum anderen appellierte er, analog zur geistigen Schulung, an die Festigung des Charakters und lehrte eine "moralische Haltung von höchster Strenge" (zit. nach Beckmannshagen, S.88). Beckmannshagen ist der Ansicht, Steiner sei stark genug gewesen, seine Schattenseite konsequent zu unterdrücken, durch Fleiß, Disziplin und den eisernen Willen zur Askese (S.106). Vermutlich hat Steiner selbst sich trotz seiner Gefühlsabwehr psychisch im Gleichgewicht gehalten: Zum einen hat er sein Bedürfnis - was auch immer es dabei kompensiert hat - seinem komplizierten, phantasievollen Gedankenkonstrukt und seinen vielseitigen Interessen Ausdruck zu verleihen, befriedigen können, zum anderen hat er das Glück gehabt, sich mit alledem im Kreise einer wachsenden Anhängerschar genügend Geltung, Ansehen und Bestätigung zu verschaffen und somit in der Verwirklichung seiner Ideen wenigstens teilweise wieder in der Realität Fuß zu fassen.

Ein Sektenführer und seine Anhängerschar brauchen einander, sie bilden eine Beziehung, von der beide Seiten wechselseitig profitieren - das verbindet sie. Weiterhin teilen sie eine gemeinsame Lebensauffassung und dieselben Werte. Psychologisch gesehen unterscheiden sie sich allerdings in wichtigen Punkten. Steiner war der Stärkere in der Beziehung, der Denkende, der Kreative. Seine Anhänger hingegen zeichnen sich durch Ich-Schwäche aus: Sie suchen jemanden, der ihnen den Schlüssel zum Weltverständnis in die Hand drückt, der ihnen sagt, was sie denken, glauben und fühlen sollen, was schön ist, was häßlich, was gut ist und was schlecht. Die Vielfalt und Lückenlosigkeit der Lehre macht ihren Reiz aus; genauso anziehend aber ist ihr dreister Wahrheitsanspruch. Gerade weil sie rational nicht nachvollziehbar ist und daher eine eigene Forschungsmethode erfordert, findet sie so viele ich-schwache Anhänger. Daß Steiner die Forschungsmethode zu einer allgemeinverständlichen, an sich für jeden interessierten Laien erlernbaren Wissenschaftsmehode erklärt hat, ist sein Tribut, den er der gebildeten Mittelschicht seiner Zeit zollt und dem er eine Gemeinde oberhalb des Zeugen-Jehova-Niveaus verdankt. Trotzdem gilt auch für die Anthroposophen, wie für jede religiös-fundamentalistische Gruppe: Sie finden es schön, wenn jemand auftaucht, der "einfach mal was *weiß*", ohne Zweifel, umständliche Beweise, Kompromisse und Wissensgrenzen. Die denkerische und gestaltende Selbstverwirklichung Steiners liegt ihnen fern. Die fehlende innere Sicherheit wird durch eine fremde ersetzt.

Was die Abspaltung der unerwünschten Persönlichkeitsanteile betrifft, stimme ich mit Beckmannshagen überein: Den ich-schwachen AnhängerInnen fehlt die Kraft und der Wille, es im Umgang mit ihrem "Schatten" Steiner gleichzutun und ihn zu unterdrücken. Sie nehmen sich an Steiners (scheinbar) makellose Lebensweise (die vor allem aus seiner sehr trockenen, gefühlsfreien Autobiographie hervorgeht) ein Beispiel und eifern seinen moralischen Idealen nach, ihre "Untugenden" aber verdrängen sie nur, indem sie sich nicht mit ihr auseinandersetzen, sondern so tun, als gäbe es sie gar nicht. Übrig, so Beckmannshagen, bleibt eine Scheinpersönlichkeit ("Persona"), die wenigstens rein äußerlich mit dem angestrebten Ideal übereinstimmt (S.105). Das Bewußtsein aber habe bei solchen Persönlichkeiten den Kontakt zum "Schatten" verloren und die verdrängten Inhalte seien der Kontrolle des Bewußtseins entzogen und würde daher ein unbewußtes, aber reges Eigenleben führen. Die bewußte Askese desjenigen, der seinen Schatten unterdrückt, sei deshalb weniger gefährlich für sich und andere als die "Undurchsichtigkeit", die im Denken und Handeln derjenigen entsteht, die ihre Schattenseiten verdrängen. Besonders deutlich trete dieser Mechanismus in Erscheinung, wo eine Glaubensgemeinde versucht, den hohen ethischen Idealen einer geistigen Elite nachzueifern. Die Internalisierung ihrer Ideale bei gleichzeitiger Verdrängung unakzeptabler Verhaltensweisen würde zur Illusion über die eigene Person führen, zu einem Gefühl prinzipieller Überlegenheit aufgrund der Teilhabe an der Elite, zur Scheinheiligkeit und Heuchelei (S.108). Und was geschieht mit den verdrängten Persönlichkeitsanteilen? Es entsteht eine innere Spannung destruktiver Art, die Schuldgefühle auslöst. Diese Schuldgefühle werden in der Regel aber nicht innerlich verarbeitet, sondern nach außen projiziert und dort, bei anderen Menschen, bekämpft und bestraft (S.109). Anders ausgedrückt, handelt es sich um Persönlichkeiten, die hohe Anforderungen an sich stellen, und alles tabuisieren, was sie innerhalb und außerhalb ihrer Person daran hindern könnte, ein reines, sauberes und vorbildliches Leben zu führen. Im Zweifelsfalle wird die Schuld am Mißlingen dieses Plans auf Außenstehende geschoben.

Die Abhängigkeit von einer fremden Lehre, die sich Anthroposophen einverleibt haben, zeugt von einem Mangel an eigenem Standvermögen und fehlendem Mut, die Welt mit eigenen Augen zu sehen und sich kritisch urteilend in ihr zurechtzufinden. Die Unterordnung unter eine fremde Autorität gibt den Anhängern eine Orientierung und die Möglichkeit, sich mit der Autorität zu identifizieren und sie nach außen auszuüben. Diese Funktion ist von so existentieller Wichtigkeit, daß Anthroposophen mit Argumenten nicht beizukommen ist: Wenn ihre Autorität in Frage gestellt wird, reagieren sie entsprechend empfindlich, schrecken vor keinen rhetorischen Tricks zurück. Die

Identifikation mit Steiners Ich-Ideal und seiner unwidersprochenen Autorität verleiht elitäres Selbstgefühl und erhebt über alle Zweifel von innen und von außen. Die Anhängerschar führt einen "edlen" Wettkampf untereinander um die Tugendhaftigkeit; ansonsten bestätigt man sich gegenseitig die Richtigkeit des eingeschlagenen Weges, bildet eine Subkultur, in der die Ideen des Führers postum zelebriert werden, so daß man sich seiner vergewissern kann, und in der man sich vor der "ignoranten" Außenwelt schützen kann. Die "Waldorf-Szene" und die Dorfgemeinschaften sind nur zwei Beispiele für anthroposophische Gruppierungen mit eigener Kultur und eigenem Code.

"Um in anthroposophischer Terminologie zu reden: Bei ihnen ist heute annähernd jener Zustand erreicht, den Steiner als psychische Eigentümlichkeit zoologischer Verbände beschreibt, nämlich die 'Gruppenseelenhaftigkeit', die totale Abhängigkeit des Einzelwesens vom 'Gruppen-Ich'. Es ist auch bezeichnenderweise aussichtslos, einen Anthroposophen, selbst einen kritikfähigen, diese Eigensituation sehen zu lassen." (Beckmannshagen, S.103)

3. Anthroposophen in helfenden Berufen

3.1. Einleitung

Die Problematik helfender Berufe ist in den letzten Jahren vor allem durch die Publikationen Wolfgang Schmidbauers ins Licht der öffentlichen Aufmerksamkeit geraten. Diese Problematik wird an Mißständen deutlich: Erstens ist die Hilfe häufig nicht so effektiv und sinnvoll, wie sie unter den gegebenen politischen Gegebenheiten und nach dem Stand soziologischer, psychologischer und sozialpädagogischer Forschung sein könnte - das trifft meines Erachtens auf die anthroposophischen Dörfer in hohem Maß zu - und zweitens leiden viele Helfer unter dem sogenannten "burn-out"-Syndrom, d.h. sie fühlen sich ausgelaugt, erschöpft, lustlos und neigen überproportional zum Bevölkerungsdurchschnitt zu Depressionen, Sucht und Selbstmordgedanken (vgl. Schmidbauer, S.14 ff).

Für die Dysfunktionen gibt es verschiedene Ursachen: Pines, Aronson und Kafry z.B. betonen eher die strukturellen Mängel der sozialen Berufe, die zum "Ausgebranntsein" der Helfer führen. Sie stellen den Helfer/die Helferin (gemeint sind Berufstätige im sozialen, medizinischen, pflegerischen und pädagogischen Bereich) als besonders idealistische, einfühlsame Personen dar, die *keine* individuelle, vom Beruf unabhängige Problematik aufweisen ("...es sind also gerade die allerbesten Leute bestimmter Berufsgruppen..." S.14). Ihre Probleme ergeben sich erst durch emotionale Überforderung und einseitige, klientenzentrierte Helfer-Klient-Beziehungen (S.60 f) und manifestieren sich in körperlichen und psychischen Störungen; sie werden von Erschöpfung und Überdruß überwältigt und verlieren ihren Idealismus und ihr Engagement. Schamgefühle über ihr "Versagen" hindern sie daran, über ihr Problem zu sprechen und nach Lösungsmöglichkeiten zu suchen. Pines u.a. geben zahlreiche Hinweise, wie sich das Arbeitsleben erleichtern läßt, z.B. durch ein System sozialer Unterstützung, durch Abwechslung im Arbeitsalltag (Arbeitsplatzrotation, Fortbildungen etc.) und Supervision.

Ich denke, daß in vielen Fällen naheliegende Veränderungen des Arbeitsalltags große Wirkungen zeitigen können, so daß tiefgründige Analysen der individuellen Helferpersönlichkeit und des gesellschaftlichen und historischen Zusammenhangs des Helfens nicht unbedingt erforderlich sind. Somit erfüllt das Buch sein Ziel, konkrete Maßnahmen gegen die Burn-out-Krise aufzuzeigen.

Andererseits besteht die Gefahr, strukturelle Mißstände nur symptomatisch, innerhalb der jeweiligen sozialen Organisation zu bekämpfen, damit der Leidensdruck nachläßt. Auf weitreichendere strukturelle Probleme werden weitgehend individuelle Antworten gegeben.

Anders bei Schmidbauer: Zum einen ist er der Ansicht, "daß in diesem Beruf Widersprüche eingeschlossen sind, die sich nicht auflösen lassen" (Schmidbauer a, S.17), z.B. daß Nächstenliebe Ausdruck eines Gefühls ist, aber eigentlich keine Berufsrolle, die man soundsoviele Stunden am Tag erfüllen kann (S.25), da das emotionale Abgrenzungsproblem letzten Endes nicht lösbar ist.

Zum anderen aber stellt er fest, daß sich gerade deshalb, weil der soziale Beruf den ganzen Menschen emotional fordert, Menschen von diesem Beruf angezogen fühlen, die im privaten Bereich Schwierigkeiten haben, Beziehungen auf einer Ebene der vollen Gegenseitigkeit zu führen. Die Berufsrolle ermöglicht ihnen ungleiche Beziehungen, über die sie selbst Macht und Kontrolle ausüben können. In seinen "Hilflosen Helfern" analysiert Schmidbauer die individuelle Helferproblematik, die aus einer narzißtischen Störung der Helfer hervorgeht. Ein individueller Ansatz also, der die strukturelle Problematik der meisten sozialen Institutionen und die Auswirkungen der Sozialpolitik hintanstellt.

Die von den Anthroposophen bevorzugten Arbeitstugenden entsprechen einem hohen Ich-Ideal, das im Prinzip keineswegs nur für anthroposophische Einrichtungen typisch ist, sondern sich auch in anderen sozialen Institutionen, christlichen und weltlichen, als Anforderung an die MitarbeiterInnen wiederfindet. Im weitesten Sinne spiegeln sie das Ich-Ideal und die Leistungsnormen der ganzen Gesellschaft wider. Die psychischen Ursachen eines so stark ausgebildeten Ich-Ideals könnte man daher schon fast als kollektiv auftretend bezeichnen, findet doch in der Erziehung eines jeden einzelnen Menschen die

Aufspaltung in "gute", erstrebenswerte Verhaltensnormen und "schlechte", zu unterdrückende Eigenschaften statt (vgl. Beckmannshagen, S.87). Diese idealen Eigenschaften sind gewissermaßen staatstragend und daher gesellschaftlich erwünscht. Auch Schmidbauer vermutet, daß ohne ein mäßig ausgebildetes Helfer-Syndrom beim einzelnen Helfer die sozialen Dienste häufig nicht arbeiten könnten.

Die Frage nach Ursache und Wirkung der Helferproblematik deutet auf eine nach oben offene Spirale hin, d.h. individuelles Helfersyndrom und strukturelle, auf stetem Mangel an Personal und Arbeitszeit beruhende Planungen greifen ineinander und schaukeln sich gegenseitig in die Höhe: Von ihrer Biographie her für das Helfer-Syndrom disponierte Helfer müssen mit einer strukturell vorgegebenen, ständigen Mangelsituation zurechtkommen, in der sie kräftemäßig überfordert werden und in der sie sich allmählich frustriert, krank und ausgebrannt fühlen. Solange sie ihre Erschöpfung individuell (durch Disziplin und "sich zusammenreißen", Therapie oder Berufswechsel) oder arbeitsplatzintern (durch Fortbildung, Arbeitsplatzrotation und Supervision) bekämpfen, wird sich von den strukturellen Gegebenheiten her (gemeint sind die sozialen Organisationen, deren vorrangiges Ziel es ist, kostendeckend und sparsam zu arbeiten) nur im Einzelfall etwas ändern. Auf einen kurzen Nenner gebracht: Je mehr sich der einzelne Helfer/die Helferin ausbeuten läßt, desto mehr wird der/sie ausgebeutet. Davon profitiert die Gesellschaft, der die sozialen Randgruppen möglichst wenig kosten sollen. Wer nicht davon profitiert, sondern mit einem ständigen Mangel wirtschaften muß, sind die Hilfsbedürftigen und die HelferInnen.

3.2. Zentrale Konflikte der Helfer-Persönlichkeit mit einem Helfersyndrom

3.2.1. Erscheinugsbild

Täger des Helfer-Syndroms zeichnen sich durch großen Fleiß und Hingabe im Dienst am Nächsten aus; sie neigen dazu, sich bis zur "Selbstschädigung" (Schmidbauer, S.56) aufzuarbeiten. Viele sind depressiv, tabletten-, alkohol- oder nikotinsüchtig oder suizidgefährdet (ders., S.18). Außerdem kann das scheinbar einfühlsame und aufopferungsvolle Verhalten gegenüber den KlientInnen ausgesprochen herzlose, fast sadistische Züge annehmen (ders., S.213). Schmidbauer stellt fest, daß das Verhältnis zu den KientInnen Widersprüchen unterworfen ist: So erweckt der Helfer zwar den Eindruck, nichts lieber zu tun, als einem Schwächeren zu helfen; wenn es dem Hilfsbedürftigen aber wirklich besser geht, will der Helfer ihn nicht gehen lassen, attackiert ihn mit indirekten Aggressionen und wertet die bisherigen Erfolge in der Arbeit mit dem Klienten ab. Er versucht, am Abhängigkeitsverhältnis festzuhalten, als brauche er es.

Das Bild des "guten" Helfers, der lieber gibt als nimmt, der sich Altruismus zum Lebensinhalt gemacht hat, bekommt durch diese Erscheinungen einen Knacks - der Helfer wird seinerseits zur hilfsbedürftigen Person und gerät in den Verdacht, eigene Probleme durch den prestigeträchtigen Beruf des Helfers kompensieren zu wollen.

3.2.2. Ursache

Schmidbauer führt die typischen Probleme der Helferpersönlichkeit auf eine narzißtische Störung im Kindesalter zurück. Da die Charakteristika der narzißtisch gestörten Persönlichkeit in diesem Kapitel bereits relativ ausführlich zur Sprache gekommen sind, fällt es leicht, anhand einzelner Merkmale in Denken, Fühlen und Handeln die zentralen Konflikte, die im Helferberuf relevant werden, zuzuordnen und kurz darzustellen.

3.2.3. Das anspruchsvolle Ich-Ideal

Hilfsbereit zu sein ist zunächst mal ein hoher Wert; ihn professionell auszuüben heißt, sein Leben dem Dienst am Nächsten zu opfern. Wie oft habe ich gehört: "Was, du arbeitest mit geistig Behinderten, das finde ich toll, vor allem, weil das doch unheimlich deprimierend sein muß, immer das Leid vor Augen zu haben. Also ich könnte das nicht, da bin ich zu egoistisch." Abgesehen davon, daß geistig Behinderte nicht ununterbrochen leiden, weil sie nicht so gut denken können wie andere, vermittelt diese Aussage Bewunderung, an dem sich ein unsicheres Selbstwertgefühl hervorragend schadlos halten kann. Die anderen fragen ja noch nicht einmal, *wie* gearbeitet wird. Den ganzen Tag anderen helfen - das *muß* einfach gut sein. Soziale Arbeit ist etwas Anständiges (Wer befaßt sich schon mit den systemunterstützenden Aspekten der Sozialarbeit, die unsereinen während des Studiums dauernd in Gewissenskonflikte gestürzt haben?), Altruismus ist immer noch bewundernswert, soziale Arbeit hat ein hohes Prestige.

Ein guter Grund also für Menschen mit hohem Ich-Ideal, diesen Beruf zu wählen. Hier hoffen sie, ihre Ideale verwirklichen zu können und gleichzeitig besondere Anerkennung einzuheimsen. Die Gefühlsunsicherheit ist ebenfalls gut untergebracht, denn der Helfer soll ja "besonnen" sein und sich nicht zu unangebrachten Affekten hinreißen lassen. Diese Rolle erfüllt dafür der Klient, der sich, wenn er unbeherrscht auftritt, automatisch in die schwächere Position katapultiert. Schwierig wird es manchmal, im Umgang mit Klienten nicht zu moralisieren. Wie will man ihnen auch Bedürfnisse und Gefühle zugestehen, die man sich selber verbietet, ja, die man oft gar nicht kennt, weil sie in früher Kindheit auf undifferenziertem Niveau eingefroren wurden? Hier vermute ich den tieferen Grund für die moralisierende und einengende Behandlungsweise der Behinderten in den Dorfgemeinschaften.

Die pauschale Bewunderung, die den sozialen Berufen häufig entgegenschlägt, schützt vor allzu viel Kritik. Für die A-dorfer Eltern der Behinderten war es eine große Überwindung, nach Jahren der bloßen Dankbarkeit für die betreuerischen Maximalleistungen der Hauseltern, kritische Fragen nach der Qualität der Betreuung zu stellen und Veränderungsvorschläge zu machen. Umgekehrt schützten sich die Hauseltern auch davor, indem sie die Elternabende mit so viel Vorträgen und Programm anfüllten, daß kaum Zeit für Diskussionen blieb. Das scheint auch an Waldorfschulen üblich zu sein (vgl. Beckmannshagen, Wagemann), Frau P. berichtete dasselbe über den Georgenhof. (A-dorf hat sich in dieser, wie auch in anderer Hinsicht eines Besseren besonnen) Sich Kritik vom Leibe zu halten, ist für eine ständig um ihren Selbstwert ringende Persönlichkeit von existenzieller Bedeutung. Denn Kritik wird nicht sachlich, auf das praktische Problem bezogen, aufgefaßt, sondern trifft ins innerste Mark. Die Allmacht wird zu Ohnmacht, der Selbstwert steht auf dem Spiel und muß daher mit verschiedenen Techniken verteidigt werden, die Schuldfrage wird aufgeworfen, die Bedrohung muß dingfest gemacht werden. Die Sache selbst leidet darunter - weder werden Ursachen für einen Fehler eruiert (mangelnde Fähigkeiten, Ressourcen, Unterstützung von anderen, schlichtes Pech), noch können die Ausgangsbedingungen fürs "nächste Mal" verbessert werden, d.h. auch die betreffende Person wird nicht selbstkritisch bestimmte Unfähigkeiten oder Unkenntnis betrachten und in diesen partiellen Bereichen ihrer Selbst Änderungen in Erwägung ziehen. Nein, sie wird höchstens beschließen, sich pauschal zu "verbessern", noch fleißiger und anständiger zu sein und sich noch mehr anzustrengen, die Ideale zu verwirklichen.

Die maximale Arbeitsbelastung, der sich die BetreuerInnen in Dorfgemeinschaften aussetzen, spricht für eine solche Kritikabwehr durch altruistischen Aktionismus. Das Gefühl der Überlegenheit, das dadurch entsteht, daß man einfach und für jeden sichtbar "gut" ist, wird durch Zähigkeit und Ausdauer erworben und läßt sich durch ebenso sichtbare Mißstände nicht irritieren. Man hat fast den Eindruck, als würde der persönliche Kampf eines jeden mit seinem Selbstwertgefühl, seinem Ich-Ideal, im Mittelpunkt des Betreuungsgeschehens

stehen und nicht eine humane und Lebensqualität vermittelnde Betreuung der Behinderten. In A-dorf jedenfalls hat man erst nach ca. 12 Jahren Zeit dafür gefunden, sich mit der Geschichte und der Behinderung der einzelnen Betreuten fachlich auseinanderzusetzen. Etwas euphemistisch heißt es im Jahresbericht 1992:
"Im heilpädagogischen Arbeitskreis mit dem erfahrenen Arzt Dr. xy standen im Lauf des Jahres viele Betreute im Vordergrund, das Nachdenken über die Entwicklung der anvertrauten Menschen wurde dadurch intensiver, der Dialog mit den Eltern verstärkt und die fachliche Kompetenz der Hauseltern erweitert. Für einige Betreute hat die intensive sozialtherapeutische Arbeit zu konkreten Veränderungen in der Wohn- und Arbeitssituation geführt..."

3.2.4. Angst vor Nähe

Der narzißtisch Gestörte vermeidet laut Schmidbauer, sich auf nahe zwischenmenschliche Beziehungen einzulassen, weil er Angst hat, durch eine eventuelle Zurückweisung seiner Gefühle wieder so tief verletzt zu werden, wie er es als Kind durch die Ablehung seiner Eltern erlebt hat. Er baut nur noch Beziehungen auf, in denen er Abhängigkeit vermeiden kann, indem er sich einen Schwächeren sucht, der seinerseits vom Helfer abhängig ist. Der Helfer kann sich dann stark und unabhängig fühlen - bis sich der Hilfsbedürftige zu verselbständigen droht. Insofern ist die Tendenz, die Behinderten wie Kinder zu behandeln und sie zu bevormunden, sehr einleuchtend. Was nahen Beziehungen ebenfalls im Wege steht, ist die Unfähigkeit, tiefe und existentielle Wünsche zu äußern und unzensiert seine Gefühle und Schwächen zu zeigen. Wer sich seiner selbst im Grunde so unsicher ist und sich seiner Schwächen so schämt, kann schlecht jemanden um sich herum ertragen, der diese Schwächen in jeder Lebenslage bewußt zur Kenntnis zu nehmen droht. Spontane Herzlichkeit erscheint riskant. Im übrigen werden auch an den Partner hohe Ideale gestellt, die diesen belasten und unter Druck setzen. Ansonsten ist der Mitmensch eher Konkurrent um die Anerkennung des Publikums; solcherlei Wettkämpfe engen die Offenherzigkeit und Nähe natürlich ein.
Wie nah die A-dorfer Hauseltern einander wirklich kamen, entzieht sich freilich meiner Kenntnis. Sichtbar waren nur die steife und zurückhaltende Art mit Umgang untereinander und mit anderen, die man Anthroposophen generell nachsagt - da waren die zwei B-dorfer Hausmütter, die ich kennenlernte, eine erfreuliche Ausnahme -, die subtilen Rivalitäten und die oftmals frostige Stimmung. Aber man hatte voreinander auch viel zu verbergen an heimlichen Frust und noch heimlicheren kleinen Lastern.

Die Gemeinschaft hat absolute Vorrangstellung vor persönlichen Beziehungen, man möchte fast meinen, sie versuche Zweierbeziehungen zu ersetzen. Sie kann durch feste Regeln, Rituale und symbolische körperliche Nähe (Händchenhalten im Morgenkreis und beim Tischgebet) eine Art Ersatzmutter oder Ersatzpartner darstellen und dabei alle ihre Schäfchen beieinanderhalten. Niemand muß persönlich und emotional besonders viel investieren oder jemanden nahe an sich heranlassen. Die soziale Verbindlichkeit ist groß genug, um sich geborgen zu fühlen, und unpersönlich genug, um kein tieferes Einlassen auf jemanden riskieren zu müssen.

Noch eine Merkwürdigkeit am Rande: Aus pädagogischen Gründen sollten körperliche Berührungen mit und unter den Behinderten in engen Grenzen gehalten werden, wie bereits beschrieben. Dafür erlaubt die anthroposophische Massagetechnik sanftes Streicheln, das zwar medizinisch begründet ist und strengen Regeln folgt, nichtsdestoweniger aber sehr wohltuend ist. Natürlich kommt nur der oder die in den Genuß einer solchen Massage, der oder der gesundheitlich irgendetwas fehlt: verordnete Zärtlichkeit. Bedürfnisse nac Körperkontakt werden also kanalisiert in "sinnvolle", weil heilende Berül rungen; Zärtlichkeit als Ausdruck von freundlichen Gefühlen gegenüber eine bestimmten Person waren ebenso suspekt wie persönliche Beziehungen.

3.2.5. Aggressionshemmung und indirekte Aggression

Der letzte wichtige Konfliktpunkt besteht in der Unfähigkeit des Helfer-Sydrom-Trägers, Aggressionen auszudrücken. Wut gehört zu den Affekten, die bereits in der Erziehung des Kindes negativ bewertet werden und daher der Schattenseite der Person zuzurechnen sind. Aber Aggression bedeutet auch Aktivität, Kreativität und Spontaneität. Sie ist ein Affekt, bei dem die Vernunft zunächst keine Rolle spielt. Besonders wenn die Aggressivität auf einem kindlichen undifferenzierten Niveau stehenbleibt, fürchtet ein Mensch mit schwankendem, unsicheren Selbstgefühl, "negative" Affekte spontan und unkontrolliert zu äußern und schluckt das widrige Gefühl lieber herunter. Aber dadurch verschwindet es nicht, sondern es besteht die Gefahr, daß der Zorn sich anstaut und bei einem möglicherweise nichtigen Anlaß fulminant herausbricht und extreme, selbst- oder fremdverletzende Züge annimmt. Charlotte Rudolph weist auf die besonders heftigen Wut- und Gewaltausbrüche der sonst sehr selbstbeherrschten Waldorflehrer hin (vgl.S.158 ff).

Das "Durchdreh-Syndrom" gab es in A-dorf auch, die Wirkung war aber nicht immer nur destruktiv, sondern hatte auch den Charakter eines reinigenden Gewitters. Es wurden dann Sonderkonferenzen mitten in der Arbeitszeit anberaumt, das Problem wurde ernstgenommen und die allgemeine Ehrlichkeit war relativ groß, auch wenn sie in die üblichen Ermahnungen mündete. Nichtsdestoweniger galt es, alles Erlebte und Besprochene schnell wieder hinter sich zu lassen, weil es als peinlich empfunden wurde, so die Beherrschung verloren zu haben - anstatt konstruktiv mit den Ausbrüchen und der zugrundeliegenden Erschöpfung und Selbstüberforderung umzugehen und Veränderungen im Alltag ins Auge zu fassen.

Viele Helfer projizieren ihre Aggressionen auf andere, d.h. sie fühlen sich durch die angebliche Aggression anderer provoziert, ihrerseits aggressiv zu reagieren, ohne Schuldgefühle haben zu müssen: *Sie* haben ja nicht angefangen mit den "unschönen Tönen" (vgl. Schmidbauer, S.72). Eine weitere Möglichkeit, die ungeliebten Gefühle doch noch loszuwerden, besteht darin, sie stückweise indirekt zu äußern. Intrigen, über Dritte herziehen, spitze Bemerkungen, Ironie, irritierende Vermengung der sachlichen mit der persönlichen Ebene sind Beispiele für Äußerungen indirekter Aggression. Sie tragen nicht gerade zu einer entspannten und vertrauensvollen Arbeitsatmosphäre bei und verunmöglichen gleichzeitg die faire und sachliche Austragung von Konflikten. Obwohl dieses Verhalten keineswegs den Idealen der Dorfphilosophie entsprach, war es in A-dorf, in Ermangelung offenherziger Umgangsweisen und Auseinandersetzungsformen, gang und gäbe. "Es dauert viele Jahre, bis man annäherungsweise eine Vorstellung bekommt von dem Netz aus Schikanen und Intrigen, aus Tricks und Machenschaften, aus Mißgunst und Verdächtigungen, in dem jeder Kollege mehr oder weniger 'gefangen' sitzt." schreibt Beckmannshagen über die Kollegien an Waldorfschulen (S.47).

Die Harmonie ist nur schöner Schein; geradezu makaber mutete in A-dorf der fromme Spruch idealer Gemeinsamkeit an, der vor den Konferenzen aufgesagt wurde.

Häufig wird das Aggressionspotential gegen die eigene Person gerichtet: durch Selbstüberforderung, (psychosomatische) Krankheiten und übermäßige Arbeit. Letztere wurde in A-dorf von manchen mit geradezu wütender Verbissenheit getan ("Ja, es ist 23 Uhr, ja, ich habe Fieber und bin total erkältet, aber ich kann die Pflaumen hier nicht unverarbeitet 'rumliegen lassen - und sonst macht's ja auch keiner.") Hier werden indirekte und gegen sich selbst gerichtete Aggressionen vermischt: Die anderen sollen ein schlechtes Gewissen bekommen, weil jetzt schon jemand gezwungen ist, seine Gesundheit für die Gemeinschaft zu opfern. Außerdem liegt diesem Verhalten das Eigeninteresse zugrunde, moralische Integrität zu demonstrieren, denn sonst wären solche Situationen durch klare Arbeitsabsprachen bzw. eine entlastende Arbeitsorganisation vermeidbar gewesen. Im weitesten Sinne sind die selbst auferlegten Zwänge, z.B. mit so wenig Personal auszukommen, auch ein Akt von Autoaggression oder von Selbstbestrafung.

Die "bösen" Impulse werden mit Fleiß und guten Taten zugedeckt, was bis zur Selbstschädigung gehen kann. Die andere Möglichkeit ist, die "bösen" Impulse bei anderen zu "entdecken" und dort aggressiv gegen sie vorzugehen. Beckmannshagen meint dieses "Sündenbockphänomen" in besonders ausgeprägter Weise bei Anthroposophen und anderen weltanschaulichen Gruppen zu beobachten (vgl. S.109 ff). Ab und zu müßten die bösen, verdrängten Eigenschaften der um die eigene Moral Bemühten auf einen unter ihnen (der sich vielleicht in irgendeiner Hinsicht weniger strenge Ziele verordnet hat) projiziert werden, der dann nach einer Zeit der Kritik und Verachtung verstoßen wird. Die Eliminierung des angeblichen Störenfrieds hat eine reinigende Wirkung, die Ideale und guten Gedanken sind wieder unter sich, bis der Prozeß wieder von vorne anfängt; denn die "bösen" Impulse der einzelnen werden ja nicht verarbeitet bzw. in die Gesamtpersönlichkeit intergriert, sondern nur zeitweilig "verjagt", und es liegt in der Natur des Unbewußten, sich immer wieder bemerkbar zu machen.

"Jeder Waldorfkenner kann unglaubliche Geschichten erzählen über sinnlose, unbegründete, ungerechte und vor allem plötzliche Entlassungen von Mitarbeitern, die jahrelang zufriedenstellend gearbeitet hatten. Beschuldigungen (...), die einem neutralen Beobachter völlig unverständlich erscheinen, solange er nicht die unklare psychische Verfassung der Führungsgruppe in Rechnung stellt. Deren Verdrängungspsyche und Scheinheiligkeit verlangt aus innerem Zwang immer aufs Neue nach Opfern." (Beckmannshagen, S.110)

Die beschriebenen Vorgänge an Waldorfschulen stimmen mit meinen Erfahrungen in A-dorf überein. Bei den Attacken, die gegen die jungen MitarbeiterInnen gefahren wurden, kam außerdem noch der Einfluß sogenannter narzißtischer Wut zum Tragen. Denn die Hauseltern, die ja die konzeptionelle und weltanschauliche Prägung des Dorfes tragen, verantworten und gestalten, sitzen tiefer in der Falle als ihre jugendlichen KollegInnen. Ihr uneingestandener Kampf um Anerkennung und moralische Überlegenheit trägt letztendlich wenig Früchte. Um hohe Arbeitsleistung bemühen sich alle Beteiligten mit vergleichbarem Erfolg, so daß ein "Sieger" aus dem Wettkampf gar nicht hervorgeht. Außerdem wird das verbissene Engagement zur Selbstverständlichkeit und fällt mit der Zeit gar nicht als besonders hervorzuhebende Leistung auf. Die Tugend hat keinen Lohn, aber sie sollte sich doch lohnen, denn sonst bleibt nur die Härte und die Verhärmtheit übrig, im anthroposophischen Fall vielleicht noch die Hoffnung auf nachtodliche Honorierung der Tugend in Form eines geistig-moralisch besonders wertvollen Karmas. Die Wut, nicht das an Anerkennung und Genugtuung zu kriegen, was einem angesichts der ganzen

Plackerei zustehen müßte, schlug gegenüber den jungen MitarbeiterInnen in Neid und Verachtung um. Denn diese hatten sich trotz allem noch mehr Lebenslust bewahrt als die sittenstrengen Anthroposophen: Sie feierten abends verhältnismäßig unbeschwert, genehmigten sich Zigaretten, berauschten sich am Weine und an Verliebtheiten und machten sich über die Anthroposophen lustig - aber vor allem hatten sie eine relativ frei gestaltbare Zukunft vor sich, außerhalb der düster-ernsten, problembeladenen Lebensgemeinschaft, der die Hauseltern sich existentiell ausgeliefert hatten und in der sie den Sinn ihres Lebens suchten. Die jungen MitarbeiterInnen verkörperten innerhalb des Dorfes Freiheit und Unabhängigkeit, um die die Hauseltern sie insgeheim beneideten. Sie rächten sich durch hohe Arbeitsanforderungen und Verachtung, indem sie sie als verantwortungsloses, egoistisches Gesindel ansahen - weil diese im Begriff waren, Lust, Affekten und Bedürfnissen nachzugehen, die sich die Hauseltern versagten.

Aber untereinander verfuhren die Hauseltern genauso. Wenn sich die Mehrheit gegen ein Paar richtete und ihm allmählich zu verstehen gab, daß sein Verhalten kontraproduktiv ist, hatte es kaum eine Chance, sich zu rehabilitieren. Dahinter steckt der Wunsch, die alte, "ideale" Ordnung wiederherzustellen, indem die Machtverhältnisse ausgeglichen werden, echten Auseinandersetzungen über die Lebensführung, die vielleicht wirklich von Familie zu Familie variiert, aus dem Weg zu gehen und die Hoffnung, daß ganz von alleine alles besser und einfacher wird, "wenn *die* erstmal weg sind". Die versteckte Wut, die unausgesprochene Rivalität und das Taktieren in den Konferenzen ist auch auf die Angst zurückzuführen, durch nicht-konforme Verhaltensweisen und Ansichten unangenehm aufzufallen und damit den nächsten Sündenbock abzugeben. Ich denke, daß der Anpassungsdruck, unter dem meine Hausmutter damals stand, genau mit dieser Angst zu tun hatte. Sie selber interpretierte den Ursprung dieses Drucks natürlich anders: Das sei nur auf den Geschäftsführer zurückzuführen, aber der sei ja jetzt zum Glück weg etc.

Angesichts dieses Konfliktpotentials und der verklemmten Umgangsweise damit verwundert es nicht, daß versucht wird, die Gemeinschaft mit formaler Harmonie zusammenzuhalten. Besonders die Rituale haben die Funktion, zu kitten und zu versöhnen, wo keine Auseinandersetzung und keine echte Versöhnung stattgefunden haben.

4. Resümee

Ich habe mit diesem Buch versucht zu zeigen, was passieren kann, wenn solchermaßen mit Religion, Moral, pädagogischer und weltanschaulicher Überzeugung und Wir-Gefühl gerüstete Leute Sozialarbeit betreiben. Dafür habe ich eine Menge einzelner Aspekte aufgerollt, die sich zu einem ziemlich komplizierten System zusammensetzen lassen, in dem fast jeder Aspekt mit jedem anderen von der Ursache oder der Wirkung her in Zusammenhang steht. Die zentralen Verknüpfungen möchte ich an dieser Stelle noch eimal kurz zusammenfassen, bevor ich auf die Einbettung der Behindertenbetreuung in der Gesellschaft eingehe:

1. Die individuellen Probleme, die zur Wahl eines helfenden Berufs führen und die beschriebenen Dysfunktionen in der Mitarbeiterschaft und in der Wirksamkeit der pädagogischen Aufgabe nach sich ziehen können, entfalten sich in den Dorfgemeinschaften besonders verheerend, weil die zugrundeliegende narzißtische Störung, also die Persönlichkeitsspaltung, tief im anthroposophischen Menschenbild verankert ist.

2. Der Wunsch zur Entwicklung der persönlichen Vollkommenheit spaltet Emotionen, Trieb- und Körperwünsche auf besonders unbarmherzige Weise vom Ich-Ideal ab. Daraus folgt die moralische Erziehung der Behinderten, aber auch die Selbstausbeutung in einem strengen Regelsystem, das das Kollektiv am Durchbruch der abgewehrten und als gefährlich eingeschätzten Triebe hindern soll. Das Regelwerk, d.h. die Strukturen, ist nicht von einer staatlichen Instanz vorgegeben, sondern von der Dorfgemeinschaft selbst geschaffen. Der Umgang mit den Strukturen trägt zwangsneurotische Züge: Die eigentlich schlechte Meinung über sich selber, nämlich böse, triebhaft, genußsüchtig, faul und zu jeder Ausschreitung fähig zu sein (vgl. Adler, S.99), führt zu einer ständigen Selbstkontrolle, zu besonderer Ordentlichkeit, zur Aufstellung strenger und unveränderlicher Prinzipien und zur formalen Übererfüllung anstelle inhaltlicher Reflexion. Typischerweise lassen sich Träger dieser zwangsneurotischen Ausprägung der Persönlichkeitsspaltung ihr Ordnungssystem von höherer Stelle wissenschaftlich oder religiös absichern, damit subjektive Zweifel "objektiv" zerstreut werden können. Aus dieser Starrheit erwächst die für Anthroposophen typische Intoleranz und Aggressivität gegen Kritik und die Unflexibilität im Umgang mit den Bedürfnissen der Behinderten; es trägt aber auch zur Unzufriedenheit in den eigenen Reihen bei. Übrigens liegt die Vermutung nahe, daß diese zwanghaften Momente in deutschen Dorfgemeinschaften besonders ausgeprägt sind.

3. Man kann also von einer generellen Ich-Schwäche im anthroposophischen Charakter sprechen, die von der enormen Arbeitsleistung (Leidensverachtung)

zunächst verdeckt wird. Die Ich-Schwäche zeigt sich in der Neigung, sich das eigene unsichere Denken und Fühlen mit einer fremden, gesellschaftlich anerkannten Werten aber sehr verwandten Weltanschauung abzusichern. Das stärkt das Ich zwar in der Lebenspraxis, wo Handeln, Denken und Fühlen vermeintlichen Sinn und Halt bekommen und den einzelnen vor Reflexion über sich und sein Tun bewahren und wo ihm überdies gesellschaftliche Sympathie entgegengebracht wird (gerade durch das soziale Engagement). Die Sicherheit kann zur Kompensation der unterdrückten Gefühle beitragen. Andererseits macht sich die fremdbestimmte Identität in ihrer Mangelhaftigkeit aber auch punktuell schmerzlich bemerkbar, da sie nicht den vitalen Möglichkeiten einer integrierten, selbständig ausgereiften Persönlichkeit gerecht wird. Das zeigt sich besonders in extremen Überforderungs- und Konfliktsituationen.

4. Wo die Anthroposophie nicht mit gesellschaftlich anerkannten Anschauungen konform geht, greift das Wir-Gefühl der Gleichgesinnten. Die Überzeugung, auf dem einzig richtigen Dampfer zu sitzen, wird mit soviel Selbstbewußtsein und Vehemenz vertreten, daß sie sogar erklärte Nicht-Antroposophen (z.B. junge MitarbeiterInnen und Eltern) einzuschüchtern und zu verwirren vermag.

5. Die Intoleranz und die Unfähigkeit, sich kritisieren zu lassen, verunmöglicht demokratische Strukturen in der Zusammenarbeit mit Nicht-Anthroposophen, die zumindest in A-dorf vorgetäuscht wurde. Untereinander wird die Kommunikation durch Konfliktunfähigkeit, Konkurrenz um Anerkennung und höchste Tugendhaftigkeit und die Angst vor Nähe und offenem Austausch erschwert. Zwischen Ideal (siehe Steiners "Soziale Dreigliederung" und Eisenmeier) und Wirklichkeit klafft ein Unterschied, der nicht durch ein "Mehr" an Anstrengung ausgeglichen werden kann. Vielmehr liegt für derart offene und gleichberechtigende Entscheidungsgremien nicht die richtige psychische Disposition vor.

6. Das extreme Ich-Ideal, die starke Gruppenbindung durch die gemeinsame Überzeugung und die Motivation durch einen gleichsam religiösen Auftrag (Errettung der Behinderten-Karmas) einerseits und die Möglichkeit, das Leben zu einem anthroposophischen Gesamtkunstwerk (Arbeit, Kultur, Religion) zu machen andererseits, führen zur Konzeption der Behindertenbetreuung in Dorfgemeinschaften. Die MitarbeiterInnen machen sich durch die räumliche und zeitliche Verschmelzung ihres Lebens mit dem ihrer Klientel zu sogenannten "Opfern des Berufs" (Schmidbauer a, S.44). Heutzutage gibt es den institutionalisierten "totalen" Sozialberuf nur noch in Krankenpflegeorden und - andeutungsweise - bei Pfarrern. "Tatsächlich hat die Forderung nach völliger Hingabe an den Beruf einen religiösen Charakter. Sie widerspricht der bürgerlichen Forderung nach allseitiger 'Bildung' der Person und nach einer

Trennung zwischen Beruf und Privatleben, öffentlicher und intimer Sphäre." (Schmidbauer a, S.45) Der totale Betreuungsberuf im Dorf entspringt zum einen dem Protest gegen diese bürgerliche Spaltung; so zumindest stellt Christie ihn dar, der eine Privatsphäre im Dorf für überflüssig hält, denn niemand habe etwas zu verbergen, weil alle so offen und streßfrei miteinander umgehen und man sich kapitalistischen Leistungsnormen verweigert (vgl. S.39 - unnötig anzumerken, daß ich das für eine Lüge halte, ob sie nun bewußt oder unbewußt formuliert worden ist). Zum anderen verlangt das Ich-Ideal nach totalem Engagement; nur so kann es einigermaßen sicher sein, seinen Ansprüchen gerecht zu werden - daß das häufig trotzdem nicht der Fall ist, habe ich bereits beschrieben. Außerdem kann der totale Berufstätige mit Anerkennung und Respekt rechnen, die er einerseits für sein unsicheres Selbstwertgefühl dringend braucht, die ihm andererseits aber auch relativ freie Hand hinsichtlich der Qualität seines beruflichen Wirkens läßt, denn die Hemmschwelle der Außenstehenden ist groß, ihm "hereinzureden". Die totale Berufstätigkeit ist sehr anstrengend und verleitet daher zu pädagogischem Aktionismus und zu "verzeihlichen" Fehlern im Umgang mit Personal und Behinderten.

Aber die Verschmelzung hat auch noch eine andere Funktion: Sie gibt Sicherheit über die eigene Lebensgestaltung. Keine Zweifel mehr, ob man das Falsche tut, keine Bedürfnisse, über deren Legitimität man sich Gedanken machen müßte, keine Trödelei, die den Tugendhaften hinterher ärgert, der Sinn des Tuns ist garantiert. Aber zu welchem Preis! Die Handlungsautonomie, die privaten Interessen, das ruhige Nachdenken, alles, was einem irgend Spaß machen könnte außer der Anthroposophie und den Behinderten, die ganze private Identität wird ausgelöscht. So sieht "Ertötung aller Selbstheit" in der Praxis aus! -

Aber, so könnte man einwenden, wenn nun das Dorfleben den Bedürfnissen und Interessen des Mitarbeiters ganz und gar entspricht und es sie alle abzudecken vermag? Ich habe noch nie einen solchen Mitarbeiter zu Gesicht bekommen, allerdings mehrere, die versuchten, sich so ans Dorf anzupassen, daß sie nichts mehr vermißten. Ich denke, ein Mensch ist komplexer als jedes System, und Menschen sind verschieden, auch wenn das anthroposophische Ideal-Menschenbild sie noch so sehr über einen Kamm scheren möchte. Solange jemand in der Dorfgemeinschaft "totale" Betreuungsarbeit leistet und meint, sich alle anderen Interessen und Bedürfnisse abgewöhnen zu können, wird er sich auf die Dauer unvollständig, überlastet und unausgeglichen fühlen, und wenn das Dorfleben noch so rhythmisch organisiert ist, er geistig Behinderte wirklich liebt und ein Fan von Anthroposophie ist.

"Freilich wird man hier erst ein Problem finden, wenn man sich im Sinne der Individualpsychologie auf den Standpunkt stellt:" - holt Alfred Adler aus, und ich möchte mich seinem Protest gegen neurotische Überlegenheitswünsche und einsame Gottähnlichkeitsgedanken anschließen und den Anthroposophen frohen Mutes zurufen - :

"Es gibt keine Gegengründe gegen die Gemeinschaft, gegen die Arbeit und gegen die Liebe! Wir präsentieren unerbittlich die Forderung, den anderen das Leben zu erleichtern und zu verschönern!" (S.112)

Die Dorfgemeinschaften als Institutionen der Behindertenhilfe

Die ersten Dorfgemeinschaften entstanden in einer Zeit, als die meisten geistig Behinderten entweder in ihren Familien versteckt oder in große Anstalten abgeschoben wurden. Das Ansehen der Behinderten war so schlecht, daß man die wenigen, die der Tötungspraxis der Nazis entronnen waren, und die nach 1945 geborenen geistig Behinderten dem Gesichtsfeld der Öffentlichkeit weitgehend entzog. Von Integration und Normalisierung war lange keine Rede; zu sehr standen der Wiederaufbau und mit ihm immer mehr der Leistungsgedanke und der soziale Wert des Tüchtigen und Gesunden im Vordergrund. Insofern nehmen die Dorfgemeinschaften innerhalb des Anstaltswesens eine Sonderstellung ein, weil sie geistig Behinderte als Lebensgefährten in eine kleine, relativ überschaubare Welt integrieren und ihnen Wohn- und Arbeitsmöglichkeiten bieten, die mit Nichtbehinderten geteilt werden, die sich damit scheinbar auf die gleiche Stufe stellen wie die zu Betreuenden.

Trotzdem stellen sie vollstationäre Sondereinrichtungen dar, die mit den herkömmlichen Anstalten eine wichtige Gemeinsamkeit haben: Sie entziehen der Gesellschaft einen Teil ihrer Mitglieder und siedeln sie in einem von der Außenwelt abgeschlossenen Raum an. In diesem Raum werden die Lebensbedingungen weitgehend auf den Durchschnitt der bei den Insassen vorhandenen Defizite angepaßt, wohingegen die Außenwelt ihre Lebensbedingungen auf einem Niveau der Gesunden, Nichtbehinderten, "Normalen" einrichten kann, so daß die Lebenswelten der beiden Gruppen immer mehr aueinanderklaffen.

Das wäre nicht so problematisch, wenn nicht die Macht über Lebensbedingungen und gesellschaftliche Prozesse ausschließlich in der Gruppe der Starken und Gesunden läge.

Die Integrationsbewegung entspringt vor allem dem Wunsch der Behinderten, ihr Leben in die Hand zu nehmen und selbst über Wohnen, Arbeit, Interessen, soziale Kontakte und die Art der Hilfe zu entscheiden, und das ist nur in der relativen Freiheit der großen Gesellschaft möglich, nicht in der kleinen totalen Welt des Heims.

Der folgende Teil orientiert sich an Erving Goffmans Untersuchungen über totale Institutionen, die vor allem zeigen, daß der Erhalt eines integren, selbstbstimmten Ichs in einer vollstationären Anstalt oder Heim nicht möglich ist.

1. Anthroposophische Dorfgemeinschaften als totale Institutionen

Goffmans soziologische Untersuchung geschlossener Anstalten für Außenseiter der Gesellschaft, "Asyle", hat seit seinem Erscheinen 1961 heftige Diskussionen ausgelöst über den Umgang unserer Gesellschaft mit Häftlingen, psychisch Kranken, Behinderten und anderen, die in solchen Anstalten untergebracht sind. Dabei ist das Phänomen "totale Institution" durchaus heterogen. Keine dieser Anstalten gleicht der anderen, und trotzdem gilt für sie alle, daß die sozialen Strukturen, in denen sich die BewohnerInnen bewegen, jene mehr prägen als der Grund, aus dem sie in die Institution geraten sind.

Totale Institutionen sind zwar räumlich abgeschottet von der sie umgebenden Gesellschaft, stehen aber in enger Beziehung zu ihr. Das zeigt sich zum einen in der Bereitschaft der Insassen, sich der Autorität der Institution unterzuordnen, die ohne eine spezifische Sozialisation, z.B. durch die Schule und die Familienerziehung, kaum in dieser Form geleistet würde. Zum anderen haben die meisten totalen Institutionen das Ziel, ihre Insassen in konzentrierter Form für das Leben unter normalen gesellschaftlichen Bedingungen funktionstüchtig zu machen und stehen somit in enger Wechselwirkung mit der Außenwelt, deren Werte und Normen sie zu vertreten haben. Es gibt freilich auch Institutionen, die der Außenwelt feindlich gegenüberstehen, aber auch sie speisen sie sich personell und kulturell aus den Beständen der Außenwelt und müssen sich daher mit ihr auseinandersetzen. Außerdem sind auch diese Institutionen häufig auf außerinstitutionelle finanzielle Unterstützung angewiesen oder zumindest auf wirtschaftliche Kooperation, so daß sie gut daran tun, es sich nicht völlig mit der Restgesellschaft zu verscherzen. Im übrigen orientiert sich ihre Andersartigkeit natürlich immer am momentanen Zustand der Gesellschaft.

Goffman differenziert zwischen sehr verschiedenen Anstaltstypen. Im Mittelpunkt seiner detaillierten Analysen stehen geschlossene psychiatrische Anstalten und Gefängnisse. Die Schilderungen von Mißhandlungen, bewußten Demütigungen, systematischen Herabsetzungen und offenem Terror, der daraus resultierende Selbst-Verlust, die Demoralisierung und des Persönlichkeitszerfalls sind schockierend und dem Leser/der Leserin von "Asyle" vielleicht am deutlichsten in Erinnerung geblieben. Ich möchte daher vorweg betonen, daß ich keineswegs pauschal derlei Maßnahmen miteinschließe, wenn ich die Dorfgemeinschaften im Sinne Goffmans als totale Institutionen bezeichne. Denn die brutalen Behandlungsmethoden sind nur ein Faktor von vielen, die die totale Institution kennzeichnen. Schon die Idee der totalen Institution selbst, die Definition ihrer Insassen, ihre Ziele, Strukturen, die Anbindungsmethoden ihren Mitgliedern gegenüber und ihr Menschenbild sind Elemente, die die Integrität des Insassen ständig bedrohen. Und um den Insassen zu einem bestimmten

Verhalten zu veranlassen, sind subtile Mittel oft viel geeigneter als offener Terror und Zwangsmaßnahmen.

Übrigens hat auch der anthroposophenfreundliche Soziologe Christie Parallelen zwischen totalen Institutionen und Dorfgemeinschaften gefunden: "Das Leben im Dorf ist allumfassend. Es ist eine Ganzheit, ein Leben in Gemeinschaft, totaler als jede totalitäre Institution, wie Goffman paradoxerweise 1961 festgestellt hat." (S.123) Allerdings geht er dieser These nicht erschöpfend auf den Grund, sonst wären seine Betrachtungen über die Dörfer kaum so euphorisch ausgefallen.

2. Allgemeine Merkmale totaler Institutionen

Es gibt vielerlei Arten gesellschaftlicher Institutionen; hier ist nicht der Ort, um sie alle aufzuzählen und ihre Absichten, Funktionen, Gemeinsamkeiten und Unterschiede zu erläutern.

Zunächst einmal interessiert die instrumentell-formale Organisation als "ein System absichtsvoll koordinierter Aktivitäten, welches geschaffen wurde, um allgemeine, klar umrissene Ziele zu erreichen. Das bezweckte Produkt kann aus materiellen Erzeugnissen, Dienstleistungen, Entscheidungen oder Informationen bestehen, und die Beteiligten können auf die unterschiedlichste Art und Weise daran Anteil haben." (Goffman, S.173)

Diese Definition trifft auch auf totale Institutionen zu. Das Besondere an ihnen besteht darin, daß zumindest für einen Teil der an ihr Beteiligten alle Lebensbereiche innerhalb eines (mit oder ohne Mauern) begrenzten Raumes zusammenfallen, die in der heutigen Industriegesellschaft gewöhnlich an verschiedenen Plätzen stattfinden: Arbeit, Bildung und Freizeit absolviert der moderne Mensch nicht nur außer Haus, sondern an vielen verschiedenen Orten, unabhängig von seinen primären Bezugspersonen (so er welche hat) und unter verschiedenen Autoritäten, die von Institutionen und Organisationen ausgehen. Es ist dies das wesentliche Charakteristikum des individualistischen Zeitalters; einerseits drohen hier die Vereinzelung und Spaltung primärer Gruppen wie z.B. der Familie, die in der Regel längst keine Produktionseinheit mehr bildet; andererseits bietet diese Lebensweise gewisse Freiräume, die für die Zwänge der Organisationen entschädigen mögen. In der totalen Organisation hingegen finden alle Lebensvorrichtungen an einem Ort und unter einer Autorität statt und in der Gesellschaft immer der gleichen Menschen (vgl. Goffman S.17). Der Tagesablauf ist exakt und von oben geplant, die BewohnerInnen arbeiten in den gleichen Zeiträumen und zumindest offiziell unter den gleichen Bedingungen. Im allgemeinen ist die totale Institution hierarchisch strukturiert. Das ergibt sich aus der Notwendigkeit, dem Konzept bzw. dem Ziel der Einrichtung zu folgen, die Leistungsfähigkeit der Einrichtung zu gewährleisten und den Tagesablauf und die Regeln des Zusammenlebens festzulegen. Es sind hunderte von Entscheidungen zu treffen, und dieses Problem wird üblicherweise durch ein härteres oder weicheres hierarchisches Organigramm in Angriff genommen. Das ist auch in Dorfgemeinschaften der Fall, wie ich bereits dargestellt habe, wenngleich die Hierarchie dort eher verschleiert wird und ungeregelt in Erscheinung tritt. Entscheidend ist sowieso weniger die Art der Hierarchie als die Tatsache, daß in einer totalen Institution Macht ausgeübt wird, um die Ziele der Einrichtung zu verwirklichen. Diese Macht geht von einer einzigen Autorität aus, droht sich daher unkontolliert und selbstherrlich zu verselbständigen, und wirkt direkter, weil allumfassend, auf die Machtlosen in der Institution als es die verschiedenen Machtinstanzen auf die Mitglieder in der relativ freien Gesellschaft tun.

Goffman unterscheidet fünf Typen von totalen Institutionen (vgl. S.16):

1. Anstalten für unselbständige, aber harmlose Insassen (Behinderte, Waisen, alte Menschen);
2. Anstalten für Unselbständige, die eine gewisse Bedrohung für die Gesellschaft darstellen (psychisch Kranke, Tbc-Kranke etc.);
3. Straf- und Schutzanstalten (Gefängnis, Kriegsgefangenenlager, Konzentrationslager);
4. Anstalten zur konzentrierten Durchführung bestimmter Arbeiten oder Ausbildungen (Kaserne, Schiff, Internat etc.);
5. Anstalten als Zufluchtsorte (Kloster, Abtei, andere religiöse Lebens- und Arbeitsgemeinschaften wie Amish people, Hutterer etc.).

Sozial-therapeutische Dorfgemeinschaften stellen eine Mischung aus Typ 1 und Typ 5 dar. Es ist offensichtlich, daß sich die verschiedenen Typen im Hinblick auf das Anstaltsziel, das Verhältnis zwischen Insassen und Personal, die Freiwilligkeit des Aufenthalts und die angewandten Methoden zur Disziplinierung der Insassen stark voneinander unterscheiden. Allen gemeinsam ist, daß das Ich eines Menschen durch die Enge und Totalität der sozialen Strukturen sehr leicht beschädigt und gebrochen werden kann. "Jede dieser Anstalten ist ein natürliches Experiment, welches beweist, was mit dem Ich eines Menschen angestellt werden kann." (Goffman, S.23)

3. Zur Freiwilligkeit des Aufenthalts

Daß Menschen in aller Regel nicht freiwillig in Gefängnissen sitzen, versteht sich eigentlich von selbst, sieht man einmal von notorischen Kriminellen ab, die während ihrer kurzen Aufenthalte in der "Freiheit" keine Chancen für sich sehen und daher das geregelte und relativ gesicherte Leben in der Anstalt der Obdachlosigkeit und der Verwahrlosung vorziehen.

In der Psychiatrie gibt es beides: Manche Patienten werden gegen ihren Willen eingeliefert, manche kommen freiwillig, in der Hoffnung, daß sie in absehbarer Zeit die Anstalt geheilt wieder verlassen können; manche kommen halbfreiwillig, weil sie vom Arbeitgeber oder von Verwandten genötigt werden (Goffman, S.131 ff).

In Internaten, Kasernen dominiert die Halbfreiwilligkeit: Man verspricht sich gewisse Vorteile für sich und die Zukunft und nimmt daher Unfreiheiten und autoritäre Regelwerke in Kauf.

Behinderte, Waisen und Kranke werden in der Regel nicht lange gefragt, ob sie an dem ihnen zugedachten Ort bleiben wollen. Die Auswahl des Pflegeplatzes hängt dann stark vom Engagement und der Fürsorge der für sie zuständigen Eltern, Pfleger und SozialarbeiterInnen ab. Im günstigsten Fall haben sie die Wahl zwischen der einen oder anderen Institution, aber ein "normales" bürgerliches Leben außerhalb der Anstalt kommt für sie nur insoweit in Frage, als die Gesellschaft ambulante Betreuungsplätze anbietet.

Ins Kloster geht man heutzutage freiwillig.

In der Dorfgemeinschaft sieht es etwa folgendermaßen aus: Die Hauseltern leben freiwillig dort, sofern man den Wink des Karmas, dem sich etliche verpflichtet fühlen, mit der Vorstellung von Freiwilligkeit in Einklang bringen kann. Die jungen MitarbeiterInnen kommen ganz aus freien Stücken, wenn auch häufig aus anderen Gründen als die Hauseltern. Da ihr Aufenthalt zeitlich begrenzt ist, fassen sie das Zusammenleben und die Arbeit als harte, aber interessante Lehrzeit auf, von der sie auch in ihrer beruflichen Zukunft zu profitieren hoffen. Die Freiwilligkeit leidet auf die Dauer oft darunter, daß sie mit falschen Vorstellungen über die Dorfgemeinschaft und sich selbst im Dorf erscheinen, in einen Strudel von Zweifeln, Kritik und beginnendem Selbstverlust eintauchen und sich darin "gefangen" fühlen. "Jemand kann freiwillig den Eintritt in eine totale Institution wählen, und hinterher, zum eigenen Bedauern, die Fähigkeit verlieren, so wichtige Entscheidungen zu treffen." (Goffman, S.53)

Die behinderten DorfbewohnerInnen decken die ganze Bandbreite der Freiwilligkeit ab; auch für sie gilt, was ich oben beschrieben habe. Wer auf Dauer der Dorfgemeinschaft nur mit Widerwillen begegnet, bleibt meistens nicht dort, und es wird nach anderen Möglichkeiten der Unterbringung gesucht.

Freiwilligkeit bezieht sich natürlich nicht nur aufs Kommen, sondern auch aufs Gehen. Viele totale Institutionen kann man im Prinzip jederzeit verlassen - aber man braucht eine Perspektive für "draußen". Das ist nicht nur ein soziales Problem - also die Frage nach dem Wiedereinstieg in einen Beruf, die Wohnungssuche, Eingliederung in ein soziales Netz von Bezugspersonen - sondern auch ein psychisches. Wer lange in einer solchen Einrichtung war, kennt das Gefühl, wie die ganze Welt allmählich zusammenschrumpft auf die wenigen Häuser, die kleinen Grünanlagen, die Gemeinschaft und die freundschaftlichen Beziehungen, den vorgebenen und fest strukturierten Arbeitsalltag und die Begrenztheit des eigenen Denkens und der Eigenverantwortung. Der Leidensdruck muß schon groß sein, wenn man bereit ist, sich wieder auf die relative Weite der Außenwelt einzustellen und die komplette Verantwortung für sich selbst in die Hand zu nehmen, was man in der Anstalt leicht verlernt. Außerdem wird demjenigen, der die Einrichtung freiwillig und vorzeitig verläßt, das Gefühl des Scheiterns und der persönlichen Wertlosigkeit suggeriert, was den Start in der Außenwelt zusätzlich erschwert.

Wenn eine Anstalt also nicht in erster Linie auf das Festhalten ihrer Insassen spezialisiert ist - wie das Gefängnis -, braucht sie keine Mauern und Zäune - vorausgesetzt, es gelingt ihr, die Insassen sozial, psychisch und moralisch an sich zu binden.

4. Verhältnis Insassen - Personal

In den meisten totalen Institutionen bilden die Insassen auf der einen und das Personal auf der anderen Seite zwei strikt voneinander getrennte Gruppen, die diametral entgegengesetzte Aufgaben und Rollen erfüllen, und zwischen denen die soziale Mobilität gegen Null geht. Das Personal absolviert einen Achtstundentag und nimmt im übrigen am sozialen Leben der Außenwelt teil. Eine Ausnahme bilden viele militärische Institutionen, politische Schulungslager, Klöster und andere sektierische und religiöse Lebensgemeinschaften, in denen das Personal, sofern man von einem solchen sprechen kann, der gemeinschaftlichen, allumfassenden Lebensweise in ähnlicher Weise ausgesetzt ist wie die Insassen: "In manchen Nonnenklöstern gibt es also keine Trennung zwischen Stab und Insassen; wir finden dort offenbar eine eher kollegiale Gruppe, die im Sinne einer fein abgestuften Rangleiter geschichtet ist." (Goffman, S.117)

In Dorfgemeinschaften läßt sich die Gruppe der Insassen nicht dadurch von der des Personals unterscheiden, daß letztere einen guten Teil des Tages außerhalb des Dorfes verbringen. Es verhält sich tendenziell sogar umgekehrt: Die Behinderten haben ca. drei Monate Ferien im Jahr, die sie bei ihren Eltern,

Verwandten und FreundInnen verbringen; außerdem stehen viele in engem telefonischen und brieflichen Kontakt zu Bezugspersonen außerhalb der Einrichtung. Es sind eher die Hauseltern, die auf den Kontakt zur Außenwelt verzichten, da ihnen weniger Urlaub zusteht und sie mit Nicht-Anthroposophen ohnehin nicht viel zu tun haben. Durch diese Impermeabilität gegenüber der Gesellschaft verschließt sich die Dorfgemeinschaft vor Lebensgewohnheiten und kulturellen Trends, wie sie sich in der Gesellschaft entwickeln.

Aber daß die BetreuerInnen sich an der Totalität des Alltags beteiligen, heißt noch lange nicht, daß alle DorfbewohnerInnen statusgleich sind. Christie rühmt die Dorfgemeinschaften als Orte, in denen es für Behörden und BesucherInnen zunehmend schwierig wird, Behinderte und Nichtbehinderte in Kategorien einzuteilen (vgl. S.28 ff). Besucher und Neulinge werden gerne im Unklaren darüber gelassen, wer betreut wird und wer selber betreut, aber diese Verwirrung führt eher zu kuriosen bis ausgesprochen peinlichen Situationen, als daß sie tatsächlich über den Stand der Gleichheit in Status und Funktion Auskunft gibt. Denn offensichtlich haben auch die Dorfgemeinschaften diese fein abgestuften Rangleitern innerhalb der Einwohnerschaft, und genauso deutlich treten die Macht- und Entscheidungsbefugten gegenüber den Insassen auf. Die jungen MitarbeiterInnen haben eine Zwischenstellung inne: An sich gehören sie zum Personal, aber Einfluß auf die Gestaltung des Zusammenlebens können sie kaum ausüben, und häufig werden sie von den Hauseltern selbst wie erziehungsbedürftige Insassen behandelt.

5. Anstaltsziele

Jede instrumentell-formale Organisation ist aus bestimmten Absichten heraus entstanden. Diese Absichten oder Ziele können sehr unterschiedlicher Natur sein, und auch ihre Bedeutung innerhalb der Organisation variiert. Dazu zunächst ein paar grundsätzliche Bemerkungen:

1. Viele Ziele werden im Lauf der Zeit veränderten kulturellen und sozialen Bedürfnissen angepaßt.
2. Es gibt offizielle und inoffizielle Ziele, wobei letztere häufig ebenso wichtig für die Mitglieder der Organisation werden können wie die eigentlichen. Z.B. stellt die Universität für StudentInnen nicht nur einen Ort des Lernens und der Ausbildung dar, sondern sie bietet ihnen auch Gelegenheit für soziale Kontakte und politisches Engagement.
3. Manche Organisationen haben mehrere offizielle Ziele, die gegensätzlicher Natur sind und miteinander in Konflikt geraten können.

4. Konkrete Ziele - Goffman nennt als Beispiel die keimfreie Wundbehandlung in Arztpraxen (S.174) ordnen die Aktivitäten der Organisation bis ins Detail, wohingegen andere Ziele in ihrer Verwirklichung großen Spielraum lassen, wie es z.B. in der Jugendarbeit der Fall ist.
5. In vielen Organisationen gerät das offizielle Ziel kurzfristig oder auf Dauer ins Hintertreffen, da die Organisation ums nackte Überleben kämpft, wie es sich gelegentlich in sozialpädagogischen Projekten beobachten läßt.
6. Besonders in sozialpädagogischen Einrichtungen stehen die Ziele in fortdauernder Konkurrenz zu den Bemühungen um Kostendeckung, Wirtschaftlichkeit und Effektivität. Der Kampf um öffentliche Anerkennung, die sich durch angemessene finanzielle Zuwendung auszeichnet, wird oft auf einer völlig anderen Ebene und von anderen Leuten geführt als die Auseinandersetzung um ein sinnvolles pädagogisches oder therapeutisches Konzept. Da Geld grundsätzlich Mangelware ist, wird prinzipiell um ein Maximum gefochten. Wird es wider Erwarten zugestanden, artet die Verwendung oft in blinden Aktionismus aus und droht an den Bedürfnissen der Klientel genauso vorbeizugehen wie an den sorgsam durchdachten Organisationszielen.

In anthroposophischen Dorfgemeinschaften scheint die in Punkt 6 angerissene Problematik eine untergeordnete Rolle zu spielen, d.h. die Anstaltsziele geraten nicht in Konkurrenz zur Finanzierbarkeit der Ideen und Projekte. Dazu ist die Bereitschaft der einzelnen, sich für die Gemeinschaft mit allen Mitteln zu engagieren, zu groß, genauso, wie die Neigung, etwas für sich zu fordern, gering ist. Man ist darauf bedacht, keinen Machbarkeitswahn aufkommen zu lassen:
"Zu wenig Geld schmerzt, sagten wir, zu viel aber auch. Es macht träge oder übermütig, und das hat noch vieles andre Üble im Gefolge. Da das Gleichgewicht, das rechte Maß zu halten, ist eine echte soziale Anstrengung. Auf einen höheren Pflegesatz, den man vielleicht ohne weiteres bekommen könnte, zu verzichten und sich bewußt an ein unteres Niveau zu halten, ist sicher eine Tat, die nicht nur Freiheit und Spielraum, z.B. in der Gehaltsordnung und der Stellenbesetzung verschafft, sondern Kräfte im Kollegium aktivieren kann, wenn es begriffen wird." (Eisenmeier, S. 36) Wenn Institutionen billiger als nötig arbeiten, schützen sie sich möglicherweise vor Kritik und Kontrolle durch die zuständigen Behörden. Die Frage, ob das pädagogische Konzept oder der gesellschaftliche Nutzen einer Institution das viele Geld wert ist, stellt sich längst nicht so dringend wie in Institutionen, die Pflegesätze von 500.- DM pro Tag und Nase verbrauchen.

Die Dorfgemeinschaften gehören zu den Organisationen, die mehrere Ziele parallel verfolgen, wobei auf den ersten Blick schwer zu sagen ist, welches eigentlich im Mittelpunkt steht. Von außen betrachtet scheint die Behindertenbetreuung das zentrale Ziel zu sein, aus dem heraus die Baulichkeiten, Tätigkeiten und Gepflogenheiten entwickelt werden. Natürlich unterscheidet sich die Betreuungsarbeit in vieler Hinsicht von derjenigen, wie andere Träger sie praktizieren, aber das bleibt, solange die Standards gewahrt werden, dem Geschmack der Beteiligten überlassen. Da die Dörfer besonders idyllisch und kostengünstig sind, geben sich Kostenträger, Journalisten und zunächst auch Angehörige der Behinderten mit diesem Anstaltsziel zufrieden. Vielleicht wundern sie sich ein wenig über die Bereitschaft der BetreuerInnen, sich mit Haut und Haaren, mit ihrer gesamten Zeit und Hingabe und ihrer bürgerlichen Existenz der Behindertenbetreuung zu verschreiben. Aber wer wird nach den wirklichen Motiven fragen, wenn er sich im Paradies wähnt, wie Herr P. es formulierte, wo noch Eigenschaften gelebt werden, die in der kapitalistischen Gesellschaft vollkommen aus der Mode gekommen sind: Selbstlosigkeit und Bescheidenheit.

Die Dörfer selbst stellen sich und ihr Ziel anders dar: "Eine Überraschung wird es für den Leser sicher sein, daß wir keine Einrichtung zur Betreuung geistig behinderter Menschen sein wollen, sondern ein soziales Modell, ein Versuch, vieles von dem wir meinten, es sei in der heutigen Gesellschaft krank oder ungut, anders zu probieren, winzige Keime zu setzen für zukunftsträchtige Möglichkeiten." (Eisenmeier, S.8) Auch der Geschäfsführer von B-dorf sagte mir, "es ginge den Dörfern nicht darum, perfekte Behindertenarbeit zu leisten, sondern die Gesellschaft zu verändern, die Individualisierung im Dorfverband aufzuheben." (Protokoll B-dorf) Und schließlich betont auch Christie den Modellcharakter der Dörfer für eine humanere, kollektiv denkende und handelnde Gesellschaft: "Vielleicht tragen die außergewöhnlichen Bedürfnisse der außergewöhnlichen Menschen in den Camphilldörfern dazu bei, eine Form des Zusammenlebens modellhaft wiederentstehen zu lassen, die vermutlich für fast alle Menschen günstig ist. Vielleicht gelingt es jenen Dorfbewohnern, eine zumindest theoretische Debatte darüber auszulösen, wie bestimmte Teile unserer Städte in Ansammlungen von mehr oder weniger unabhängigen Dorfgemeinschaften umgewandelt werden können." (S.134)

Heißt das Ziel der Dörfer also, auf eine Gesellschaftsveränderung durch Dezentralisierung, kollektive Strukturen und umweltfreundliche Landwirtschaft hinzuwirken? Dieser Idee hängen bekanntlich nicht nur anthroposophische Dorfgemeinschaften nach - wo liegt also der Unterschied? Ich denke, die dogmatische Seite der Anthroposophie liefert den Schlüssel zum eigentlichen Ziel dieser Einrichtungen: Es geht in erster Linie darum, gemeinsam die anthroposophische Weltanschauung zu leben. Und das heißt: Einige Menschen mit der gleichen einseitig-religiösen Orientierung tun sich auf einem Bauernhof zusammen, betreiben biologisch-dynamische Landwirtschaft, gestalten ihre Gemeinschaft nach den Prinzipien der "sozialen Dreigliederung", lesen Steiner, sprechen seine Gebete und Sprüche, geben sich anthroposophischem Kunstgenuß hin und unterwerfen sich gewissen asketischen Idealen. Sie nehmen Behinderte ins Dorf auf - die ihre Lebensanschauung nicht teilen, weil sie intellektuell dazu nicht in der Lage sind - und das kann viele Gründe haben: weil sie die Verpflichtung empfinden, sich ihrer karmisch gestrauchelten Seelen anzunehmen und diese zu pflegen, weil das Dorf dadurch mit öffentlichen und privaten Mitteln gefördert wird, weil ein sozialer Impuls das Ansehen der vielleicht sonst als sonderlich empfundenen Aussteigergruppe bei Nachbarschaft und Behörden zu steigern vermag, weil es im Dorf sonst langweilig wäre.

Man kann also im Sinne Goffmans von einer gewissen Vielfalt konfligierender Ziele der Dorfgemeinschaften sprechen, denn das unterschiedliche Schwergewicht, das auf die Ziele gelegt wird, ist den Beteiligten nicht unbedingt klar und führt zu Mißverständnissen und Konflikten.

Zum Beispiel unternimmt A-dorf zur Zeit Anstrengungen, die Landwirtschaft durch Umbauten, Landerwerb und Neuanschaffungen erheblich zu vergrößern. Daraufhin wurde in der Elternschaft ungewöhnlich heftiger Protest laut: Was denn das alles mit Behindertenbetreuung zu tun hätte? Würde diese nicht ins Abseits geraten? Das wäre doch wohl alles nicht mit dem eigentlichen Ziel der Einrichtung zu vereinbaren, etc.

Der Landwirt schrieb im Jahresbericht über die Fortschritte des Landwirtschaftsprojekts:

"Zum Schluß möchte ich noch an den Elternabend ...am 6.7.92 erinnnern und mich bedanken für die "Zweifel" und "Fragen" der Eltern unserer Betreuten, ob die Erweiterung der Landwirtschaft nicht zu Lasten der Betreuten und auf Kosten der ganzen Gemeinschaft geht." - Die Anführungszeichen an den Zweifeln und Fragen lassen noch verbliebene Ressentiments gegen die KritikerInnen vermuten! - "Diese Zweifel und Fragen haben uns aufgefordert, alles noch einmal zu überdenken, und ich glaube, daß durch den Verlauf des Abends und des Gesprächs vieles geklärt werden konnte. Einige Eltern baten mich, die Gedanken, die Bilder zu der Bedeutung der Sozialtherapie im Zusammenhang mit Landwirtschaft aufzuschreiben." (S.24)

In solchen Situationen hängt die Glaubwürdigkeit einer Organisation stark von der Geschicklichkeit der Sprecher ab, divergierende Ziele unter einen Hut zu bringen, damit weiterhin mit der Sympathie und der Unterstützung der Gesellschaft gerechnet werden kann.

Das Ziel anthroposophischer Lebensführung aber ist ein allumfassendes: Es beinhaltet die Konstruktion einer neuen Gesellschaft, die neue Menschen nach anthroposophischer Art hervorbringen soll. Wenn man das Anstaltsziel von dieser Warte aus betrachtet, gelangt man im Handumdrehen zu den Merkmalen totalitärer Systeme.

6. Merkmale totalitärer Herrschaft (Buchheim)

Die Idee zu einer totalitären Herrschaftsform beruht auf der Reduzierung der widersprüchlichen Wirklichkeit und ihren verschiedenartigen Deutungsmöglichkeiten auf ein geschlossenes, auf einfachen Grundsätzen aufgebautes Denksystem, das alles Dasein erklärt und die Garantie bietet, mit dem persönlichen Schicksal fertigzuwerden (vgl. Buchheim, S.23). Menschen, die von einer dieser geschlossenen Weltanschauungen überzeugt sind, versuchen - sofern es in ihrer Macht steht - ihre Theorie in gesellschaftliche Wirklichkeit umzusetzen. Die Ideologie erstreckt sich auf alle öffentlichen und privaten Räume des einzelnen; seine Freiheit und Würde, seine Gedanken und Beziehungen stellen keinen Wert an sich mehr dar. Das Individuum schrumpft zu einem Nichts zusammen, es ist frei verfügbar für die Ideen der Herrschenden. Der einzelne erlangt seine Existenzberechtigung nur im Verschmelzen mit der großen, totalen Theorie. Wer sich dieser Theorie nicht anzuschließen vermag, wird - je nach Akzeptanz innerhalb der Bevölkerung - mundtot gemacht, in einen niederen gesellschaftlichen Status versetzt, eingesperrt, exiliert oder liquidiert. Jede/r wird behandelt wie ein offenes Buch, ein riesiger Polizei- und Überwachungsapparat dringt allgegenwärtig und kontrollierend in jeden Winkel seiner Existenz ein.

"Die totalitären Eingriffe sind auf die elementaren Formen des Zusammenlebens gerichtet, die sich unmittelbar aus der personalen Natur und dem politischen Wesen des Menschen ergeben. Die Gesellschaft soll nicht mehr aus der spontanen Entfaltung der einzelnen hervorgehen..." (Buchheim, S.16)

Alle Sozialelemente und Sozialprozesse werden Stück für Stück aufgelöst und zerschlagen, z.B. religiöse und traditionell gewachsene Werte, Interessengemeinschaften, Gewerkschaften etc. Die kulturelle Vielfalt fällt der staatlich verordneten Gleichschaltung von Ästhetik und Kultur zum Opfer. Die neue Gesellschaft ist ein durch und durch synthetisches Konstrukt.

"Die totalitäre Herrschaft versucht den ganzen Menschen, die Substanz und Spontaneität seines Daseins in den Griff zu bekommen, einschließlich seines Gewissens." (Buchheim, S.15)

Die Versuche zur Umsetzung der angeblich einzig wahren und lebenswerten Theorie in die Realität rechtfertigt jeden denkbaren Übergriff auf die Integrität und Freiheit der Person. Das unterscheidet die totalitäre Herrschaft übrigens auch von der autoritären. Letztere belangt den einzelnen "nur" insofern, als es ihr für die Aufrechterhaltung der Macht notwendig erscheint, hat aber kein futuristisch-perfektionistisches Menschenbild im Kopf. Das heißt, es bleiben Freiräume im privaten und gesellschaftlichen Leben, die das autoritäre Regime gewährt, solange sie dem Machterhalt nicht schaden.

Im totalitären Regime ist der blanke Terror nur eine, eigentlich die äußerste Methode, um die Individuen an den Herrschaftsapparat zu binden. Die Verbreitung von Furcht und Schrecken, die Verhängung von Strafen bzw. deren Androhung sind auf die Dauer zu aufwendig und riskant, da Geschundene zur Formierung von Widerstand neigen. Daher ist es wichtig, die Menschen dahin zu bringen, sich selber im Sinne des ideologischen Überbaus zu steuern. Dieses Ziel erfordert ständige Anstrengungen einer Propagandamaschinerie, staatlich gelenkter Erziehung und Schulung. Das Heilsversprechen muß dauernd und mit großer Überzeugung wiederholt werden. Die Ideologie darf keinen Raum für kritisierbare Mißstände lassen; das Schlechte wird deshalb außerhalb des Denksystems lokalisiert und konzentriert. Alle Augen richten sich dann auf dämonisch-fratzenhafte Sündenböcke, die gemeinsam bekämpft und besiegt werden müssen.

Totalitäre Züge tragen heutzutage vor allem fundamentalistische Gruppierungen, zu denen auch Sekten und sogenannte Jugendreligionen gehören.

7. Die anthroposophische Dorfgemeinschaft als totalitäres System

Die Dörfer basieren auf einer geschlossenen Weltanschauung, d.h. auf dem Verbeißen in ein paar Fakten, Vermutungen und Glaubensinhalte, die zum Urgrund allen Seins erklärt und aus denen Schicksal, Sinn und Bestimmung des Menschen abgeleitet werden. Da die Anthroposophie über jeden Zweifel erhaben ist, dringt sie ebenso gezielt wie indiskret in jeden Winkel der menschlichen Existenz vor. Einmal überzeugt von der Richtigkeit und Wichtigkeit ihrer Weltanschauung, schrecken viele Anthroposophen nicht davor zurück, in die intimen Räume derjenigen vorzudringen, die Objekte ihrer Erziehungsversuche oder ihre zeitweiligen MitarbeiterInnen geworden sind (An dieser Stelle sei noch einmal auf die kritische Literatur zur Waldorfpädagogik, insbesondere Beckmannshagen, Rudolph und Wagemann, verwiesen, die zahlreiche Übergriffe dieser Art dokumentiert.). Sie versuchen, als ob es ihr selbstverständliches Recht wäre, auf das Denken und die Moral anderer Einfluß zu nehmen, ihre Arbeitskraft und Zeit bis zur Erschöpfung in Anspruch zu nehmen, ohne sie in angemessener Weise dafür zu entschädigen, ihre

Sozialbeziehungen in die nichtanthroposophische Außenwelt zu beschneiden und ihre Beziehungen untereinander zu kontrollieren. In dieser Hinsicht verhalten sich Anthroposophen wie jede x-beliebige Sekte oder Jugendreligion, vor deren Gefährlichkeit seit Jahren öffentlich gewarnt wird.

Geltung erlangen kann innerhalb der Gemeinschaft nur, wer die Ideologie annimmt und unterstützt; er oder sie hat dann die Chance, am elitären Selbstgefühl der Herrschenden Anteil zu nehmen und seinen/ihren Status zu verbessern. Diskutiert wird nicht, Pluralismus im Sinne von Meinungsvielfalt wird nicht toleriert - das ist meiner Ansicht nach der zentrale Verstoß gegen die Menschenwürde in totalitären Systemen: daß dem einzelnen das Recht und die Fähigkeit abgesprochen wird, innerhalb des ohnehin knapp bemessenen gesellschaftlichen Spielraumes seine individuelle geistige, emotionale und moralische Entwicklung selbst zu bestimmen.

Wer nicht einverstanden ist und grundsätzliche Kritik übt, geht nach einer Zeit fruchtloser Streitereien gewissermaßen ins Exil: Er verläßt die Gemeinschaft, die in vieler Hinsicht ja auch *seine* Heimat geworden ist. Aber es ist nicht nur der Verlust der vertrauten Umgebung, der den "Ausgestoßenen" belastet, sondern auch das erniedrigte Selbstgefühl, das ihm bei seinem Weggang vermittelt wird, denn nur ein Unreifer, ein Rohling, Ignorant oder Dummkopf läßt sich nicht von der Bewegung erfassen und begeistern. Seine eigenen Bemühungen um persönliche Weiterentwicklung und Humanisierung des Gemeinschaftslebens wurden ja in keiner Weise anerkannt und ernst genommen, sofern sie den Boden der Anthroposophie verließen. Das sind Sanktionen für unangepaßtes Verhalten, die in ihrer bedrückenden Tragweite für den "Delinquenten" nicht unterschätzt werden sollten, auch wenn die totale Dorfgemeinschaft keinen physischen Terror ausübt wie es bei totalitären Regimes, manchen Sekten oder Psychokulten der Fall ist.

Was die intellektuelle Auseinandersetzung betrifft, herrscht in anthroposophischen Kreisen geistige Inzucht, wie Wagemann im Hinblick auf die Waldorf-Welt treffend formulierte (S.156), und auch Literatur, Bühnenkunst, Musik und Malerei unterliegen anthroposophischer Zensur. Entsprechend werden andere kulturelle Erzeugnisse und Betätigungen verächtlich geduldet oder verbannt. Die nichtanthroposophischen BewohnerInnen müssen sich dem geistigen und kulturellen Diktat der "Herrschenden" unterwerfen und ihre eigene Perspektivenverengung Schritt für Schritt hinnehmen.

Auch die Dorfgemeinschaften sind synthetische Konstrukte, die zwar gerne "natürliche" und "menschengemäße" Formen des Zusammenlebens für sich reklamieren; tatsächlich aber kommen die BewohnerInnen aus den unterschiedlichsten sozialen und kulturellen Zusammenhängen, denen im Dorf keinerlei Rechnung getragen wird. Sie schneiden ihre Wurzeln weitgehend ab und färben ihre Werte, ihren Glauben und ihr Selbstverständnis anthroposophisch ein.

Die gemeinsame Ausrichtung auf *eine* Überzeugung, die daraus folgende Denkaskese und Gefühlsbeherrschung fördert nicht gerade die von Buchheim erwähnte Spontaneität in Lebensäußerungen und im Umgang miteinander (es gibt keinen Satz über das Auftreten von Anthroposophen, den ich so oft gehört und gelesen habe wie den folgenden: "Die sind so abgehoben und steif und distanziert!").

Die Internalisierung der anthroposophisch akzeptierten und propagierten Verhaltens- und Denkweisen, die Identifizierung mit der Gemeinschaft und den Zielen des Dorfes nehmen in Dorfgemeinschaften allerbreitesten Raum ein. Es gibt wesentlich subtilere Mittel als Terror und Strafe, um Menschen an Überzeugungen und die Ziele einer Organisation zu binden. Mißstände, Leiden, Konflikte und Fehlverhalten werden nie in der anthroposophischen Lebensweise gesucht, sondern immer außerhalb: Dämonen, Wesenheiten, Wasseradern müssen herhalten, oder eben die Nicht- oder Noch-nicht-ganz-Anthroposophen, die moralisch unausgereift sind und daher verstärkt an sich arbeiten müssen. Auch das Sündenbockphänomen kommt in diesem Zusammenhang zur Anwendung.

8. Auswirkungen der totalitären Strukturen auf die statusniedrigen DorfbewohnerInnen

1. Die Theorie vom richtigen Leben verengt nicht nur die Perspektive des einzelnen auf das anthroposophisch erwünschte Verhalten, sondern bestimmt auch die menschlichen Bedürfnisse, die im Dorf erfüllt werden. Je strenger das Dorf seiner Theorie folgt, desto mehr werden die Bedürfnisse vereinheitlicht und an allen zur gleichen Zeit mit den gleichen Mitteln erfüllt. Eine Vielzahl individueller Bedürfnisse fallen dem straffen Tagesplan zum Opfer. Der Tagesablauf muß im übrigen gar nicht aus weltanschaulichen Gründen so vorgeplant sein; vielmehr sind es oft ganz pragmatische Lösungen, je nach Anzahl und Verfügbarkeit des Personals, nach vorhandenen Mitteln, arbeitsorganisatorischer Flexibilität der Einrichtung etc.

2. Eng damit verknüpft ist der Verlust der "Persönlichen Ökonomie des Handelns" (Goffman, S.45). Angesichts des durchorganisierten Tages kann nicht nur während der Arbeit, wo es auch Menschen außerhalb der totalen Institution so ergeht, sondern auch im Wohn- und Freizeitbereich selten nach eigenem Gutdünken entschieden werden, was in welcher Reihenfolge getan werden soll. In Sassen und in B-dorf haben die Behinderten mehr Freiräume, ihre Freizeit

zu gestalten, als es zu meiner Zeit in A-dorf der Fall war. Damals zeigte sich die Verlernung der Fähigkeit, sich selbst zu beschäftigen und seine Zeit einzuteilen, besonders an verregneten Sonntagen, wenn das Freizeitprogramm sich mangels der Möglichkeit nach draußen zu gehen als schwer gestaltbar erwies. Nicht nur die Behinderten, sondern auch die BetreuerInnen wurden von einer gewissen Einfallslosikeit befallen, wenn das Routineprogramm fehlte.

3. Eine weitere Folge der institutionsbedingten Befreiung von wirtschaftlicher und sozialer Verantwortung für die Betreuten ist die Unfähigkeit, mit bestimmten Verrichtungen und Gegebenheiten "draußen" zurechtzukommen ("Diskulturation" nennt Goffman diesen Vorgang, S.24). Da die Behinderten in einer Dorfgemeinschaft selten in die Verlegenheit kommen, alleine Besorgungen zu machen, zum Arzt zu gehen oder eventuell vorhandene Kulturtechniken zu benützen, laufen sie Gefahr, sich außerhalb des Dorfes ohne BetreuerIn nicht frei bewegen zu können.

4. Einschränkung der Bewegungsfreiheit gilt mehr oder weniger für alle DorfbewohnerInnen. Da man ständig jemanden zu betreuen hat, kann man sich eigentlich nie nach Lust und Laune vom Dorf entfernen. Wer den Führerschein besitzt, wird gelegentlich losgeschickt, um Besorgungen zu machen oder Behinderte beim Arztbesuch zu begleiten. Selten genug planten wir jungen MitarbeiterInnen abendliche Veranstaltungsbesuche in den umliegenden Städten, deren Realisierung allerdings stark von der Bereitschaft der Hauseltern abhing, unsere abendlichen Verpflichtungen zu übernehmen. Diese Bereitschaft wiederum richtete sich nach dem Ziel unseres Vorhabens. Den Auftritt eines anthroposophischen Clowns anzusehen und zu diesem Zweck 60 km weit zu fahren, wurde uns seitens der Hauseltern dringend ans Herz gelegt, aber unser Wunsch, ins Kino zu gehen, erforderte tagelange Diskussionen und wurde schließlich nur einem Teil der MitarbeiterInnen erfüllt. Die Hauseltern selbst fragten uns natürlich nicht um unsere Meinung, wenn sie sich zwecks Einkäufen, Lehrgängen, Menschenweihehandlungen (so nennt die "Christengemeinschaft" ihre Gottesdienste) oder wozu auch immer vom Dorf entfernten. Allerdings hatten sie die Kontrolle und den Tratsch der ranggleichen DorfbewohnerInnen und u.U. auch die Kritik der Eltern zu gewärtigen.

Die Einschränkung der persönlichen Freizügigkeit ergibt sich in den Dorfgemeinschaften wie von selbst, d.h. aufgrund der Strukturen des Zusammenlebens, dem Umfang der Betreuungspflichten und der Geringschätzung der Dinge, die manche gerne außerhalb des Dorfes erleben würden. Der Verlust der Bewegungsfreiheit geschah also durchaus nicht als Strafmaßnahme oder in böser Absicht wie in anderen totalen Institutionen, wo man sich der Bedeutung der Freizügigkeit für die Insassen sehr bewußt ist und sie entsprechend als Sanktion im Lohn- und Strafesystem verwendet (z.B. ein

Wochenendausflug bei guter Führung etc.). In Dorfgemeinschaften stellt Freizügigkeit keinen Wert dar; man wird weder belohnt noch bestraft damit, man hat sie einfach nicht. So kann der einzelne die subjektive Empfindung des Eingesperrtseins haben, ohne daß dieses Gefühl von der Heimleitung beabsichtigt ist. Allerdings könnte die Heimleitung es ernster nehmen und dem einzelnen mehr Freiräume und "Auslauf" gestatten.

5. "Die Insassen müssen dazu gebracht werden, sich selbst in der Weise zu steuern, daß sie leicht zu verwalten sind. Um dies zu erreichen, wird sowohl das erwünschte wie das unerwünschte Betragen als etwas definiert, das dem persönlichen Willen und dem Charakter des einzelnen Insassen selbst entspringt und wofür er selbst verantwortlich ist." (Goffman, S.89) Diese Methode spiegelt die "sanfte" Form der Disziplinierung und Demütigung wider. Die totale Institution entwirft eine "Theorie über die menschliche Natur" (ders., S.90), mit der das Verhalten der Insassen eingeordnet und beurteilt wird. Je umfassender diese Theorie ist, je heilsbringender sie sich gibt, desto schwerer ist es, sich ihr zu entziehen. Besonders in Klöstern hat man feste Vorstellungen darüber, wie der Mensch ist, wie er sein soll und wie er das Schlechte in sich ausmerzen kann, und diese Vorstellungen werden demütig auch vom Rangniedrigsten geteilt. Die Theorie über den Menschen legt mögliche Fehler, Schwächen und Stärken fest, ordnet Handlungen, Gedanken und Verhalten in Kategorien wie gut und böse, kennt die Wahrheit und entlarvt die Lügen. Der einzelne hat ein persönliches Charakter-Soll zu erfüllen; wie er das anfängt, was ihn daran hindern könnte (z.B. Milieuschäden, Kindheitserfahrungen, persönliche Ängste und Probleme) und ob dieses Charakterideal überhaupt mit seinen eigenen Werten und Bedürfnissen übereinstimmt, interessiert die Anstalt nicht. Für sie allein zählt das Ergebnis, nämlich daß der Insasse im Sinne des übergeordneten Systems funktioniert. Im Alltag wird also nicht nach den individuellen Beweggründen eines Verhaltens geforscht und Verständnis für den jeweiligen Entwicklungsstand des einzelnen gezeigt, es werden auch keine persönlichen Einstellungen und Verhaltensweisen akzeptiert, sondern es wird moralisiert. Wie das im Einzelnen aussieht, habe ich an anderer Stelle bereits beschrieben.

6. Die Persönlichkeit der MitarbeiterIn ist auf ihte Rolle als MitarbeiterIn und demütige SelbstverbesserIn redutiert. Was die MitarbeiterIn sonst denkt, liebt, liest, welche Geschichte sie hat, welche Zukunftspläne, Hoffnungen, Wünsche etc. sie bewegen, sind Dinge, die sich für die Ziele der Dorfgemeinschaft nicht unmittelbar verwerten lassen und deshalb uninteressant sind. Diese Fixierung auf eine einzige Rolle ist deshalb sehr kennzeichnend für totale Institutionen, wo sie oft noch konsequenter, bewußter und härter betrieben wird. Nimmt man jemandem seine individuellen Ausdrucksmöglichkeiten, seinen Besitz, Haarschnitt, Kleidung, Bezugspersonen und Vergangenheit, dann ist er völlig

reduziert auf den Verhaltensspielraum in den engen Grenzen der Anstalt. Deshalb geschehen bzw. geschahen diese Dinge systematisch in KZ's, Gefängnissen, Psychiatrien und Klöstern. Außerdem werden sich die Insassen dadurch unheimlich ähnlich, was das Selbstbewußtsein zusätzlich schmälert. Was unterscheidet einen schon vom anderen, wenn man, von allen äußeren Merkmalen entblößt, die gleichen Dinge unter den gleichen Bedingungen tut? Natürlich: Nützliche Mitglieder und fleißige, umsichtige Mitarbeiter wünscht sich jeder Arbeitsgeber, im weitesten Sinne jede Gesellschaft, vor allem dann, wenn das Bruttosozialprodukt in den Mittelpunkt gesellschaftlicher Zielvorstellungen gerückt ist. Es stellt sich allerdings die Frage nach dem Maß und den verbleibenden Freiräumen und den Entwicklungsmöglichkeiten gesellschaftlicher Gegenkräfte. Eigentlich sollte man gerade von einer Dorfgemeinschaft, die sich die Kritik an einseitiger Leistungs- und Konsumorientierung auf die Fahnen geschrieben hat, erwarten können, daß sie sich um die Aufhebung einseitiger Rollenfixierung bemüht und stattdessen der Persönlichkeit in ihrer Vielfalt Raum für Ausdruck und Entwicklung gewährt. Aber es scheint heutzutage unglaublich schwierig zu sein, liberale, tolerante und humane Lebens- und Arbeitsgemeinschaften von Bestand und Dauer zu begründen; die derzeit existierenden Gemeinschaften sind offenbar nur in einer weltanschaulichen Verklammerung möglich. Die Persönlichkeitsbeschneidung und der Verzicht auf selbständigen Gebrauch des Verstandes wird anscheinend ebenso von den einen gesucht wie von den anderen in Kauf genommen.

9. Integration

"Wir akzeptieren Menschen mit geistiger Behinderung so wie sie sind, als eine Möglichkeit menschlicher Existenz, und versuchen nicht, sie nach unseren Vorstellungen in eine bestimmte Richtung zu therapieren." (fib e.V. 1991, S.48) Der Gegenentwurf zum isolierten unf fremdbestimmten Leben in der Anstalt lautet Integration der Behinderten in die Gesellschaft. Zum einen entspringt er dem Wunsch vieler Behinderter, über ihre Lebensweise selbst zu bestimmen; zum anderen entspricht er einem gewissen Gerechtigkeitsgefühl, dem sich Eltern und Fachleute als Angehörige einer aufgeklärten Gesellschaft verpflichtet fühlen: Demokratie, Selbstbestimmung, Selbstverantwortung, Mündigkeit und Freiheit soll auch denen zuteil werden, die aufgrund körperlicher und geistiger Defizite auf Hilfestellungen angewiesen sind, die Nichtbehinderte nicht nötig haben. Die Integrationsbewegung sieht Menschen mit Behinderungen zu allererst als Menschen an, die Bedürfnisse haben wie die meisten anderen auch, und denen deshalb dieselben Rechte und Chancen auf ein selbstbestimmtes Leben zustehen.

Nicht die Orientierung an ihren Mängeln und Defiziten sollte im Vordergrund stehen, was bisher dazu geführt hatte, Behinderte zwecks effektiver Pflege und Versorgung mit ihresgleichen in großen Heimen zusammenzupferchen; sondern ihre Würde und ihre Eigeninteressen.

Die Eckpfeiler des Normalisierungsprinzips, das in erster Linie von den Skandinaviern Bank-Mikkelsen (vgl. Thimm u.a., S.6) und Nirje (vgl. Thimm, S.19) und von dem US-Amerikaner Wolfensberger (vgl. Thimm u.a., S.9 ff.) entwickelt wurde, sind schnell genannt; sie nachzuvollziehen fällt leicht, denn sie entsprechen den Merkmalen der normal-bürgerlichen Lebensweise Nichtbehinderter:
- die räumliche Trennung von Arbeit, Wohnen und Freizeit, d.h. regelmäßige Phasen der Arbeit, Wechsel der Örtlichkeiten und Kontaktpersonen;
- Schulbesuch;
- Auszug aus dem elterlichen Haushalt im jungen Erwachsenenalter;
- wenn das selbständige Wohnen nicht möglich ist, Bereitstellung von Institutionen mit kleinen Wohneinheiten oder ambulante Betreuung in der eigenen Wohnung, auf jeden Fall aber gemeinwesenintegriert;
- normaler Jahresrhythmus mit Ferien, Reisen, Festen und Besuchen;
- normaler wirtschaftlicher Standard, der im Rahmen einer sozialen Gesetzgebung sichergestellt werden muß;
- Partnerschaft und Ehe;
- Bereitstellung von Hilfen bei individueller Bedürftigkeit und in besonderen Lebenslagen.

Die Wohnformen können sehr unterschiedlich sein. Es gibt z.B. von der Lebenshilfe relativ große Wohnheime, die in der Stadt oder am Stadtrand angesiedelt sind und in denen mehrere Wohngruppen auf verschiedenen Etagen wohnen. Es handelt sich bei ihnen um noch fast vollstationäre Einrichtungen, in denen die Behinderten mehr unter sich sind als daß sie mit der Nachbarschaft und den öffentlichen Einrichtungen in Kontakt geraten. Die Möglichkeiten und Gelegenheiten, sich ins öffentliche Geschehen zu mischen, wachsen in kleineren Wohngemeinschaften und im betreuten Einzelwohnen. Mittlerweile gibt es Initiativen, die die ambulante Betreuung geistig Behinderter übernehmen. Sie suchen mit den Klienten gemeinsam eine Wohnung und richten die Intensität der Betreuung ausschließlich nach dem individuellen Bedarf, der sich in der Regel durch Eingewöhnung und Verselbständigung verringert (vgl. Lug-Schnecke, fib e.V., S.43 f). Durch diese Art der Betreuung gerät der Klient/die Klientin am ehesten in den Mittelpunkt des Geschehens: "Wir wollen nicht nächstenliebend für die armen Behinderten sorgen, sondern ihnen eine Art Dienstleistung anbieten, die sie, ohne dankbar sein zu müssen, kaufen können." (fib e.V.,

S.48) Im Idealfall verfügen die KlientInnnen über ihr eigenes Geld und entscheiden selbst, wer sie wieviel betreut. Bisher scheitert eine Auswahl unter verschiedenen ambulanten Diensten daran, daß es noch kein ausgebautes Netzwerk dieser Dienste für geistig Behinderte gibt.

Normalisierung, ambulante Betreuung, Wiederaufnahme der Behinderten in die Gesellschaft genießen derzeit in den Absichtserklärungen selbst der Bundesregierung und in den Sozialgesetzgebungen weitaus mehr Sympathien als das Anstaltswesen (vgl. Verein zur Förderung der Integration Behinderter e.V. Marburg, S.69 ff), was bis jetzt allerdings noch keine ausreichende Finanzierung neuer Betreuungsformen nach sich gezogen hat (vgl. ders., S.73 ff und Lug-Schnecke, fib e.V., S.41 ff).

Anthroposophische Fachleute beurteilen das Normalisierungsprinzip kritisch. Christie spricht von "unsichtbaren Wänden aus Glas" zwischen Nichtbehinderten und den aus den Anstalten in die Normalität Entlassenen. "Sie befinden sich zwar mitten unter uns, auf der Staße, im Bus, in der Schule, im Haus und am Arbeitsplatz, doch trotz der räumlichen Nähe sind sie fern und allein." (S.139) Und Eisenmeier: "Die Tatsache, daß eine solches Wohnheim in einer Siedlung steht und der nächste Supermarkt oder das Kino oder die Disco erreichbar sind, ergibt noch keine Integration in die Gesellschaft." (S.45)

Nun sind die Anthroposophen von Haus aus keine Freunde der von Eisenmeier angeführten Etablissements. Trotzdem ist die Skepsis berechtigt. Daß die Behindertenfreundlichkeit unserer Gesellschaft zu wünschen übrig läßt, ist auch den VertreterInnen des Normalisierungsprinzips klar. Daher fordern sie nicht nur Toleranz, Freundlichkeit und die Bereitstellung geeigneter Mittel und Strukturen von den Starken, Normalen in der Gesellschaft, sondern sie versuchen auch, die Akzeptanz durch Anpassungsbereitschaft der Behinderten zu erleichtern. Zumindest geht das aus den Ausführungen Wolfensbergers hervor, der die soziale Akzeptanz der Behinderten von ihrer Bereitschaft abhängig macht, gesellschaftlich anerkannte Verhaltensweisen zu erlernen - z.B. Basisfunktionen (essen, sich an- und ausziehen, Körperpflege), einfache Umgangsformen -, aber auch auffällige Merkmale durch kosmetische Behandlung aufzuheben oder zu vermindern (vgl. Thimm, S.28 f). Das heißt, "anständiges" Benehmen berechtigt zur Hoffnung auf Akzeptanz; die Akzeptanz besteht darin, die Behinderten auf der untersten finanziellen, beruflichen und kulturellen Ebene einzuordnen und im übrigen mit den leistungsorientierten Normen, mit technischer Intelligenz und im kulturellen Leben unter sich zu bleiben - für die Behinderten keine allzu attraktive Aussicht. Der Status der Behinderten in den WfB's (Unterbezahlung, mangelnde Mitbestimmungsmöglichkeiten und Nichtanerkennung der MitarbeiterInnen als ArbeitnehmerInnen) zeugt in besonders deutlicher Weise von der ambivalenten Einstellung der Leistungsgesellschaft zu ihren behinderten Mitgliedern (vgl.Sierck, S.41 ff). Um die "integrierten" Behinderten nicht völliger Isolation auszusetzen, bemühen sich BetreuerInnen, Werkstätten und Einrichtungen der offenen Behindertenarbeit um ein Netzwerk zur Freizeit- und Feriengestaltung, für Begegnung, Hobbies, Spiel und Spaß; sie ersetzen damit das mangelnde Interesse normalbegabter Nachbarn, Kollegen und Mitmenschen, das für eine wirkliche Integration unverzichtbar ist. So entsteht eine kleine Subkultur aus von Einsamkeit bedrohten Menschen, die vergleichbare Schwächen gemeinsam haben, und ihren bezahlten, pädagogisch qualifizierten FreundInnen.

Warum fällt die Integration so schwer? Man kann vielleicht - ganz grob - von zwei widerstrebenden Prinzipien sprechen, die unsere Gesellschaft beherrschen: Zum einen haben die Ideale der Aufklärung zu demokratischen Strukturen geführt - die leider nicht allzu vernünftig genützt werden -, und auch zu der Idee des gleichen Lebensrechts und der Lebensqualität für alle, die der Integrationsbewegung zugrundeliegt. Zum anderen aber scheinen Leistungs- und Konsumdenken die eigentlich staatstragenden Prinzipien zu sein, obwohl sie im Kern unvernünftig sind, zum Größenwahn tendieren, wichtige Ressourcen im Übermaß verschlingen und sich nicht zuletzt gegen die weniger Leistungsfähigen in der Gesellschaft richten. In diesem Spannungsfeld bewegt sich die Normalisierung: auf einem schmalen Grat zwischen übermäßiger Anpassung an unhinterfragte Normen und Sozialkritik (z.B. wird bei der Forderung des Rechts auf sexuelle Beziehungen die Möglichkeit homophiler Neigungen gar nicht erst in Betracht gezogen, wahrscheinlich deshalb, weil eine behinderten- und homosexuellenfeindliche Gesellschaft nicht doppelt provoziert werden soll.). Aber kann die Integrationsbewegung das Leistungssystem mit all seiner Anbetung der Jugend, Schönheit und Gesundheit aus den Angeln heben? Oder soll sie sich mit der bloßen Duldung der Nachbarn - auch keine Selbstverständlichkeit - zufriedengeben? Sind die totalen Institutionen womöglich sogar das kleinere Übel?

Normalisierer und Anthroposophen, beide üben Kritik an der Gesellschaft. Den fortschrittlichen Normalisierern geht es um mehr Möglichkeiten zur Selbstbestimmung, Selbstverantwortung, Lebensqualität und Bildung als Selbstzweck, d.h. sie befürworten ein generelles Mehr an Aufklärung und Mündigkeit. Eine Anpassung der Behinderten an und ihre Verwertung für das Leistungssystem lehnen beide Gruppen tendenziell ab, wobei die Anthroposophen in der Realisierung, wie ein Vergleich der Werkstätten zeigt, etwas konsequenter sind. Ohne nennenswerten Lohn und von der Sozialhilfe abhängig bleiben die Behinderten allerdings hier wie dort. Letztendlich aber halten die Normalisierer die Gesellschaft für tolerant und offen genug, um Behinderte zu integrieren und ihnen Lebensqualität zu ermöglichen, unter der Voraussetzung allerdings, daß sich die Einstellung der Normalbegabten progressiv verbessert, je präsenter Behinderte in der Öffentlichkeit sind.

Die Anthroposophen hingegen schrecken vor einer Sozialkritik innerhalb der Gesellschaft zurück; sie sind Aussteiger, und sie halten die Situation der Behinderten innerhalb der Gesellschaft für zu gefährdet, um sie dort zu belassen. "Es ergibt sich die heikle Frage, ob das, was wir 'unsere normale Welt' nennen, wirklich so ist, daß man einem Freund oder einem hilfsbedürftigen Menschen, um den man sich besonders gerne bemühen möchte, wünschen würde, sich da hinein zu integrieren." (Eisenmeier, S.46)

Nun kritisieren Anthroposophen alles mögliche an der Gesellschaft, und zwar besonders Erscheinungen und Dinge, die nicht mit ihrem Moralkodex, ihrem Weltbild und ihrer Auffassung von Kultur übereinstimmen. Gelegentlich trifft ihre Kritik auch für Nichteingeweihte ins Schwarze: Ihr Umgang mit der Natur in der Landwirtschaft z.B. ist sympathisch, und auch ihr Hinweis auf die Probleme der Integration Behinderter rührt an empfindliche Punkte.

Aber einen Mangel an Mündigkeit, Selbstbestimmung und Emanzipation werfen sie der Gesellschaft nicht vor. Die Dorfgemeinschaften können auf den ersten Blick den Eindruck eines emanzipatorischen Modells gegen den alltäglichen Wahnsinn in der kapitalistischen Leistungs- und Konsumgesellschaft erwecken. Aber das sind sie nicht. Ihre wenigen an Basisdemokratie erinnernden utopischen Ansätze versinken in der Willkür des Wahrheitsmonopols, der Intoleranz gegenüber Andersdenkenden und in innerbetrieblichen Querelen, die v.a. durch die besondere psychische (dissoziative) Situation der anthroposophischen Heilssucher entstehen. Die Dorfgemeinschaften sind keine ernstzunehmende Alternative zur bestehenden Gesellschaft, sondern stellen eine Regression in das Denken vor der Aufklärung dar: Sie sind Horte des Fundamentalismus.

Thomas Meyer bezeichnet den Fundamentalismus als Gegenbewegung zur Aufklärung und Modernisierung, die, halb verwirklicht, ihre Verheißungen und Versprechungen nicht zu halten scheinen. Die Möglichkeiten zum Selberdenken und zur Selbstbestimmung haben nicht nur alte Machtansprüche erfolgreich bestritten, politische Beteiligung aller Gesellschaftsmitglieder und eine enorme soziale Mobilität ermöglicht, sondern sie verurteilen geradezu zur Freiheit und Selbstverantwortung: "Sie (die Moderne, d.Verf.) setzt für die Entfaltung ihrer Möglichkeiten eben jene Ich-Stärke, Orientierungssicherheit und Selbstgewißheit voraus, deren zuverlässige und breitenwirksame Ausbildung sie ohne Absicht fortwährend untergräbt." (Meyer, S.17) Hinzu kommt, daß die Moderne nicht nur Aberglauben, den Ballast der Traditionen und Vorurteilen abgeschüttelt hat, sondern auch "die Gewißheiten, tröstende Fiktionen, Nischen, die aus machtvollem Bedürfnis in den Jahrtausenden zuvor geschaffen wurden."

(Meyer, S.15) Vielleicht ist es auch die Phantasiearmut, die hinter der bloßen Fixierung auf Macht und Geld, Leistung und Konsum steckt, die sozialkritische Aussteiger unbefriedigt läßt und sie auf der Suche nach Alternativen dazu verleitet, das Kind mit dem Bade auszuschütten. Nichts anderes tun Anthroposophen, wenn sie sich mit Steiners Anspruch auf absolute Erkenntnis und seinen detailliert-komplizierten Handlungsanweisungen auf jedem Gebiet menschlichen Lebens der prinzipiellen Offenheit und Unsicherheit des selbstverantworteten modernen Lebens entziehen. Ihre Abkehr ist nur vermeintlich progressiv, denn von ihnen sind keine wirklich neuen Denkanstöße zu erwarten: Nicht Suchen und Fragen mittels der Vernunft, orientiert an der Realität und an menschlichen Bedürfnissen prägt ihre Geisteshaltung, sondern fertige Antworten, die auf der vermeintlichen "Sicherheit und Geschlossenheit selbsterkorener Fundamente" (Meyer, S.18) beruhen: Wahrnehmungsstörungen, Intoleranz bis hin zu ausgesprochen unmenschlichen Verhaltensweisen sind damit - da man der Kontrollinstanz von Vernunft entzogen und von der Leitidee friedlicher, gleichberechtigter Gemeinschaft abgewichen ist - die Türen sperrangelweit geöffnet.

Künzli beschreibt das Phänomen treffend und für die Anthropsophen geradezu maßgeschneidert: "So gesehen ist jeder Fundamentalismus eine Münchhausiade, da durch einen subjektiven Willkürakt etwas Beliebiges zum Absoluten verobjektiviert wird. Und eine Kollektivneurose dazu - die gelegentlich sogar in eine Psychose umkippen kann -, da das Denk- und Vernunftverbot ein Verdrängungsprozeß ist, der die Denk-Autonomie des Subjekts aufhebt, es damit zur Unmündigkeit verurteilt und ihm den Zugang zur Realität, auch der eigenen psychischen, verbaut." (S.50)

Die Behinderten sollen beschützt werden vor "den vielen oft blödsinnigen, läppischen, sogar mitunter menschenunwürdigen Unsitten" (Eisenmeier, S.45), in die die Gesellschaft sie im Falle einer Integration miteinbeziehen würde. Aber eigentlich geht es weniger um die Behinderten als um "die Angst vor der Freiheit" (Stefan) der Anthroposophen selber, der Angst, ihr Leben selbst in die Hand zu nehmen, selber die persönliche und gesellschaftliche Lebenssituation zu ermitteln, zu durchdenken und sich für die Dinge zu entscheiden, die einem wichtig sind und mit denen man das eigene Leben gestalten möchte. Denn dazu stehen die Chancen trotz allem gar nicht so schlecht: eine Errungenschaft der aufklärerischen Ideale, die auch in unseren Zeiten ansatzweise verwirklicht sind und um die weiter auf politischer und individueller Ebene gekämpft werden muß.

Da Anthroposophen sich aber in die willkürlich gesetzten, subjektiven, absoluten Erkenntnisse Steiners flüchten und somit ihr Selbst, d.h. ihre Identität, ihren Verstand, ihren Geschmack, ihre Empfindungen und ihre Gefühlswelt, gegen die Sicherheit und Geborgenheit in einem vor Irrtümern scheinbar gefeiten Kollektiv eintauschen, trauen sie eine freie Identitätsfindung und Persönlichkeitsentwicklung geistig Behinderten erst recht nicht zu. Wenn also Normalisierung und Integration von anthroposophischer Seite kritisiert wird, dann nicht deshalb, weil es angeblich unmöglich ist, sich als Behinderte in der Stadt zwischen Kino, Disco und Supermarkt und anderen läppischen Unsitten wohlzufühlen, oder weil die Gesellschaft die Persönlichkeitsrechte geistig Behinderter mißachtet, sondern weil die anthroposophische Behindertenbetreuung in Dorfgemeinschaften nach fundamentalistischer Überzeugung die einzig "menschengemäße", die beste seit der Erfindung der Heilpädagogik ist.

Kein gutes Haar?

"Irgendwelche guten Seiten müssen die Dorfgemeinschaften doch haben; *jedes Ding hat doch zwei Seiten*. Irgendwas Positives wird doch zu berichten sein." Dieser und ähnliche Sätze wurden relativ oft an mich herangetragen, so daß ich mich jetzt, zum Schluß, genötigt sehe, über das Wesen der guten Seiten eines Gegenstandes im Allgemeinen und der anthroposophischen Dörfer im Speziellen ein paar Worte zu verlieren.

Ja, es gab in A-dorf erfreuliche Momente. Auch dort ging die Sonne morgens auf und abends unter, manchmal schien sie sogar. Die Landschaft war hügelig, meistens begrünt und im Winter zuckerweiß verschneit. Die Nasen der Kühe waren feucht und warm, ihr Muhen sanft. Es gab Momente echter Verständigung, Versöhnung und ausgelassener Heiterkeit zwischen fast allen DorfbewohnerInnen, ob behindert, anthroposophisch oder nichts von alledem. Als besonders erfreulich möchte ich die Liberalisierung der Sitten und die Kompetenzerweiterung der MitarbeiterInnen in A-dorf bezeichnen, die in den letzten Jahren vonstatten gegangen ist (initiiert von einem Nicht-Anthroposophen).

Jede Neurose hat ihren primären und sekundären Krankheitsgewinn, aber der steht, um mit Alfred Adlers Worten zu sprechen, auf der unnützlichen Seite des Lebens. Jedes totalitäre System hat seinen Autobahnbau.

Aber was müssen das für gute Seiten sein, die gravierende Mißstände aufwiegen können?

Viele angenehme Aspekte in A-dorf hatten ursächlich mit dem Geschehen im Dorf nichts zu tun. Andere warme Erinnerungen haben mit der Anthroposophie nichts zu tun, oder höchstens insofern, als daß sie Trotzreaktionen gegen die Anthroposophie darstellten (z.B. unsere gemütlichen Hüttenabende). Aber es wird wohl niemand im Ernst erwarten, daß ich die Dorfgemeinschaften deshalb gutheiße, weil sie mir - indirekt - amüsante Lästerstündchen und langjährige Freundschaften ermöglicht haben (was im übrigen auch gar nicht in ihrer Absicht lag).

Wem die moralisierende Behindertenpädagogik, der Umgang mit Sexualität, die Oberuferer Weihnachtsspiele und andere kulturelle Erzeugnisse der Anthropsosophen gefallen, den kann ich nicht davon abhalten. Ich selber bin allerdings überzeugt, daß es *nichts* in anthroposophischen Dorfgemeinschaften gibt, was man nicht besser, freudvoller, ungezwungener und humaner machen könnte: Sie haben keinen Joker in der Hand, irgendetwas, das zum Wohle aller Beteiligten nur in anthroposophischen Dorfgemeinschaften verwirklicht werden kann.

Dabei liegt es mir fern, generell Utopien und Alternativmodelle zu unseren gesellschaftlichen Verhältnissen abzulehnen, auch dann nicht, wenn einzelne Menschen oder ganze Kollektive offensichtlich nicht in der Lage sind, ihre selbstgesetzten Ideale zu verwirklichen. Mir sind 100 utopische Ideen lieber als ein resignierter Seufzer. Denn selbst wenn sie zu scheitern drohen, besteht immernoch die Chance, das Ruhekissen aufzuschütteln, auf dem es sich Selbstgefälligkeit, Arroganz und Stagnation gemütlich gemacht haben. Wir *brauchen* Utopien, um uns überhaupt verändern zu können, und wir spielen nur den Fatalisten, Ausbeutern und Nutznießern eines zynischen, pessimistischen Menschenbildes in die Hände, wenn wir uns gegenseitig unsere Träume und Ideale diskreditieren. Aber für Fundamentalisten, Sektierer, Ertöter aller Selbstheit, Feinde des Selberdenkens, verbissene Rechthaber, die sich ihres Lebensglücks selbst berauben, will ich meine Lanze nicht gebrochen wissen.

Natürlich ließen sich zahlreiche Verbesserungsvorschläge nennen, um den Dorfalltag zu lockern und um in die Köpfe und Herzen der BewohnerInnen etwas mehr Beweglichkeit und Zufriedenheit einziehen zu lassen. Supervision und sozialpädagogische Kompetenz, Erweiterung des kulturellen Horizonts, mehr Freizeit und Privatleben, mehr Öffnung nach draußen, personelle Loslösung der Werkstätten vom Wohnbereich, Verzicht auf kompensatorische Gemeinschaftsrituale, Mitbestimmungsmöglichkeiten für die behinderten BewohnerInnen, unkontrollierte sexuelle Beziehungen, aktives Vorgehen gegen die Gefahren des Helfer-Syndroms - alle diese Dinge wären Möglichkeiten, die Situation in den Dörfern zu verbessern. Aber die Anthroposophie steht im Weg, und sie weiß es besser.

Insofern halte ich die Frage nach den guten Seiten der Dorfgemeinschaften für müßig. Wenn Leiden und Mißstände in einer geschlossenen Weltanschauung verankert sind, wo die Vernunft, die Gefühle und die persönliche Freiheit systematisch beschnitten werden, entstehen die guten Seiten innerhalb des totalitären Systems entweder zufällig oder unbeabsichtigt oder sie wären unter anderen Umständen steigerungsfähig. Unzureichend aber sind sie immer, und daher kann man sie nicht gegen die Schattenseiten aufrechnen, denn dann würden sie unverdient an ihrem beklagenswerten Gewicht verlieren.

Literaturverzeichnis

Adler, Alfred: Praxis und Theorie der Individualpsychologie. Frankfurt am Main 1974

Arnim, Georg von: Was bedeutet Seelenpflege? Die Aufgaben der anthroposophischen Heilpädagogik und Sozialtherapie, in: Soziale Hygiene, Nr.45. Bad Liebenzell-Unterlengenhardt 1981

Badewien, Jan: Anthroposophie. Eine kritische Darstellung. Konstanz 1985

Bavastro, Paolo: AIDS. Gesichtspunkte zu Sexualität, in: Soziale Hygiene, Nr.131. Bad Liebenzell-Unterlengenhardt 1988

Beckmannshagen, Fritz: Rudolf Steiner und die Waldorfschulen. Eine psychologisch-kritische Studie. Wuppertal 1987

Bollinger-Hellingrath: Selbständigkeits- und Wohntraining für geistig Behinderte, in: Humanes Wohnen - seine Bedeutung für das Leben geistig behinderter Erwachsener. Bericht der 10. Studientagung der Bundesvereinigung Lebenshilfe für geistig Behinderte e.V. (Hg.: Bundesvereinigung Lebenshilfe für geistig Behinderte e.V.) Marburg/Lahn 1982, S.43 - 57

Braun, Christina von: Nicht-Ich. Logik, Lüge, Libido. Frankfurt/Main 1985

Bühler, Walther: Hat das Leben einen Sinn? Schicksal und Wiederverkörperung, in: Soziale Hygiene, Nr.120. Bad Liebenzell-Unterlengenhardt 1984

Bühler, Walther a : Anthroposophie als Forderung unserer Zeit. Eine Einführung auf der Grundlage einer spirituellen Weltanschauung. Schaffhausen 1987

Buchheim, Hans: Totalitäre Herrschaft. München 1962

Bundesvereinigung Lebenshilfe für geistig Behinderte e.V.: Aufgabenbereiche der Mitarbeiter in Wohnstätten für geistig Behinderte. Eine Empfehlung der Bundesvereinigung Lebenshilfe. Marburg/Lahn 1983

Christie, Nils: Jenseits von Einsamkeit und Entfremdung. Gemeinschaften für außergewöhnliche Menschen. Stuttgart 1992

Doderer, Klaus: Märchen für Kinder - kontroverse Ansichten, in: Märchen in Erziehung und Unterricht (Hg.: Dinges, O., Born, M., Janning, J. im Auftrag der Europäischen Märchengesellschaft) Kassel 1986, S.30 - 41

Eisenmeier, Kurt: Die Sozialgestalt der Lebensgemeinschaft Sassen Richthof. Ein Versuch. Schlitz-Sassen 1992

fib e.V. Wohnprojekt: Betreuungsarbeit zwischen Hilfe zum selbständigen Leben und Bevormundung, in: Ende der Verwahrung?! Perspektiven geistig behinderter Menschen zum selbständigen Leben. (Hg.: fib e.V.) München 1991, S.47 - 66

Giesecke, Hermann: Einführung in die Pädagogik. München 1969

Glas, Norbert: Die Füße offenbaren menschlichen Willen. Stuttgart 1972

Goffman, Erving: Asyle. Über die soziale Situation psychiatrischer Patienten und anderer Insassen. Frankfurt/Main, 1972

Haas, Gerhard: Die Logik der Märchen - Überlegungen zur zeitgenössischen Märcheninterpretation und Märchendidaktik, in: Märchen in Erziehung und Unterricht (Hg.: Dinges, O., Born, M., Janning, J. im Auftrag der Europäischen Märchengesellschaft) Kassel 1986, S.10 - 30

Hauschka, Margarethe: Künstlerische Therapie, in: Helfen und Heilen durch Kunst. Neue Wege der Therapie (Hg.: Verein für ein erweitertes Heilwesen e.V.) Stuttgart 1989, S.39 - 56

Höfer, Thomas: Der Hammer kreist. Zur Bewertung problematischer Aussagen Rudolf Steiners, in: Flensburger Hefte, Heft 41 6/1993 S.8 -22

Horny, Ilse: Eurythmie - die heilende Bewegungskunst, in: Helfen und Heilen durch Kunst. Neue Wege der Therapie (Hg.: Verein für ein erweitertes Heilwesen e.V.) Stuttgart 1989, S.128 - 161

Huber, Josef: Astral-Marx. Über Anthroposophie, einen gewissen Marxismus und andere Alternatiefen, in: Kursbuch Nr.55 1979, S.139 - 161

Irgang, Margrit: Erkenne dich im Spiegel. Notizen über die Camphill-Bewegung in Deutschland (I), Süddeutsche Zeitung, Nr.124, 1992 und: Der Maßstab aller Dinge. Notizen über die Camphill-Bewegung in Deutschland (II), Süddeutsche Zeitung, Nr.130, 1992

Jacobs, Rita: Musiktherapie, in: Helfen und Heilen durch Kunst. Neue Wege der Therapie (Hg.: Verein für ein erweitertes Heilwesen e.V.) Stuttgart 1989, S.57 - 127

Kayser, Martina und Wagemann, Paul: Wie frei ist die Waldorfschule. Geschichte und Praxis einer pädagogischen Utopie. Berlin 1991

Klimm, Hellmut: Heilpädagogik auf anthroposophischer Grundlage. Dornach/ Schweiz 1980

Köbsell, Swantje: Eingriffe. Zwangssterilisationen geistig behinderter Frauen. München 1987

Kohli, Angelika: Märchen in der Waldorfpädagogik, in: Märchen in Erziehung und Unterricht (Hg.: Dinges, O., Born, M., Janning, J. im Auftrag der Europäischen Märchengesellschaft) Kassel 1986, S.194 - 205

Künzli, Arnold: Kritik der reinen Unvernunft. Plädoyer für ein radikales Denken gegen den Fundamentalismus, in: Fundamentalismus in der modernen Welt (Hg.: Meyer, Thomas) Frankfurt am Main 1989, S.50 - 61

Kunzmann, P., Burkhard, F.-P., Wiedmann, F.: dtv-Atlas zur Philosophie. Tafeln und Texte. München 1991

Laermann, Klaus: Alltagszeit, in: Kursbuch Nr.41, 1975, S.87 - 105

Lebenshilfe-Nachrichten (Redaktioneller Beitrag): Sexualität und Partnerschaft (Hg.: Lebenshilfe für Menschen mit geistiger Behinderung e.V. Landesverband Berlin) 14.Jg. Nr.3/4 12/1992

Lug-Schnecke, F. und fib e.V. Marburg: Ambulant betreutes Wohnen für geistig behinderte Erwachsene, in: Ende der Verwahrung?! Perspektiven geistig behinderter Menschen zum selbständigen Leben (Hg.: fib e.V.) München 1991, S.35 - 46

Meyer, Thomas: Fundamentalismus. Die andere Dialektik der Aufklärung, in: Fundamentalismus in der modernen Welt (Hg.: Meyer, Thomas) Frankfurt am Main 1989, S.13 - 22

Meyer-Bendrat, Klaus-Peter: Der heimliche Lehrplan einer Ordensschule - Anthroposophie und Waldorfschulen. Epilog in: Waldorf-Erziehung. Wege zur Versteinerung von Ch.Rudolph a.a.O.

Mitscherlich, Alexander: Massenpsychologie ohne Ressentiment. Frankfurt am Main 1972

Nietzsche, Friedrich: Die Unschuld des Werdens, in: Der Nachlaß erster Teil. Sämtliche Werke. Stuttgart 2.Auflage 1978

Nitschke, August: Aschenputtel aus der Sicht der historischen Verhaltensforschung, in: Und wenn sie nicht gestorben sind... Perspektiven auf das Märchen (Hg.: Brackert, Helmut) Frankfurt am Main 1980, S.71 - 88

Ottomeyer, Klaus: Ökonomische Zwänge und menschliche Beziehungen. Soziales Verhalten im Kapitalismus. Reinbek bei Hamburg 1977

Pines, A., Aronson, E., Kafry, D.: Ausgebrannt. Vom Überdruß zur Selbstentfaltung. Stuttgart 1985

Prange, Klaus: Erziehung zur Anthroposophie. Darstellung und Kritik der Waldorfpädagogik. Bad Heilbrunn, Obb. 1987

Richter, Horst-Eberhard: Der Gotteskomplex. Die Geburt und die Krise des Glaubens an die Allmacht des Menschen. Reinbek bei Hamburg 1986

Rudolph, Charlotte: Waldorf-Erziehung. Wege zur Versteinerung. Darmstadt 1988

Scherf, Walter: Das Kind als Rezipient des Märchens, in: Märchen in Erziehung und Unterricht (Hg.: Dinges, O., Born, M., Janning, J. im Auftrag der Europäischen Märchengesellschaft) Kassel 1986, S.61 - 77

Schlaffer, Edit und Benard, Cheryl: Die ganz gewöhnliche Gewalt in der Ehe. Texte zu einer Soziologie von Macht und Liebe. Reinbek bei Hamburg 1978

Schmidbauer, Wolfgang: Die hilflosen Helfer. Über die seelische Problematik helfender Berufe. Reinbek bei Hamburg 1977

Schmidbauer, Wolfgang a: Helfen als Beruf. Die Ware Nächstenliebe. Reinbek bei Hamburg 1992

Schneider, Wolfgang: Das Menschenbild der Waldorfpädagogik. Freiburg im Breisgau 1991

Schottenloher, Gertraud: Kunst- und Gestaltungstherapie. Eine praktische Einführung. München 1989

Schweidlenka, Roman: Altes blüht aus den Ruinen. New Age und Neues Bewußtsein. Wien 1989

Speck, Otto: Die Bedeutung des Wohnens für den geistig behinderten Menschen aus philosophisch-anthropologischer Sicht, in: Humanes Wohnen - seine Bedeutung für das Leben geistig behinderter Erwachsener. Bericht der 10. Studientagung der Bundesvereinigung Lebenshilfe für geistig Behinderte e.V. (Hg.: Bundesvereinigung Lebenshilfe für geistig Behinderte e.V.) Marburg/Lahn 1982, S.43 - 57

Sierck, Udo: Das Risiko, nichtbehinderte Eltern zu bekommen. Kritik aus der Sicht eines Behinderten. München 1992

Steiner, Rudolph: Ausgewählte Texte. Einführung in die Anthroposophie. Dornach/Schweiz 1988

Steiner, Rudolf a: Märchendichtungen im Lichte der Geistesforschung. Vortrag vom 6.2.1913 in Berlin. Hg.: Rudolf Steiner-Nachlaßverwaltung. Dornach/Schweiz 1969

Suchanek, Peter: Die Not der Tugend. Arbeit, Sexualität und der Umgang mit Konflikten in sozialpsychiatrischen Einrichtungen. München 1982

Thimm, Walter: Das Normalisierungsprinzip. Eine Einführung. Marburg/Lahn 1985

Thimm, W., Ferber, C. von, Schiller, B., Wedekind, R.: Ein Leben so normal wie möglich führen...Zum Normalisierungskonzept in der Bundesrepublik Deutschland und in Dänemark, Marburg/Lahn 1985

Treher, Wolfgang: Hitler, Steiner, Schreber. Emmendingen 1966

Verein zu Förderung der Integration Behinderter e.V. Marburg: Ambulante Betreuung geistig behinderter Menschen, in: Abschied vom Heim. Erfahrungsberichte aus Ambulanten Diensten und Zentren für Selbstbstimmtes Leben (Hg.: Mayer, A. und Rütter, J.) München, 1988, S.63 - 93

Walter, Joachim: Am vollen Leben Anteil haben - Zur Sexualität geistig Behinderter, in: Sexualpädagogische Arbeitshilfen für geistig behinderte Erwachsene (Hg.: Hoyler-Hermann, a. und Walter, J.) Heidelberg 1987

Weischedel, Wilhelm: Die philosophische Hintertreppe. 34 große Philosophen in Alltag und Denken. München 1984

Windeck, Ingo: Förderung Verhaltensgestörter und Lernbehinderter in Waldorf-Sonderschuleinrichtungen. Bonn-Bad Godesberg 1984

Zeller, Angela: Anthroposophische Heilpädagogik. Darstellung und kritischer Vergleich mit der heilpädagogischen Praxis der Gegenwart. Stuttgart 1978

* Aus dem Verlagsprogramm der AG SPAK *

E. Kampmeyer / J. Neumeyer (Hg.)
Innere UnSicherheit
Eine kritische Bestandsaufnahme
214 Seiten * DM 24,80 / SFr 26,10 / ÖS 194,- * ISBN 3-923126-90-5

In diesem Buch nehmen prominente Wissenschaftler und Politiker unterschiedlichster Fachgebiete eine kritische Bestandsaufnahme der gegenwärtigen Politik der Inneren Sicherheit anhand der Aspekte Organisierte Kriminalität, Entkriminalisierung, Strafrechtsreform, Rechtsextremismus und Jugendgewalt vor. Gleichzeitig werden Anforderungen an eine problemorientierte Politik der Inneren Sicherheit formuliert und fortschrittliche Sicherheitskonzepte entwickelt.

Josef Zehentbauer
Psycho-Pillen
Wirkungen, Gefahren und Alternativen - mit Tips zum Absetzen
ISBN 3-923126-87-5 * 96 Seiten; Ratgeber-Format 16x10,5 cm* DM 12,80

Dieser Ratgeber bringt einen kritischen und leichtverständlichen Überblick über Psychopharmaka. Dabei wird klar, welche Medikamente möglichst zu meiden sind und welche - in bestimmten Situationen - dienlich sein können. Darüberhinaus werden alternative Arzneien und nichtmedikamentöse Möglichkeiten vorgestellt und Tips zum Absetzen von Psycho-Pillen gegeben. - Der Autor ist Arzt und Psychotherapeut.

Forum Interkulturell (Hg.)
Wie soll denn ein richtiger Mensch aussehen?
Zwischen Flucht und Sehnsucht
Ein Lesebuch * Mit einem Vorwort von Bahman Nirumand
ISBN 3-923126-89-1 * 240 Seiten * 10 Cartoons * DM 19,80

Wo sich die deutsche Einheit zeigt, sind die brennenden Ausländerheime nicht weit - aber die Geduld im Lande greift um sich, die immer neuen Katastrophenmeldungen werden hingenommen wie das Wetter und die Verkehrsunfälle.

Für die unmittelbar Beteiligten sieht das ganz anders aus: Das *Forum für interkulturelle Arbeit und Völkerverständigung*, München, hat Beiträge von Nichtdeutschen und Deutschen aus den verschiedensten Lebenszusammenhängen gesammelt. Es sind durchweg Originalbeiträge: autobiographische Erzählungen, Reportagen, Cartoons - darunter die Dokumentation eines exemplarischen, negativ verlaufenen Asylverfahrens, Aufzeichnungen von Zeuginnen eines Anschlags auf ein Ausländerwohnheim, Berichte über das Leben zwischen zwei Kulturen und vieles mehr.

Alle Titel können Sie in Ihrer Buchhandlung bestellen oder direkt bei:
AG SPAK Bücher, Adlzreiterstr. 23, 80337 München - Tel./Fax: (089) 1782809
* Fordern Sie unser kostenloses Gesamtverzeichnis an! *

Henning Schmidt-Semisch

Die prekäre Grenze der Legalität

DrogenKulturGenuß

250 Seiten * DM 39,80 * ISBN 3-923126-93-X * M 124

Drogen sind nicht von selbst gute oder schlechte, sondern in erster Linie neutrale Substanzen. Ihre Bedeutungen bilden sich im Kontext gesellschaftlicher Entwicklungen und erfüllen in der jeweiligen Kultur eine Vielzahl von Funktionen, was sie zu einer elementaren Konstante gesellschaftlicher sowie kultureller Identität und Integration macht.

Der Verfasser spürt den Substanzen, ihren Bedeutungen und Funktionen durch die Jahrhunderte nach und überträgt seine Ergebnisse dann auf die aktuelle gesellschaftliche Situation. Er kommt zu dem Schluß, daß ein anderer Umgang mit illegalen Drogen nicht nur aus Gründen der Effektivität gefordert ist, sondern daß die Gegenwartsgesellschaft eine solche Veränderung aus ihrer eigenen Struktur heraus verlangt. Eine Verteufelung von illegalen Drogen und ein repressiver Umgang mit ihren Konsumenten lösen keine Probleme, sondern schaffen nur neue - die vom Autor beschrieben werden und zu denen er unkonventionelle Lösungsvorschläge macht.

Den Leser erwarten keineswegs dröge wissenschaftliche Abhandlungen: Vielmehr versteht es der Autor, sein Thema zugleich pfiffig und provokant, allgemeinverständlich und wissenschaftlich fundiert darzustellen, wie der Erfolg und die durchweg positiven Rezensionen der ersten beiden Titel Drogenpolitik *und* Drogen als Genußmittel *beweisen.*

In jeder Buchhandlung oder direkt beim Verlag:
AG SPAK Bücher, Adlzreiterstr. 23, 80337 München
Telefon / Fax: (089) 178 28 09
* Fordern Sie unser kostenloses Gesamtverzeichnis mit weiteren Titeln zu sozialpolitischen Themen an! *